医薬品業界の会計実務ガイド

EY
Shape the future
with confidence

EY新日本有限責任監査法人
EYストラテジー・アンド・
コンサルティング株式会社
EY税理士法人

編

同文舘出版

はじめに

　このたびは，本書をお手に取っていただき誠にありがとうございます。

　昨今の医薬品業界を取り巻く環境は一層複雑になり，不確実性も高まっています。薬価引き下げを通じた社会保障費の抑制強化など高齢化が進行する先進国を中心とした医薬品行政の大きな変化，新薬開発の難易度の高まりやインフレによる研究開発費用負担の増加，グローバル化の進展と業界内の競争の激化，特に COVID-19 以降に大きく進展したデジタル技術の活用やデジタル医療の台頭，それに伴う異業種の参入など，広範な経営課題に直面しています。

　これらの経営課題を解決して，革新的な医薬品・医療ソリューションの開発と社会への安定供給を実現していくために，パイプラインの強化や事業構造の変革を目的とした共同研究やライセンス取引，ベンチャー投資，M&Aなどの取引に加え，経営体質を改善するためのデジタル化や組織の変革が活発に行われています。また，情報開示の観点では，サステナビリティを意識した経営が重視される中，従前のような財務情報だけでなく，サステナビリティ情報などの非財務情報も含めた包括的・統合的な報告が外部のステークホルダーから期待されるなどの変化も生じています。

　EY Japan のメンバーファームである EY 新日本有限責任監査法人が主に従事する会計監査の領域においても，2021 年 3 月 31 日以降に終了する事業年度から監査報告書の記載内容が拡充され，職業的専門家として特に重要であると判断した会計監査上のリスクと監査上の対応を「監査上の主要な検討事項（Key Audit Matters：KAM）」として監査報告書に記載することが求められるようになり，企業の財務諸表利用者への情報提供が強化されました。さらに，足元でサステナビリティ情報開示の制度化や独立した第三者による保証の義務化への対応について，欧州が先行する形で進んでいます。

　本書では，まず会計関連として，収益認識，研究開発，棚卸資産，固定資産などを中心に，医薬品業界において金額的に重要性が高く，特徴がある論

i

点を取扱い，IFRS と日本基準の相違点も含めて幅広く解説しています。また，医薬品業界の大きな論点である移転価格関連の取引や M&A 関連に加え，上述したサステナビリティ情報の開示動向や医薬品業界のリスクを含めた KAM の動向に関する解説も織り込みました。さらに，一般的な製薬業界だけではなく，医薬品卸業界やバイオ業界についても独立した章を設けて解説することで，より多くの論点を網羅するように工夫をしましたので，特に製薬企業，医薬品卸企業，バイオベンチャーなどの経理・税務・M&A の実務担当者を中心に，ガイドブック的にご活用いただける内容になっていると考えています。

EY Japan ライフサイエンスセクターナレッジは，2008 年に EY 新日本有限責任監査法人の医薬品業研究会として発足し，EY グローバルのライフサイエンスセクターナレッジの成果を活用しながら，医薬品業の特徴を踏まえた会計関連の論点を様々な角度から研究するところからスタートしました。その後，税務や M&A など周辺の論点を含め，ライフサイエンス業界に関する包括的な研究を行う組織へと発展し，今日運営されています。

本書の編集及び執筆に関わった者は，EY Japan のメンバーファーム（EY 新日本有限責任監査法人，EY ストラテジー・アンド・コンサルティング株式会社，EY 税理士法人）に所属するパートナー，シニアマネージャー，マネージャーで構成されており，ライフサイエンス企業の会計・財務・税務・M&A・サステナビリティに関連する監査・保証業務やアドバイザリー業務の最前線で実務に従事しています。

EY Japan ライフサイエンスセクターナレッジのエッセンスをまとめた本書が，経理・税務・M&A などの実務担当者だけでなく，経営層，銀行や投資家を含めた多くの業界関係者の業務や意思決定の質の向上の一助となれば幸いです。

なお，文中意見に係る部分は，執筆者の私見であり，EY Japan メンバーファーム各社の公式見解ではないこと，会計処理などの判断については，個々の取引実態によって変わり得ることをあらかじめ申し添えます。

最後になりましたが，本書の出版に長期にわたりご尽力いただきました同文舘出版株式会社の青柳氏，高清水氏には，この場を借りて深く感謝申し上げます。

2025 年 2 月

EY Japan ライフサイエンスセクター

ナレッジリーダー

小山　晃平

目　次 ———————————————————————

はじめに … i

第 1 章　医薬品業界について

1　医薬品業界とは … 2

　⑴　はじめに　2

　⑵　医薬品の定義と分類　3

　⑶　医薬品の製造販売業と医薬品卸売業　8

2　医薬品業界の特色 … 11

　⑴　医薬品業界の概要　11

　⑵　薬価制度　12

　⑶　多品種少量生産と流通　20

　⑷　多額の研究開発　24

　⑸　多様な特許ビジネス　29

　⑹　法律の規制と副作用　32

3　医薬品業界のリスクと最近の動向 … 36

　⑴　医薬品業界を取り巻くリスク　36

　⑵　最近の動向　37

第 2 章　製薬業界の会計

1　製薬業総括 … 44

　⑴　製薬業における主たる業務　44

　⑵　製薬業界の特徴　44

　⑶　製薬業における主たる業務の流れと会計の関係　46

2　収益認識基準 … 50

　⑴　概要　50

　⑵　適用範囲　50

(3) 基本原則　50

　　(4) 重要性に関する代替的な取扱い　53

3　製薬業における収益認識 … 55

　　(1) 製薬業における収益項目とその内容　55

　　(2) 収益の分解情報の開示例　58

　　(3) 製薬業における収益の特徴と計上プロセス　58

4　製品・商品売上における収益認識 … 65

5　ライセンスの供与等による売上（ライセンスアウト）… 66

　　(1) 医薬品業におけるライセンス供与　66

　　(2) ライセンスアウトの会計処理の留意点　68

6　税務上の取扱い及び留意点…72

　　(1) 収益認識基準適用後の税法上の取扱い　72

　　(2) 棚卸資産の引渡日の税務上の取扱い　73

　　(3) ライセンスアウトの税務上の取扱い　73

　　(4) 変動対価等に関する税務上の取扱い　74

7　製薬業におけるリベート・アローアンス，返品取引 … 76

　　(1) 製薬業におけるリベート・アローアンス　76

　　(2) 製薬業における返品取引　80

　　(3) 販促費用における IFRS と日本基準の相違点　83

　　(4) 収益認識における IFRS と日本基準の相違点　85

8　製薬業における棚卸資産 … 87

　　(1) 製薬業における棚卸資産科目の全体像　87

　　(2) 製薬業における棚卸資産の特徴・計上時の論点　88

　　(3) 製薬業における棚卸資産評価時の論点　92

　　(4) 棚卸資産に対する内部統制上の特徴　99

　　(5) 棚卸資産における IFRS と日本基準の相違点　99

9　製薬業における有価証券 … 101

　　(1) 製薬業における有価証券の内容と特徴　101

（2） 製薬業における有価証券の会計処理　102

（3） 有価証券の税務上の取扱い　108

10　製薬業における研究開発費 … 110

（1） 製薬業における研究開発活動の概要　110

（2） 製薬業における研究開発費の概観　112

（3） 製薬業における研究開発費の会計処理　112

（4） 研究開発税制について　118

（5） 研究開発費における IFRS と日本基準の相違点　122

11　製薬業における有形固定資産 … 128

（1） 製薬業における有形固定資産科目　128

（2） 製薬業における各プロセスと有形固定資産の特徴　128

（3） 製薬業における有形固定資産の減損損失　132

（4） 有形固定資産における IFRS と日本基準の相違点　142

12　製薬業における資産除去債務 … 151

（1） 資産除去債務とは　151

（2） 製薬業における資産除去債務の特徴　152

（3） 資産除去債務の会計処理　154

（4） 資産除去債務の開示　155

（5） 内部統制上の留意事項　156

13　製薬業における無形固定資産 … 158

（1） 製薬業における無形固定資産の概要　158

（2） 製薬業に特徴的な無形固定資産　159

（3） 製薬業における無形固定資産の償却　163

（4） 製薬業における無形固定資産の減損　163

（5） 無形固定資産に関する税務　165

（6） 無形資産における IFRS と日本基準の相違点　166

14　会計上の見積り … 175

（1） 偶発債務・引当金　175

（2）会計上の見積りに影響を与える事象の発生　176

15　IFRS 会計基準の動向 … 179

（1）リースにおける論点　179

（2）リースの識別　181

（3）リース期間，リース料，割引率　181

（4）借手の会計処理　185

（5）短期リース，少額リース　188

（6）貸手の会計処理　189

（7）サブリース　191

第3章　医薬品卸業界について

1　医薬品卸業界の動向 … 194

（1）医薬品卸企業の概要　194

（2）薬価制度　195

（3）商慣行　195

（4）医薬品卸企業の損益構造　204

（5）医薬品卸業界の今後　211

2　医薬品卸売業における主たる業務及び会計処理の特徴 … 213

（1）主たる業務　213

（2）仕入・在庫管理プロセス　213

（3）販売プロセス　219

第4章　バイオ業界

1　バイオ業界の動向 … 230

（1）業界（産業）の概要　230

（2）企業活動の特徴　234

（3）業界特有のリスク環境と戦略，対応策　237

2 バイオ企業におけるプロセス及び会計処理の特徴 … 244

（1）創薬バイオベンチャー企業の財務的特色　244

（2）具体的な会計処理の特徴　247

（3）その他　256

（4）バイオベンチャー企業の財務諸表の特徴　257

第5章　医薬品業界における M&A

1　M&A の動向 … 260

（1）市場環境の変化　260

（2）経営戦略としての M&A　260

2　M&A の概要及び会計処理 … 263

（1）M&A の概要　263

（2）企業結合基準の基本的な考え方　263

（3）取得の会計処理の流れ　264

（4）製薬業における近年の企業結合　274

（5）企業結合会計における IFRS と日本基準の相違点　278

3　M&A の実施プロセス … 280

（1）M&A の実施プロセスの概要　280

（2）プレ M&A・フェーズ　283

（3）エクゼキューション・フェーズ　286

（4）DD　302

4　財務 DD … 304

（1）財務 DD の概要　304

（2）財務 DD のプロセス　307

（3）財務 DD における主な調査要点　309

（4）財務 DD にて発見された事項への対処　324

5　税務 DD … 326

（1）移転価格税制　326

（2）タックスルーリング　327

（3）タックスヘイブン対策税制　328

（4）試験研究費に対する優遇などのタックスインセンティブ　329

（5）PE 課税　329

（6）買収対象企業の保有資産　330

6　その他の DD … 331

（1）コマーシャル DD　331

（2）ITDD　333

（3）人事 DD　335

7　ポスト M&A・フェーズ … 339

（1）PMI（ポスト・マージャー・インテグレーション）　339

（2）M&A の会計処理上の留意事項　344

第6章　医薬品業界特有の税務—移転価格税制—

1　移転価格税制の概要 … 358

（1）はじめに　358

（2）基本的な考え方　358

（3）独立企業間価格　359

2　国境を越えた無形資産のライセンス … 367

（1）検討課題　367

（2）価格設定の例　367

（3）ライセンス取引の移転価格算定　368

（4）費用分担契約（コスト・シェアリング）　371

3　国境を越えた無形資産の譲渡 … 374

（1）製薬業界における M&A　374

（2）買収後の化合物の取引　374

4　その他の取引 … 378

（1）委託研究開発取引　378

ix

- (2) 販売促進・マーケティング活動　379
- (3) 製造活動　381
- (4) 第三者への事業売却から派生する，関連者間での対価の分配　381
- (5) 特許満了後の移転価格算定方法　383

5　課税当局の考え方 … 385

6　BEPS2.0 のグローバル課税と医薬品ビジネスにもたらす影響 … 386
- (1) 背景と経緯　386
- (2) BEPS1.0 と BEPS2.0　387
- (3) 第1の柱　388
- (4) 第2の柱　391

第7章　サステナビリティ含む非財務情報開示

1　サステナビリティ情報開示の重要性 … 400
- (1) サステナビリティへの注目が高まる背景　400
- (2) サステナビリティ情報開示に向けた動き　401

2　医薬品業で重視されるサステナビリティのテーマ … 404

3　サステナビリティ経営の推進，開示の充実，規制対応に向けて … 407
- (1) 優先順位づけとサステナビリティ経営に向けた取組みの推進　407
- (2) 情報開示とステークホルダーコミュニケーション　407
- (3) 国内外の各種規制の把握　408
- (4) 情報開示及び規制対応に向けた内部統制の整備・運用　408
- (5) サステナビリティ関連データのデータガバナンス　409
- (6) 第三者保証受審の検討　409
- (7) 財務経理部門の役割　410

第8章　医薬品業界におけるリスクとKAM

1　不正への対応 … 412
- (1) 医薬品業界における不正　412

（2）医薬品業界を取り巻く現状と不正の動向予測　415

（3）不正対策における問題点と対応策　420

2　医薬品業界における監査上の主要な検討事項（KAM）… 426

（1）監査上の主要な検討事項（KAM）とは　426

（2）KAM の内容　426

参考文献 … 429

■凡例

法令，会計基準等	略称
医薬品，医療機器等の品質，有効性及び安全性の確保等に関する法律	薬機法
金融商品取引法	金商法
租税特別措置法	措法
租税特別措置法施行令	措令
租税特別措置法関係通達	措法通
法人税法	法法
法人税法施行令	法令
法人税基本通達	法基通
財務諸表等の用語，様式及び作成方法に関する規則	財規
金融庁「『財務諸表等の用語，様式及び作成方法に関する規則』の取扱いに関する留意事項について」	財規ガイドライン
国税庁「移転価格事務運営要領の制定について（事務運営指針）」	事務運営要領
企業会計審議会「企業会計原則」	原則
企業会計審議会「企業会計原則注解」	原則注解
企業会計基準第29号「収益認識に関する会計基準」	収益認識基準
企業会計基準適用指針第30号「収益認識に関する会計基準の適用指針」	収益認識適用指針
企業会計基準委員会「引当金に関する論点の整理」	引当金の論点整理
企業会計基準第26号「退職給付に関する会計基準」	退職給付基準
日本公認会計士協会「監査・保証実務委員会報告」	監保委
企業会計基準第10号「金融商品に関する会計基準」	金融商品基準
会計制度委員会報告第14号「金融商品会計に関する実務指針」	金融商品実務指針
会計制度委員会「金融商品会計に関するQ&A」	金融商品Q&A
企業会計基準第9号「棚卸資産の評価に関する会計基準」	棚卸資産基準
企業会計審議会「研究開発費等に係る会計基準」	研究開発費基準
企業会計基準審議会移管指針第8号「研究開発費及びソフトウェアの会計処理に関する実務指針」	研究開発費実務指針
会計制度委員会「研究開発費及びソフトウェアの会計処理に関するQ&A」	研究開発費Q&A
企業会計審議会「固定資産の減損に係る会計基準」	減損基準

法令，会計基準等	略称
企業会計基準適用指針第 6 号「固定資産の減損に係る会計基準の適用指針」	減損適用指針
企業会計審議会「固定資産の減損に係る会計基準の設定に関する意見書」	減損意見書
企業会計基準第 30 号「時価の算定に関する会計基準」	時価算定基準
企業会計基準第 18 号「資産除去債務に関する会計基準」	資産除去債務基準
企業会計基準適用指針第 21 号「資産除去債務に関する会計基準の適用指針」	資産除去債務適用指針
企業会計基準第 21 号「企業結合に関する会計基準」	企業結合基準
企業会計基準適用指針第 10 号「企業結合会計基準及び事業分離等会計基準に関する適用指針」	企業結合適用指針
厚生労働省「医療用医薬品の販売情報提供活動に関するガイドライン」	販売情報提供活動ガイドライン
厚生労働省「医療用医薬品の流通改善に向けて流通関係者が遵守すべきガイドライン」	流通改善ガイドライン
厚生労働省「医療用医薬品の流通改善について（緊急提言）」	緊急提言
厚生労働省「医薬品の臨床試験の実施の基準（に関する省令）」	GCP
厚生労働省「医薬品の安全性に関する非臨床試験の実施の基準（に関する省令）」	GLP
厚生労働省「医薬品及び医薬部外品の製造管理及び品質管理の基準（に関する省令）」	GMP
厚生労働省「医薬品の製造販売後の調査及び試験の実施の基準（に関する省令）」	GPSP
厚生労働省「医薬品，医薬部外品，化粧品及び再生医療等製品の品質管理の基準（に関する省令）」	GQP
厚生労働省「医薬品，医薬部外品，化粧品，医療機器及び再生医療等製品の製造販売後安全管理の基準（に関する省令）」	GVP

■略語一覧

略称	欧文表記	日本語表記
ACFE	Association of Certified Fraud Examiners	公認不正検査士協会
APA	Advance Pricing Arrangement	事前確認制度
APV法	Adjusted Present Value Method	調整現在価値法
BEPS	Base Erosion and Profit Shifting	税源浸食と利益移転
CAPM	Capital Asset Pricing Model	資本資産価格モデル
CbCR	Country by Country Report	国別報告書
CGU	Cash Generating Unit	資金生成単位
CP法	Cost Plus Method	原価基準法
CPS法	Comparable Profit Split Method	比較利益分割法
CRO	Contract Research Organization	開発業務受託機関
CUP法	Comparable Uncontrolled Price Method	独立価格比準法
DCF法	Discounted Cash Flows Method	ディスカウント・キャッシュ・フロー法
DD	Due Diligence	デューデリジェンス
FASB	Financial Accounting Standards Board	米国財務会計基準審議会
FCPA	Foreign Corrupt Practices Act	米国海外腐敗行為防止法
FDA	Food and Drug Administration	米国食品医薬品局
GRI	Global Reporting Initiative	グローバル・レポーティング・イニシアチブ
IASB	International Accounting Standards Board	国際会計基準審議会
IFRS	International Financial Reporting Standards	国際財務報告基準
IIR	Income Inclusion Rule	所得合算ルール
KAM	Key Audit Matters	監査上の主要な検討事項
L&D	Licensing & Depelopment	ライセンシング活動
MR	Medical Representatives	医薬情報担当者
MS	Marketing Specialist	医薬品卸販売担当者

略称	欧文表記	日本語表記
OECD	Organisation for Economic Co-operation and Development	経済開発協力機構
PE	Permanent Establishment	恒久的施設
PMI	Post Merger Integration	ポスト・マージャー・インテグレーション
PPA	Purchase Price Allocation	パーチェス・プライス・アロケーション
PS 法	Profit Split Method	利益分割法
PV	Process Validation	プロセスバリデーション
R&D	Research & Depelopment	研究開発活動
RP 法	Resale Price Method	再販売価格基準法
RPS 法	Residual Profit Split Method	残余利益分割法
SFAC	Statements of Financial Accounting Concepts	財務会計概念書
SFAS	Statements of Financial Accounting Standards	財務会計基準書
STTR	Subject To Tax Rule	課税対象ルール
TNMM	Transactional Net Margin Method	取引単位営業利益法
UTPR	Undertaxed Profits Rule	軽課税支払ルール
WACC	Weighted Average Cost of Capital	加重平均資本コスト

※本文中の図表において，出所の記載のないものについては編者作成を示す。

医薬品業界の
会計実務ガイド

第1章

医薬品業界について

1. 医薬品業界とは
2. 医薬品業界の特色
3. 医薬品業界のリスクと最近の動向

1 医薬品業界とは

（1）はじめに

　医薬品業界は，医薬品という生命に関わる，生きていく上での根幹となる事業に関するものであることから，一言に「医薬品業界」といってもその領域は幅広いものである。すなわち，消費者・患者の様々な種類の病症や健康促進等のニーズに応えるために，幅広い領域を事業対象とし，さらには各々の領域が専門性を有する，時にニッチなものであるといえる。

　ここで，医薬品に関わる企業等としては，製薬企業，調剤薬局やドラッグストア，病院などの医療機関等が身近なものとしてイメージされると考えられるが，本書においては次の企業に焦点を絞り，特に製薬企業を主眼として解説する。

---

①医薬品製造販売業を営む企業（以下，製薬企業）
②医薬品卸売業を営む企業（以下，医薬品卸企業）
③医薬品の研究に関わるバイオベンチャー（BV）企業

　また，医薬品業界はその製品が人命や人の健康に重要な影響を与えることから様々な規制の下に置かれており，その事業や経営環境，取引慣行などに医薬品業界特有の特徴が生じている。

　本書では，医薬品とは何か，医薬品業とは何かという視点を踏まえ，その事業・経営環境の概要，近年における業界動向，さらにそれらに起因する特徴的な会計処理や開示，関連する内部統制についてわかりやすく解説したいと考える。

　本書において解説する各企業の位置づけと章立てとの関係を示すと，その概略は図表 1-1 のようになる。

図表1-1　各章立てのイメージ

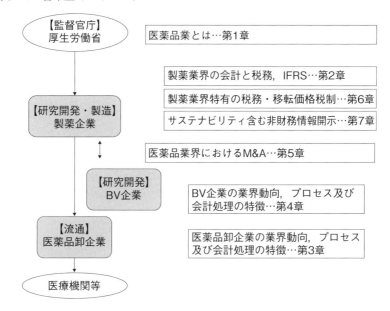

(2) 医薬品の定義と分類

① 医薬品の定義

医薬に関する製品及び商品には様々なものが挙げられるが、いわゆる医薬に関する製品及び商品として一般的にイメージされるものについて、「医薬品、医療機器等の品質、有効性及び安全性の確保等に関する法律」（薬機法）において整理がなされている。薬機法とは、医薬品・医薬部外品・化粧品・医療機器及び再生医療等製品に関する事項を規制し、その適正を図ることを目的する法律である。

薬機法によれば、「医薬品」とは次のように定義される。

第1章　医薬品業界について

> 薬機法　第2条　この法律で「医薬品」とは，次に掲げる物をいう。
> 1. 日本薬局方に収められている物
> 2. 人又は動物の疾病の診断，治療又は予防に使用されることが目的とされている物であって，機械器具等でないもの（医薬部外品，化粧品及び再生医療等製品を除く。）
> 3. 人又は動物の身体の構造又は機能に影響を及ぼすことが目的とされている物であって，機械器具等でないもの（医薬部外品，化粧品及び再生医療等製品を除く。）

　ゆえに，薬機法第2条第1項の定義に該当するものが医薬品となる。

　ここで，日本薬局方とは，医薬品の性状及び品質の適正を図るために厚生労働大臣が薬事・食品衛生審議会の意見を聴いて定めた医薬品の品質基準書をいい（薬機法第41条），厚生労働大臣はこれに基づき医薬品を品質管理することとなる。

　なお，医薬部外品，化粧品について，同様に薬機法をもとに定義づけると，次のようになる。

> ・医薬部外品…次に掲げる物であつて人体に対する作用が緩和なものをいう。
> 1. 次のイからハまでに掲げる目的のために使用される物（これらの使用目的のほかに，併せて前項第二号又は第三号に規定する目的のために使用される物を除く。）であつて機械器具等でないもの
>   イ　吐きけその他の不快感又は口臭若しくは体臭の防止
>   ロ　あせも，ただれ等の防止
>   ハ　脱毛の防止，育毛又は除毛
> 2. 人又は動物の保健のためにするねずみ，はえ，蚊，のみその他これらに類する生物の防除の目的のために使用される物（この使用目的のほかに，併せて前項第二号又は第三号に規定する目的のために使用される物を除く。）であつて機械器具等でないもの

3. 前項第二号又は第三号に規定する目的のために使用される物（前二号に掲げる物を除く。）のうち，厚生労働大臣が指定するもの（薬機法第2条第2項）。
・化粧品…人の身体を清潔にし，美化し，魅力を増し，容貌を変え，又は皮膚若しくは毛髪を健やかに保つために，身体に塗擦，散布その他これらに類似する方法で使用されることが目的とされている物で，人体に対する作用が緩和なもの（薬機法第2条第3項）。

② 医薬品の分類

　各製薬企業等の事業や経営環境を理解するためには，薬機法に基づき医薬品と定義されたものについて，さらに分類して理解する必要がある。

　医薬品はその処方の仕方により，まず医療用医薬品と一般用医薬品とに分類することができる。これらは，厚生省医薬安全局長通知によれば次のように定義づけられる。

（a）医療用医薬品

　医療用医薬品とは，医師，歯科医師により使用され又はこれらの者の処方せん若しくは指示によって使用されることを目的として供給される医薬品をいう。原則として，医師，歯科医師の処方により使用されることとなる。

（b）一般用医薬品（大衆薬）

　医療用医薬品として取り扱われる医薬品以外の医薬品をいう。すなわち，医師による処方を必要とせず，薬局やドラッグストアなどで市販され，一般の人が自らの判断で直接購入することができることとなる。

　従来，一般用医薬品は大衆薬とも呼ばれ，近年ではカウンター越しに購入する形式に由来し「OTC（Over The Counter）医薬品」とも呼ばれている。一般用医薬品の販売に関しては薬剤師又は登録販売者の配置が求められており，リスクの程度に応じた分類により，その程度に応じて効能・副作用等の

第 1 章　医薬品業界について

情報提供を行うこととされている。

　厚生労働省の資料に基づいて，医療用医薬品と一般用医薬品を比較すると
図表 1-2 のようになる。

図表 1-2　医療用医薬品と一般用医薬品の比較

	医療用医薬品	一般用医薬品
定義	医師若しくは歯科医師によって使用され又はこれらの者の処方せん若しくは指示によって使用されることを目的として供給される医薬品	医療用医薬品として取り扱われる医薬品以外の医薬品
承認審査上の違い	医師等の管理が必要な疾病の治療・予防に使用されることを前提に，有効性及び安全性を比較考量して審査される。	一般の人が直接薬局等で購入し，自らの判断で使用することを前提に，有効性に加え，特に安全性の確保を重視して審査される。
効能・効果	医師の診断・治療による疾患名	一般の人が自ら判断できる症状
使用上の注意	医師，薬剤師等の医療関係者にとって，見やすくわかりやすいもの。	一般の人に理解しやすいもの。症状の改善がみられない場合には，服用を中止し，医師，歯科医師又は薬剤師に相談することを記載。

出所：厚生科学審議会　医薬品販売制度改正検討部会　資料

　なお，両者について，新規の販売承認審査に必要とされる資料の範囲（物理化学的性質，安定性，毒性，薬理作用，臨床試験等）については差異がないが，一般用医薬品においては，安全性の確認が行われてきた成分についての既存の資料が活用できる場合が多いといわれている。

③ 先発医薬品（新薬）と後発（ジェネリック）医薬品

　医療用医薬品については，特許権の保有の有無により，さらに先発医薬品と後発医薬品とに分類することができる。

6

(a) 先発医薬品（新薬）

先発医薬品とは，新しく開発された薬（新薬）について特許期間が満了する前のものをいう。以後，先発医薬品は新薬と呼ぶこととする。

新薬の開発には巨額の資金と膨大な歳月を必要とするため，開発企業は通常，新薬の構造やその製造方法などについて特許権を取得し，自社が新規に開発した医薬品を独占的に製造・販売することによって，資本の回収を図ることができる仕組みであるといえる。

(b) 後発医薬品（ジェネリック医薬品）

後発医薬品とは，先発医薬品（新薬）と同等の有効成分を含み，同等の臨床効果が得られる医薬品をいう。後発医薬品は，厚生労働省の承認の下，新薬の特許期間の満了後に販売されることとなり，新薬と比較して開発費の負担が軽いことから新薬よりも低価格で販売されることが一般的である。

図表1-3　医薬品等の分類

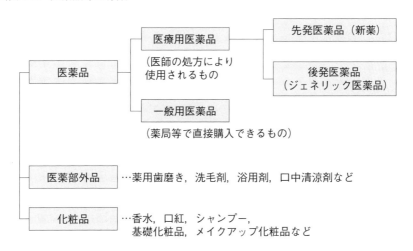

出所：厚生労働白書を参考に作成

第1章　医薬品業界について

　後発医薬品は「ジェネリック医薬品」とも呼ばれ，これは欧米諸国におい
て多くの後発医薬品が「保有されている有効成分の一般名称（Generic
name）」を冠して販売されることに由来する名称である。以後，後発医薬品
はジェネリック医薬品と呼ぶこととする。

　以上を踏まえ，医薬品等の分類をまとめると，図表1-3のようになる。

（3）医薬品の製造販売業と医薬品卸売業

① 医薬品製造販売業

　医薬品（及び医薬部外品・化粧品）については，薬機法に基づき厚生労働
大臣の製造販売業の許可を受けた者でなければ，それぞれ業としてその製造
販売をしてはならないこととされている（薬機法第12条）。また，製造業の
許可を受けた者でなければ，それぞれ，業としてその製造をしてはならない
とされている（薬機法第13条）。

　すなわち，医薬品の製造販売を業として行うには「医薬品製造販売業許
可」を受ける必要があり，また医薬品製造販売業許可のみでは医薬品を製造
（包装・表示・保管を含む。）することはできず，製造する際は「医薬品製造
業許可」を受けた製造所で製造する必要があるということである。

　これは，医薬品が生命に関するものであることから製造・販売を業として
行うためには許可制とされている。

　また，市場への出荷責任を明確にするため，製品を製造する「製造業」と
製品を市場に販売する「製造販売業」とが分離されている。これは，医薬品
の開発者自らが製造を行わずに委託製造を行うことなど，製造の受委託等も
考慮された定めである。

　なお，医薬品を製造販売するためには，業としての許可とは別に薬機法第
14条に基づき品目ごとに厚生労働大臣の製造販売承認を得る必要がある。

　以上をまとめると，医薬品の承認・許可については図表1-4のようにな
る。

8

1 医薬品業界とは

図表1-4 医薬品にかかる承認

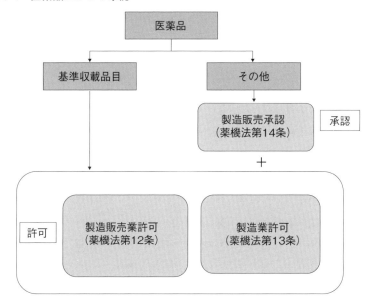

さらに，各許可・承認を得るにあたっては次のような要件が必要になる。

(a) 製造販売業許可

製造販売業の許可を得るためには，薬機法に基づき，次の要件を満たす必要がある。

・製造販売業の許可基準（薬機法第12条の2）
 －品質管理の基準（GQP：Good Quality Practice）～「医薬品，医薬部外品，化粧品及び再生医療等製品の品質管理の基準に関する省令」
 －製造販売後安全管理の基準（GVP: Good Vigilance Practice）～「医薬品，医薬部外品，化粧品，医療機器及び再生医療等製品の製造販売後安全管理の基準に関する省令」
・総括販売責任者等の設置（薬機法第17条）
・製造販売業者等の遵守事項（薬機法第18条）

第1章　医薬品業界について

（b）製造業許可

製造業の許可を得るためには，薬機法に基づき，次の要件を満たす必要がある。

> ・製造業の許可基準（薬機法第13条）
> 　－構造設備要件～厚生労働省の定める基準に適合していること。（薬機法第13条第5項参照）
> ・製造技術者の設置（薬機法第17条）

（c）製造販売承認

医薬品の製造販売にあたっては，薬機法に基づき次の要件が必要となる。

> ・製造販売承認（薬機法第14条）
> 　－GMP要件（Good Manufacturing Practice）～「医薬品及び医薬部外品の製造管理及び品質管理の基準に関する省令」

② 医薬品卸売業

医薬品卸売業は，医薬品を薬局開設者，医薬品の製造販売業者，製造業者，販売業者，病院などに販売する営業をいう。卸売販売業を営むには，薬機法に基づき営業所ごとに，営業所の所在地の都道府県知事の許可が必要とされている。

医薬品については，その生命関連性から全国の医療機関等へ適時，適切に配送される必要があり，通常，製薬企業等は医薬品卸企業を通じて医療機関等へ販売することとなる。医薬品卸売業を営む企業は，医薬品を安全かつ安定供給するために保管，配送，販売などについて各種の厳しい規制により管理されることとなる。

医薬品卸売業についての詳細は，第3章にて解説する。

2 医薬品業界の特色

(1) 医薬品業界の概要

① 医薬品の特性

医薬品には，次のような特性があるといえ，このことが医薬品業界に特有の特徴をもたらしているものと考えられる。

- (a) 生命関連性
- (b) 公共性
- (c) 高品質性
- (d) 需要の予測困難性，使用の緊急性

(a) 生命関連性

医薬品は人間の生命に関連する商品であるという特性があり，このことが最大の特徴であるといえる。

医薬品はすべての生体に対して作用を与え，その作用を通じて疾病の治療や予防に役立たせるための物質であり，同時に医薬品は生体本来にとっては異物であるため，「副作用」という毒性もある程度避けられないものでもある。

(b) 公共性

医薬品とは，疾病等を排除する目的で製造・販売される製品であり，その安定的な供給は社会的な責務である。そのため，ほとんどの国において医療を何らかの形で公共的制度によって保障する形態がとられており，医薬品はこの医療に不可欠一体のものとして公共的な諸制度の中に組み込まれているものである。

第1章　医薬品業界について

(c) 高品質性

医薬品は，生命に密接に関連するものであるため，商品としての第一義的な価値はその品質にある。その品質の重要性ゆえに，販売される医薬品は，商品そのものの品質基準要件や販売企業として販売業の要件を満たす必要などがあり，医薬品は他の商品と比べて法的な規制を強く受けるものである。

(d) 需要の予測困難性，使用の緊急性

医薬品の需要量は，そもそも需要の原因である疾病の発生は不可測なものであるため，時間的・地域的に不安定なものである。例えば，流行性感冒等による患者が，いつ，どこで，どの程度大量に発生するかということを予測することは難しいものである。

また，緊急時において必要な医薬品が供給されなければ，社会全体に重大な支障を生じさせることとなる。ゆえに，医薬品は必要かつ十分な量の安定供給されなければならないものであるといえる。

② 医薬品業界の特徴の概要

以上を踏まえ，医薬品業界はその生命関連性を最大の特性とし，次のような特徴を挙げることができる。本節においては，各特色について解説を行うこととする。

- 薬価制度の存在
- 多品種少量生産と流通
- 多額の研究開発費
- 多様な特許ビジネス
- 法律の規制と副作用

---

(2) 薬価制度

医薬品業界においては，医療用医薬品の公定価格である「薬価」が存在す

12

るという特徴がある。薬価は，品目ごとに厚生労働省により決定されるものであり，「薬価基準」と呼ばれる表に収載され，保険者への請求単価となるものである。

ここでは，我が国における医療保険制度，薬価制度とは何かを踏まえた上で当該制度が医薬品業界に与える影響について解説する。

① 国民皆保険と薬価基準

我が国の医療保険制度は，国民健康保険をはじめとするいくつかの制度により成り立っているが，すべての国民がいずれかの医療保険制度に加入することにより，いつでも安心して適切な医療を受けることができる「国民皆保険制度」を導入している。患者が医療サービスを受けた際に発生する医療費には診療報酬や薬剤費が含まれ，使用又は処方された医療用医薬品の費用の一部については，保険者である各制度が支払いを負担する仕組みとなっている。そして，医療機関等が保険者に対する医薬品の請求単価を定めるものとして薬価が存在する。

厚生労働省の定める薬価基準は，医療保険で利用できる医薬品の品目を定め，同時にそれらの医薬品について医療機関等に支払われる公定価格を定めるものとなる。すなわち，薬価基準は品目表としての位置づけと価格表としての位置づけを持つこととなる。

このような国民皆保険制度によって少ない患者負担で手厚い給付を行っている我が国の公的医療保険において，保険医療に利用できる医薬品とその価格を公的に定める薬価制度は，医療用医薬品の価格高騰を防ぎ，医療保険制度の維持を財政的に担保するものである。

② 薬価収載と薬価算定
（a）薬価収載

医療用医薬品は，薬機法に基づく製造販売承認を取得しただけでは医療保険の適用を受けられず，前述のとおり，医療保険の適用を受けるためには薬

第1章　医薬品業界について

価基準に収載されなければならない。

　医療用医薬品として製造販売承認，許可を取得した後，医薬品が薬価基準へ収載されるためには図表1-5の手続きを経ることが必要となる。

図表1-5　薬価収載までの流れ

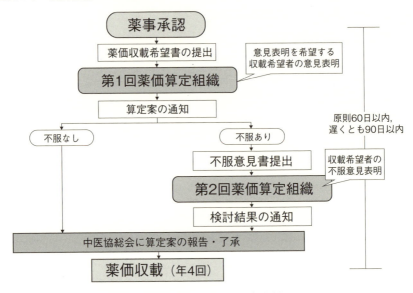

出所：中央社会保険医療協議会　薬価専門部会（第121回）資料

(b) 薬価の算定

　次に，薬価の算定方法の概要に触れる。薬価は中央社会保険医療協議会が取りまとめる「薬価算定の基準について」に記載のルールに基づき，次のように算定される。

　医療用医薬品が新たに薬価基準に収載される場合，類似薬の有無により算定方法が異なる。類似薬のあるものについては類似薬効比較方式，ないものについては原価計算方式により薬価が算定される。

　類似薬効比較方式とは，①効能・効果，②薬理作用，③組成及び化学構造

式，④投与形態，剤形区分，剤形及び用法の４つの観点から，新薬に類似すると認められる既収載医薬品（以下，類似薬）がある場合には，市場での公正な競争を確保する観点から類似薬を比較対照として選定し，類似薬と新薬の一日薬価を類似薬の一日薬価に合わせるように算定するものである。ただし，当該新薬が類似薬に比して高い有用性等が認められる場合には補正加算を行うものとされている（類似薬効比較方式（Ⅰ））。

また，新規性に乏しい新薬については，過去数年間の類似薬の薬価と比較して，最も低い価格とするものとされている（類似薬効比較方式（Ⅱ））。

一方，原価計算方式とは，比較対象となる類似薬がない場合に適用されるものであり，製造原価や販売管理費，利益等を積み上げて薬価を算定するものである。

図表1-6　新薬の薬価算定方式

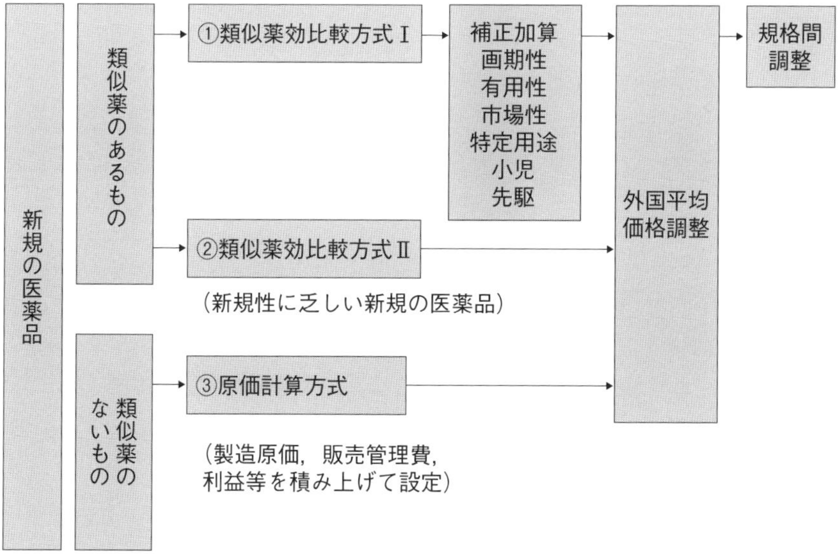

出所：医薬教育研究会編『知っておきたい医薬品業界のルール 第2版』（じほう，2010年）をもとに作成

第 1 章　医薬品業界について

　その他，外国ですでに販売されている医薬品が国内で販売される場合に外
国における価格と著しい乖離が生じないよう外国平均価格調整が行われ算定
される。

　以上をまとめると，図表1-6のようになる。

③ 薬価の見直し

　医薬品の価格は原則的には市場原理により決定されるものであり，市場原
理を正しく薬価基準に反映するために定期的に薬価は改定される必要があ
る。よって，類似薬の薬価は，厚生労働省の実施する薬価調査の結果に基づ
き改定される仕組みとなっている。いわゆる薬価改定である。従前は 2 年に
1 回の頻度で薬価改定が行われていたが，市場実勢価格の下落を薬価に速や
かに反映させ，薬剤費の抑制を図るため 2021 年度より毎年度の薬価改定が
行われている。

（a）薬価差

　医療用医薬品は通常，製薬企業から医薬品卸企業を通じて医療機関等へ販
売される。医療機関等から保険者への請求単価となる薬価と，医療機関等が
医薬品卸企業等から購入する取引単価は本来的には同じものとなるはずであ
るが，ここで医薬品の購入も自由取引であることから両者に差が生じること
となる。

　医薬品の購入を選択するのは最終消費者（患者）ではなく医療機関等であ
るが，医療機関等が製薬企業・医薬品卸企業等から医薬品を購入する際は，
自由取引である市場原理によって取引される。すなわち，医療機関等に医薬
品を購入してもらうために製薬企業・医薬品卸企業が価格競争を行う結果，
医療機関等の購入価格は薬価基準より低くなるということが考えられる。一
方で，医薬品が処方された場合，医療機関等は保険者と患者から公定価格で
ある薬価基準により支払いを受けることとなる。ここに，薬価差が発生する
こととなり，この差が医療機関等の収入源ともなってきた。

16

(b) 薬価調査

　医療機関等が前述の薬価差を求めることで，薬効や購入単価よりも薬価差の大きな医薬品が処方されることや医薬品が過剰に投与されるなどの使用面での問題が生じる可能性のほか，薬剤費として国の医療費負担を重くしてしまうといった財政面での問題が生じることが考えられる。ゆえに，医薬品の適正使用及び薬剤費削減の観点からも，薬価差は解消すべきとの社会的要請から，薬価を市場価格に調整するために，薬価基準に収載されている全医薬品について，実際の医療機関等における購入価格を調べる実勢調査（薬価調査）が毎年行われている。

　薬価はこの薬価調査に基づき，毎年見直され，新年度の4月に改定がなされている。現在の薬価見直し制度は，「市場実勢価格加重平均値調整幅方式」と呼ばれており，1992年に導入されたものであり，次の算式により算定される。

市場実勢価格×（1＋消費税率）＋改定前薬価×調整幅＝改定後薬価

　市場実勢価格は医療機関等への納入価格の加重平均値であり，これに一定の調整幅を加えた額が改定後の薬価となる。調整幅は保管料の担保など薬剤流通の安定のためのものとされ，薬価の引き下げ率を緩和する効果を持つ。現行の薬価制度が導入された当初の調整幅は15％であったが，薬価改定の都度引き下げられ，現在は2％が採用されている。薬価算定の例を示すと次のようになる。

【例】
現行の薬価が100円，市場実勢価格が85円の場合，新薬価は次のように算定される。
85円×110％＋100円×2％＝95.5円（4.5％の薬価の下落）

　なお，厚生労働省によると2022（令和4）年度に実施された薬価改定では，薬価ベースで6.69％の引き下げが行われた。この他，新薬の創出を活性化させるためにジェネリック医薬品が収載されていないなどの要件を満たす新薬

第1章　医薬品業界について

については一定の率が薬価に加算される「新薬創出・適応外薬解消等促進加算（新薬創出等加算）」制度がある。また，ジェネリック医薬品が薬価収載されている新薬については追加で薬価が引き下げられることになり，ジェネリック医薬薬の使用を促進するための制度も運用されている。

　近年では革新的であるが高額な医薬品が登場し，今後の医療保険財政や国民負担に与える影響が懸念されており，国民皆保険の持続性とイノベーションの推進を両立する観点から，2018 年 4 月改定から新薬創出等加算制度の見直しをはじめとする抜本改革が進められている。現行の薬価算定ルール全体のイメージは図表 1-7 のようになる。

④ 薬価制度の医薬品業界への影響

　医薬品業界からみると，薬価の存在は価格規制であるといえ，過剰な価格競争が生じにくいため薬価制度に守られていると同時に，自社で価格を決定することができないため収益力に制限をかけられているともいえる。

　これは薬価という公定価格が存在することにより，薬価基準に収載された医薬品であれば，その実際の需要，競合医薬品の有無に関わらず，最終消費者に対して薬価で販売することが確実に可能であり，このことは医薬品の販売承認の必要性と相まって，他企業の新規参入の障壁となっている。また，薬価そのものについても，画期的な新薬はもちろん，必ずしも画期的な新薬でなくとも類似薬比較方式による補正加算により先発の類似薬の薬価よりも高く設定される場合もあったと考えられ，この点でも医薬品産業は制度により守られていたものといえる。

　一方で，製薬企業・医薬品卸企業等が設定する取引価額をもとに最終消費者に対する薬価が決定されるのではなく，薬価をもとに製薬企業・医薬品卸企業等の取引価額が価格構成されている。このことは，薬価の存在が本来持つべき各々の価格決定権を制限していることを意味するといえる。なお，医薬品の価格構造については第 2 章において詳細に解説する。

　また，市場原理を反映させるための薬価調査の結果の薬価改定とはいえ，

18

2 医薬品業界の特色

図表1-7 医薬品のライフサイクルと現行の薬価算定ルール

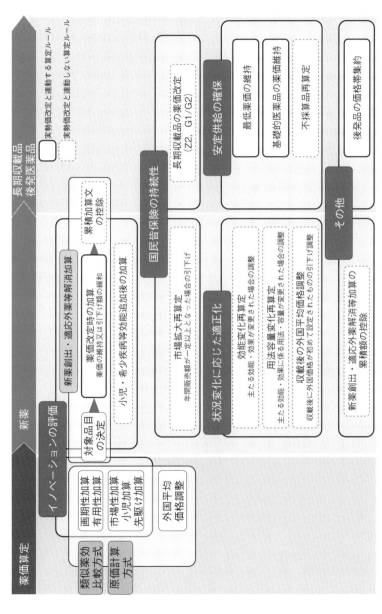

出所：厚生労働省 令和4年度診療報酬改定説明会（2022年3月4日）資料

第1章 医薬品業界について

近年は医療費抑制・薬剤費削減の観点からも関連する企業の意思に関わりなく薬価は引き下げられる状況にある。

以上より，薬価の存在は医薬品産業における行動に大きな影響を与えるものであると考えられ，薬価改定は，医薬品産業に属する各企業等の業績，経営行動等に直結するものであるといえる。

（3）多品種少量生産と流通

① 多品種少量生産

医薬品は生命に関連するものであり，疾病を排除することを目的とするものであるが，その病気の種類や症状は多種多様であり，その原因も様々である。そのため，各々の病症に対応する医薬品の数は必然的に多くなり，また，同一成分の医薬品であっても剤形によって作用時間や効力等に違いがあることから，錠剤，カプセル剤，顆粒剤，経口液剤など，様々な剤形がある。さらに，医薬品によっては，需要が減ったとしても供給する義務が生じる場合もある。

よって，医薬品業界は他業種と比較し，多品種少量生産の傾向にあるといえる。

（a）剤形

医薬品には，その目的，用途に応じて最も適切に製した形がある。ゆえに，同一成分の医薬品であっても製薬企業等によっては様々な剤形を生産することがある。また，同様に同一剤形であっても目的，用途に合わせて様々な分量のものを生産することもある。

なお，日本薬局方の製剤総則によれば，71種の剤形の分類が掲載されている。

（b）供給の義務

医薬品は生命に関するものであり，需要が少ない，採算がとれないなど，

20

製薬企業側の一方的な都合により供給を放棄することは社会的に認められない。需要量の減った医薬品であっても、製薬企業等は必要な医薬品を製造、販売する義務を有する場合があり、この点でも多品種（少量）の医薬品を取り扱う傾向になるといえる。

② 医薬品の流通
　医薬品の需要は予測困難なことが多いが、いつ、いかなるときであっても必要かつ十分な量の医薬品が安定的に供給される必要がある。医薬品を必要とする患者は全国の医療機関等に様々に存在するが、その各々の医療機関等において多種多様な症状に応じ、かつ緊急時に間に合うよう供給される必要がある。
　ゆえに、医薬品の流通に関しては、一般的に流通の専門家である「医薬品卸企業」を通じて医療機関等へ供給されることになる。

（a）一般的な流通
　一般的に医薬品は、図表1-8のように製薬企業で製造され医薬品卸企業へ販売、医薬品卸企業を通じて全国の調剤薬局や医療機関（医療機関等）へ供給され、最終消費者である患者へ処方されることとなる。

図表1-8　医薬品の流通の概要

（b）適正な使用

医薬品が有効かつ安全に使用されるためには，適正に使用される必要があり，供給時には医薬品に関する必要かつ十分な情報が提供されなければならない。

医薬品として承認を得たものであっても，適正に使用されなければ毒物と化してしまう危険性があるため，医薬品の流通は単に物を配送・保管する役割のみではなく必要な情報を提供する役割も負うこととなる。

医薬品卸企業の役割については，第3章において詳細な解説をする。

③ MR/MS の存在

製薬企業及び医薬品卸企業は医療機関等へ医薬品を納めて終わりというものではなく，効能や副作用をはじめとする医薬品に関する必要な情報を，いかにして処方医師や薬剤師に理解してもらうかということが重要である。医療機関等に対し確実な情報提供，注意喚起などを行い，適正な使用に関する理解を促すとともに，重篤な副作用等の情報を迅速に収集・対策を実施する必要がある。

このため医薬品業界においては，製薬企業の医薬情報担当者（Medical Representatives：MR）や医薬品卸販売担当者（Marketing Specialist：MS）といった医師や薬剤師に情報を伝える専門家を配置している。MR や MS を医療機関等へ派遣し，医薬品について物と同時に情報の提供・収集を行う仕組みをとっている。

各製薬企業・医薬品卸企業においては，MR や MS に対する教育を徹底し，優秀な人材を確保することも重要な営業戦略となるといえる。

④ プロモーション活動上の規制

前述のように，医薬品の使用に際して，物として医薬品と情報とが一体となっている必要がある。この点，医療用医薬品のプロモーション活動を行う際には，製薬企業の業界団体である日本製薬工業協会（以下，製薬協）が定

める「製薬協コード・オブ・プラクティス」や，医療用医薬品製造販売業公正取引協議会が定める「公正競争規約」，厚生労働省が定める「医療用医薬品の販売情報提供活動に関するガイドライン」といったルールに従う必要がある。

(a) 製薬協コード・オブ・プラクティス（製薬協コード）

製薬協コードは，製薬協が定めた自主規範の１つであり，製薬協の会員企業が遵守すべき行動基準である。

製薬協は「医療用医薬品プロモーションコード」(1993年制定，以降数次改定）を定め，医薬品の適正な使用を妨げるようなプロモーション活動（例えば過剰な接待や贈答）の防止に取り組んできた。これをさらに発展させ，プロモーション活動のみならず会員企業と医療機関等の社外ステークホルダーとのすべての交流を対象として策定されたのが「製薬協コード・オブ・プラクティス」(2013年制定，以降数次改定）である。

製薬協コードは，社外ステークホルダーとの交流に関する行動基準を示したコード・オブ・プラクティスと医療用医薬品のプロモーション活動の行動基準を示した医療用医薬品プロモーションコードから構成されている。各種の法令や自主規範を遵守し，高い倫理観をもって行動することを求めている。

本コードに違反した製薬企業については，指導，警告（厳重警告）の措置を受けることとなる。

(b) 公正競争規約

公正競争規約（公競規）は，いわゆる独占禁止法の特例法である不当景品類及び不当表示防止法（景品表示法）第31条に基づき，顧客の不当な誘因を防止し，公正な競争を確保するために景品類の提供又は表示・広告に関する事項について設定される，法的な自主ルールである。この公競規の中で，コードとして景品類提供について規制されるべき内容が定められることとなる。

第1章　医薬品業界について

　これに違反した製薬企業については，公正取引協議会による調査がなされた上で，指導，警告，さらには罰金や除名といった措置がなされることとなる。

　このように，医薬品のプロモーション活動に対しても法令・規制に従う必要がある点に留意が必要である。

（c）医療用医薬品の販売情報提供活動に関するガイドライン

　「医療用医薬品の販売情報提供活動に関するガイドライン」は，製薬企業等が医療機関等に行う販売情報提供活動の適正化により，医療用医薬品の適正使用を確保し，保健衛生の向上を図ることを目的として2018（平成30）年に厚生労働省により公表された。製薬企業等が医療用医薬品の名称や有効性・安全性の認知向上等による販売促進を期待して行う販売情報提供活動を対象としている。提供すべき情報の要件や禁止事項等，販売情報提供活動の原則，製薬企業等や販売情報提供活動を行う担当者の責務を規定している。

（4）多額の研究開発

　医薬品業界においては，新薬は収益の源泉であり新薬開発の成否が企業の命運を左右するため，画期的な新薬を開発するための研究開発は最も重要な企業活動である。

　特に製薬企業においては，巨額の研究開発投資が行われている。

① 新薬開発の必要性

　医薬品は生命に関するものであるため，画期的な新薬を開発し，販売することができれば，需要は確実にあることから，特許期間が満了するまでは独占的に販売し，収益を獲得することができる。当該収益によって，開発企業は研究開発投資を回収し，企業が存続するに十分な利益を得ることができる。一方で，新薬が開発されなければ，既存の医薬品は特許期間が満了すると同時に廉価なジェネリック医薬品と競合することとなり，開発企業は存続

24

するに十分な利益を確保することが難しくなる。

また，アンメットメディカルニーズ（未充足の医療ニーズ）に取り組み，患者の求める良薬を世の中にいち早く提供するために新薬開発を行うことは，製薬企業の社会的な使命でもある。

よって，医薬品業界にとって，新薬開発を成功させることは企業存続の生命線であるといえ，新薬開発は重要な経営戦略である。

② 研究開発の流れ

新薬を1件生み出すためには，一般的に10年以上の歳月と数百億～数千億円規模もの投資が必要であるといわれている（図表1-9）。これは医薬品が生命に関するものであることから，新薬開発にあたってはその有効性と安全性が十分に確保されなければならないためである。近年は，有効な薬を生み出す難易度が年々上昇しており，研究開発費は増加傾向にある。

医薬品の研究開発の一般的な過程は次のように（a）新薬の探索，（b）非臨床試験，（c）臨床試験，そして（d）審査という流れとなる。

図表1-9　研究開発の流れ

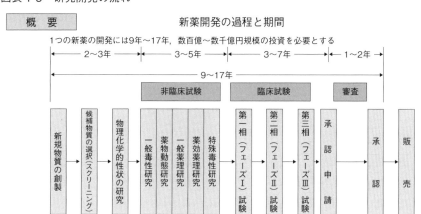

出所：厚生労働省「令和5年度版　厚生労働白書　資料編」

第1章　医薬品業界について

（a）新薬の探索

新薬開発は，新しい化学物質を作り出し，医薬品としての利用可能性のあるものを選び出すことから始まる。

具体的には，目標とするテーマ（疾患，薬効等）に対する基礎研究から開始し，合成，発酵，バイオなどにより多数の新しい物質をつくり（新規物質の創製），動物や細菌等を用いた簡単な試験により有効なものをふるい分け（スクリーニング），新規物質の構造や物理的・化学的な性状などを調べるまでが第1段階である。

なお，研究の過程で得られた発明を権利として保護するため，製薬企業においてはこの新薬の種（パイプライン）を発見した段階で特許出願が行われることが一般的である。

（b）非臨床試験

次に，「非臨床試験」と呼ばれ，動物により薬効・物性・体内動態・毒性を詳細に確かめる試験を行い，有効性と安全性を確保できる医薬品の候補を選定する。

この各種試験のうち，すべての毒性試験及び安全性薬理試験の一部については安全性確保のために厚生労働省令である「医薬品の安全性に関する非臨床試験の実施の基準」（Good Laboratory Practice：GLP）に従い実施しなければならないものである。

なお，この各種試験の過程で初期の目標とは異なる薬効が明らかになり，目標が変更されることもある。

（c）臨床試験

非臨床試験を経て，「臨床試験」と呼ばれるヒトを対象とした試験を行う。臨床試験は非臨床試験が終了し，治験届がなされたものについて相（以下，フェーズ）ごとに目標が設定され，慎重かつ段階的に行われることとなる。

臨床試験は次の3つにフェーズに分けることができ，各フェーズの目標を

26

クリアして初めて次のフェーズへ進むことができる。

〈第Ⅰフェーズ〉健康なヒトに投与し，薬物の吸収，排泄，代謝などの安全性が検討される。
〈第Ⅱフェーズ〉対象疾患の少数の患者に投与し，安全性を最重点にしつつ，用法・用量の検討，有効性の検討が行われる。
〈第Ⅲフェーズ〉多数の患者を対象に有効性と安全性について検証するための試験が行われる。

　ここで，治験（治療試験）とは医薬品の製造販売承認申請の際に厚生労働省に提出すべき資料のうち，臨床試験成績に関する資料の収集を目的とする臨床試験のことを指す。この治験は，被験者の人権を擁護するために「ヘルシンキ宣言」と呼ばれる倫理原則及び「医薬品の臨床試験の実施の基準」（Good Clinical Practice：GCP）を遵守して実施されることとなる。なお，GCPとは治験及び製造販売後臨床試験に関する計画，実施，モニタリング，監査，記録，解析及び報告等に関する遵守事項を定め，被験者の人権，安全及び福祉の保護の下に試験の化学的な質と成績の信頼性を確保することを目的とするものである。

(d) 審査
　新薬の製造販売にあたっては，前節にて記載のように，申請された医薬品の成分・分量，用法・用量，効能・効果，副作用等に関する所要の審査を行った上で厚生労働大臣が品目ごとに承認を与えることとされている（薬機法第14条）。
　医薬品の承認申請は大きく9つの申請区分に分けられているが，いわゆる新薬は総合機構の審査から薬事・食品衛生審議会（薬食審）の調査・審議を経て承認がなされることとなる。
　なお，医薬品の承認審査に必要な資料は図表1-10のとおりである。

第1章　医薬品業界について

図表 1-10　承認申請資料

イ　起源又は発見の経緯及び外国における使用状況等に関する資料	1.　起源又は発見の経緯に関する資料 2.　外国における使用状況 3.　特性及び他の医薬品との比較検討等
ロ　製造方法並びに規格及び試験方法等に関する資料	1.　構造決定及び物理的化学的性質等 2.　製造方法 3.　規格及び試験方法
ハ　安定性に関する資料	1.　長期保存試験 2.　苛酷試験 3.　加速試験
ニ　薬理作用に関する資料	1.　効力を裏づける試験 2.　副次的薬理・安全性薬理 3.　その他の薬理
ホ　吸収，分布，代謝，排泄に関する資料	1.　吸収 2.　分布 3.　代謝 4.　排泄 5.　生物学的同等性 6.　その他の薬物動態
ヘ　急性毒性，亜急性毒性，慢性毒性，催奇形性その他の毒性に関する資料	1.　単回投与毒性 2.　反復投与毒性 3.　遺伝毒性 4.　がん原性 5.　生殖発生毒性 6.　局所刺激性 7.　その他の毒性
ト　臨床試験の成績に関する資料	臨床試験成績

出所：医薬教育研究会編『知っておきたい医薬品業界のルール 第2版』（じほう，2010年）

　承認がなされた医薬品は薬価基準に収載され，初めて販売されることとなるが，ここに至るまでに有効性あるいは安全性に問題が生じたものは開発が中止されるため，製品化には各試験の段階でかなりのものがふるい落とされることとなる。最近では開発の難易度も上昇し，新しいパイプラインが発見され，医薬品として製造・販売がなされる確率は1/30000以下ともいわれている。

2 医薬品業界の特色

このように新薬の開発には膨大な開発期間，巨額の開発資金が費やされる一方でその成功確率は極めて低く，開発する製薬企業は極めて高い投資リスクを負うことになる。

(5) 多様な特許ビジネス

① 特許権の概要

　膨大な研究開発投資に対する成果を保護するため，研究の過程での発明に対して特許出願が行われる。特許権とは，権利者が発明を使って製品を独占的に製造・販売できる権利を国家が付与することであり，出願した発明が特許として認められれば，特許法により出願の日から20年間（特許法67条）保護されることになる。

　医薬品の場合，ある化学物質（パイプライン）について特許が認められても製造販売承認までに，特に臨床試験に長期間を要するため，この間は利益を得ることなく特許期間が失われてしまうことがある。この失われた期間については，5年を限度として回復する「特許存続期間延長制度」が適用可能であり（特許法67条の2），医薬品に関する特許は出願の日から最大25年間保護される場合もある（図表1-11）。

図表 1-11　特許期間延長制度

特許出願	特許成立日	当初の満了日（20年）	延長後の満了日
治験届	製造承認		
審査等	特許期間	延長期間（5年を限度）	

② 医薬品に関する特許の種類

　特許で守られるのは「発明」に相当するものであり，発明とは「自然法則を利用した技術的思想の創作のうち高度のもの」とされている（特許法第2

条)。特許法によれば，保護が図られる発明のカテゴリーは大きく図表1-12のように分類される)。

図表1-12　発明のカテゴリー（特許法2条3項）

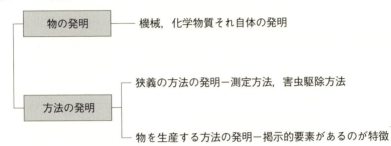

出所：土肥一史『知的財産法入門　第11版』（中央経済社，2009年）

このカテゴリーに応じた実施概念に従い特許権の効力範囲が定まることとなるが，医薬品の製造にあたってはいくつもの工程があり，通常医薬品には基本的な物質特許以外にも周辺特許と呼ばれるものが存在する。

医薬品に係る特許権は，主に次の4種類となる（図表1-13）。医薬品の特許は1つの製品を保護するために必要な特許の数が電気製品等と比較し非常に少ない点に特徴があり，これは個々の特許の持つ効力が強いことを意味する。

図表1-13　医薬品に係る特許

種類	名称	内容
基本特許	物質特許	新しい化学物質そのものについて与えられる特許
周辺特許	用途特許	特定の物質に対する新しい効能・効果について与えられる特許
	製法特許	物質の新しい製造方法について与えられる特許
	製剤特許	製剤の処方内容について与えられる特許

③ 特許権とジェネリック医薬品

製薬企業が新薬を開発した場合，有効成分に対して物質特許が認められることが一般的であるが，通常，「新薬の特許期間の満了」とは「物質特許の期間満了」を指す。よって，ジェネリック医薬品は物質特許が満了した後に発売されることになるが，周辺特許は有効であることが多いため，ジェネリック医薬品は独自の調査・技術によって周辺特許を侵害することなく開発されなければならないこととなる。

また，物質特許自体の期間が満了しても，配合剤の特許を取得する，新たな用途特許を取得するなどにより実質的に期間を延長する場合も考えられる（図表 1-14）。

図表 1-14　特許期間とジェネリック医薬品の関係

物質特許の特許期間		
製剤ないし製法特許の特許期間		
独占期間	異なる製法・製剤のジェネリック医薬品のみ発売可能	同一のジェネリック医薬品を発売可能

④ ライセンスイン（導入）・ライセンスアウト（導出）

特許権は排他的・独占的に利用することができるものであるが，通常の所有権と同様に他社に譲渡することもできれば，権利者が許諾することで他社に権利を利用させることもできる。医薬品業界においては，パイプラインを確保することが非常に重要であるため，その確保を目的とした特許に係るビジネスも頻繁に行われるという特徴がある。

特許に係るビジネス取引はライセンス（実施許諾）契約を締結する必要があり，このような特許に係る取引は一般的に「ライセンスイン（導入）・ライセンスアウト（導出）」と呼ぶ。ライセンスイン（導入）とは製品や製造の使用許諾を獲得することで，ライセンスアウト（導出）とは，製品や製造の使用許諾を与えることである。

第1章　医薬品業界について

　なお，その他，包装や容器に関する実用新案権，デザインやマークに関する意匠権なども知的財産権として保護されるものである。

　医薬品業界においては特許を含め，様々な知的財産に対する戦略は重要である。

(6) 法律の規制と副作用

　医薬品は直接生命に関わるものであるため，医薬品に関わる企業は医薬品の研究開発から製造販売に至るまで薬機法等による規制と自主規範の下で活動をすることになる。

　これまでに解説したように，安全性及び有効性を確保した上で販売される医薬品ではあるが，臨床試験は限られた条件下で行われるものであり，またそもそも医薬品は本来生体にとっては異物であるため，その副作用の発生は潜在的リスクとして常に存在することになる。

　副作用を防止するため，また副作用が発生してしまった場合について，次のような仕組みとなっている点にも我が国の医薬品業界の特徴がある。

① 医薬品の市販後調査の必要性

　医薬品の承認前に行われる臨床試験は限られた条件下で行われるものであり，実際の製造販売後の日常的な診療における医薬品の実態下とは異なるものである。したがって，承認時までの情報だけでは，製造販売後に広範な患者に使用された際に起こりうる副作用等を予知するための情報として必ずしも十分ではない。このため，製造販売後も引き続き医薬品の有効性，安全性について調査し，監視していく必要がある。

　そもそも医薬品は本来の使用方法に従って適正に使用されて初めてその機能が発揮されるものであるが，そのためには医薬品に関する必要な情報が収集・評価され，医療機関等や患者に適切に提供される必要がある。「(3) 多品種少量生産と流通」でも触れたが，情報収集・提供義務について薬機法上，次のように定められている。

32

2　医薬品業界の特色

> 薬機法　第68条の2の6（抜粋）
> 医薬品，医療機器若しくは再生医療等製品の製造販売業者…は，医薬品，医療機器又は再生医療等製品の有効性及び安全性に関する事項その他医薬品，医療機器又は再生医療等製品の適正な使用のために必要な情報を収集し，及び検討するとともに，薬局開設者，病院，…医薬品の販売業者…その他の医薬関係者に対し，これを提供するよう努めなければならない。
> 2　…医師，歯科医師，薬剤師，獣医師その他の医薬関係者は，医薬品，医療機器若しくは再生医療等製品の製造販売業者…が行う医薬品，医療機器又は再生医療等製品の適正な使用のために必要な情報の収集に協力するよう努めなければならない。
> 3　…医師，歯科医師，薬剤師その他の医薬関係者は，医薬品，医療機器及び再生医療等製品の適正な使用を確保するため，…提供される情報の活用…その他必要な情報の収集，検討及び利用を行うことに努めなければならない。

② 再審査，再評価，副作用・感染症報告

　我が国においては，次の3つの制度により製造販売後の医薬品の適正な使用方法を確立する仕組みとなっている。

> ・新薬の製造販売後に求められる再審査と安全性定期報告
> ・新しい医学・薬学の水準による医薬品の再評価制度
> ・副作用・感染症報告制度

　これらの制度による調査の結果，製薬企業が製造販売承認の取り消しや効能・効果，用法・用量等の承認事項の一部変更をするよう命じられることもある。

（a）再審査と安全性定期報告

　再審査制度とは，新規の医薬品等について製造販売承認後一定期間，副作用等の使用の成績等に関する調査を実施することを製造販売承認取得者に義

第1章 医薬品業界について

務づけるものである。これにより，有効性及び安全性等について再確認を行い，調査により得られた結果は安全性定期報告として定められた期間ごとに報告しなければならない。

(b) 再評価制度

再評価制度とは，すでに承認されたすべての医薬品を対象として，現時点の医学，薬学の学問的水準から有効性及び安全性を見直す制度をいう。

(c) 副作用・感染症報告制度

副作用・感染症報告制度とは，常時，安全性についてモニターを行うものであり，製薬企業側が行う企業報告制度及び感染症定期報告制度，医療関係者が行う医薬品・医療機器等安全性情報報告制度，国が行う国際医薬品モニタリング制度からなっている。

このうち企業報告制度においては，製造販売を行う医薬品による副作用等が疑われる場合，製造販売業者は15日以内又は30日以内に特定の機構に報告しなければならない。

(d) GPSP，GVP

再審査・再評価に係る調査・試験を適正に行うための手段を定めたものとして，「医薬品の製造販売後の調査及び試験の実施の基準」に関する省令（Good Post-Marketing Study Practice：GPSP）があり，また，製造販売後の安全管理のための手段を定めたものとして「医薬品，医薬部外品，化粧品及び医療機器の製造販売後安全管理の基準」に関する省令（GVP）がある。

この2つの基準に則り，各制度は実施されることとなる。

③ 副作用に対する措置

医薬品の使用により保健衛生上の危害が発生し又は拡大するおそれがあると製薬企業が知ったときは，薬機法上，次のように定められている。

2 医薬品業界の特色

薬機法　第68条の9（抜粋）

医薬品，医薬部外品，化粧品，医療機器若しくは再生医療等製品の製造販売業者又は外国特例承認取得者は，その製造販売をし，又は…承認を受けた医薬品，医薬部外品，化粧品，医療機器又は再生医療等製品の使用によって保健衛生上の危害が発生し，又は拡大するおそれがあることを知ったときは，これを防止するために廃棄，回収，販売の停止，情報の提供その他必要な措置を講じなければならない。

2　薬局開設者，病院，診療所…又は医師，歯科医師，薬剤師，獣医師その他の医薬関係者は，前項の規定により医薬品，医薬部外品，化粧品，医療機器若しくは再生医療等製品の製造販売業者又は外国特例承認取得者が行う必要な措置の実施に協力するよう努めなければならない。

　法律的にも社会的にも，副作用等が発生した場合には，製薬企業等は最善の対応をする必要があり，速やかに販売する医薬品の回収，廃棄，情報の提供等の措置を自ら講じなければならない。

　また，これに関連し薬害訴訟の発生についてもその発生は潜在的リスクとして常に存在することとなり，副作用等の発生は企業の存続にも影響を与える重大な要素である。

3 医薬品業界のリスクと最近の動向

　我が国の医薬品業界は，デジタル化の波や新型コロナウイルス感染症（COVID-19）のようなパンデミックの発現等の様々な環境変化の中で，新たなリスクを抱えるとともに，各社とも従来の戦略からの転換を迫られてきている。本節では，医薬品業界を取り巻くリスクを踏まえ，最近の主要な動向をリスク対応という観点から概観する。

（1）医薬品業界を取り巻くリスク

　医薬品業界にはビジネス上，様々なリスクが存在する。大手製薬企業の有価証券報告書の事業リスクによれば，医薬品業界を取り巻くリスクとしては次のものを挙げることができる。

- ・IT セキュリティ，サイバーセキュリティ，情報管理に関するリスク
- ・自然災害，パンデミック，新型コロナウイルス感染症（COVID-19）拡大に関するリスク
- ・サプライチェーンに関するリスク
- ・人材確保・定着・育成に関するリスク
- ・環境に関するリスク
- ・デジタライゼーションに関するリスク
- ・研究開発の不確実性
- ・研究開発活動の生産性低下
- ・医療費抑制や特許満了などの要因による価格引き下げ圧力
- ・販売後の安全性確保（製造物責任），副作用等のリスク
- ・知的財産の保護
- ・創薬力の維持
- ・海外取引，外注取引に伴う品質問題
- ・低所得者層に対する医薬品の供給問題
- ・不祥事などによる業界に対する信用失墜，訴訟リスク

---

3 医薬品業界のリスクと最近の動向

　以下，最近の動向を踏まえこのようなリスクのうち，特に留意すべきものに焦点をあてながらその対応について解説する。

（2）最近の動向

① 巨額化する研究開発費と研究開発効率

　医薬品業界における新薬の研究開発は，疾病に対する物質の特定を行う研究活動と，物質特定後の臨床試験を行う開発活動に大きく分かれる。医薬品は一製品あたりの製造原価は安くその利益率は高いが，1つの新薬を生み出すまでにかかる研究開発費は数百億〜数千億円規模と，製造原価に反映されないコストが膨大である。また，プロジェクトを開始してから，臨床試験を経て発売に至るまでの創薬期間は，短くても10年近くはかかり，しかも失敗の可能性も大きい。さらに，一次疾病といわれる分野の研究はすでに開発しつくされた感があり，対象はいわゆるアンメットメディカルニーズと呼ばれる分野に移りつつあり，研究開発費は巨額化しつつある。また，副作用問題の発生等から，各国の認可のハードルも高くなっており，臨床試験を主とする開発費や失敗の可能性を押し上げている。

　その結果，業界の研究開発活動は，よりハイリスクなものになっているとも考えられるが，次世代の新商品を開発するためには，これを避けて通ることができない。各社に課された課題は研究開発の活性化であり，各社とも，疾病分野の特定，開発へのマーケット手法の導入，研究小グループ制の導入，バイオ文化の導入等，様々な施策でこれに対応している。また，リスクの低減化や研究開発のスピード化を求めて，同業他社との提携や共同研究開発，研究開発成果の取得，AIの導入等の様々な対応も活発に行われている。

② ITセキュリティ，サイバーセキュリティ，情報管理に関するリスク

　IT技術やテクノロジーの発展により，企業を対象にしたサイバーアタックやハッキング，従業員を対象にしたフィッシングメール，スパムメール等により，企業の顧客情報，研究開発に関する情報等を狙うものや，さらには

第1章　医薬品業界について

情報自体が目的ではなくそれらの身代金を狙った事件が起きている。研究開発や製造上の秘匿事項の漏洩は，製薬企業の経営上のコアコンピタンスが直接的に打撃を受ける可能性があるし，顧客に関する情報漏洩は会社のレピュテーション悪化につながる可能性がある。また狙われた情報が財務情報である場合に，決算が遅延したり決算報告ができなくなったりするというような重大な事故となる可能性もある。製薬企業に限ったことではないが，企業はITセキュリティ，サイバーセキュリティ，情報管理に関して，企業内の情報を守ることが過去にも増して重要になってきている。

③ デジタル医療の進展

　海外ではウェアラブルデバイスやそこから得られるビッグデータを活用した治療や，患者に服用を促すアプリ等，患者のアウトカムを最大限にするために，製薬企業の一部は医薬品を製造するだけでなく，デジタル領域での新たな事業を模索している。

　我が国における医薬品業界の企業再編は過去から活発に行われていたが，その目的は様々であり，機能の相互補完，規模の拡大による研究開発の効率性の向上，新たなパイプラインの確保，ワクチンやジェネリック医薬品等周辺分野への進出，コア技術への集中による関連分野の売却，特定疾病を研究するバイオベンチャー企業の買収等，新たな戦略に基づくM&Aが主なものであった。

　これに加え，最近では，デジタル企業やゲーム開発会社等，これまで買収先や提携先としてはみられなかった業種とのコラボレーションやM&Aがみられるようになった。スピーディーに効率よく成果を手に入れる手段としてM&Aは非常に有効であるが，巨額になりやすく，統合効果が出なかったり，統合後に様々な問題を抱えたり等，リスクも大きな領域である。特に異国の企業の買収の際の融合，ベンチャー企業取得後の適切な管理等，M&Aを実施した各社は大きな課題を抱えている場合が多い。

④ 政府の医療費抑制策による薬価改定とジェネリック医薬品使用の促進

　我が国の医療費は，医療の高度化，社会の高齢化等を背景にさらに膨張を続けている。また将来的にも我が国の団塊の世代が75歳を超え，5人に1人が高齢者となるいわゆる「2025年問題」があり，この超高齢社会における医療費の激増が予想される。こうした医療費の増加を抑えるため，政府は様々な施策を行ってきているが，医薬品業界に大きな影響を及ぼすのが，薬価改定とジェネリック薬促進策である。

　薬価改定は，市場での取引価格と公定価格との乖離（薬価差）があった場合に価格を下げる仕組みであり，医薬品業界における各企業の既存薬の収益を圧迫している。2021年度以降は毎年薬価改定が実施されており，医薬品業界に与える影響は大きい。

　一方，ジェネリック医薬品について，厚労省は2007年に「後発医薬品の安心使用促進アクションプログラム」を，2013年4月に「後発医薬品のさらなる使用促進のためのロードマップ」を策定し，ジェネリック使用促進のための取組内容が公表された。また直近では，2021年6月の閣議決定において，「後発医薬品の品質及び安定供給の信頼性確保を図りつつ，2023年度末までにすべての都道府県で80％以上」とする新たな目標が定められた。

　その結果，我が国の後発医薬品の数量シェアの推移としては，2015年以降上昇を続けており2021年には71％，2022年9月の調査では79.0％となっている。海外諸国と比べても，2021年にすでに90％を超過している米国ドイツを除けば，日本のジェネリック医薬品の数量シェアは他の欧米諸国とも変わらない水準となってきたといえる。

⑤ 副作用問題と訴訟リスク

　医薬品業界にとって製品の安全性の確保は重要な課題である。しかしながら，医薬品には常に副作用の危険性が伴っており，製薬企業は常に大きなリスクを抱えていることになる。

　副作用問題は，製薬企業に致命的なダメージを与えかねないため，製薬企

第1章　医薬品業界について

業は適切なリスク管理を迫られることになる。市販後の安全評価の充実等は
その対策の1つである。また，米国市場を中心に医薬品の副作用問題化から
実際に様々な訴訟が起こされており，こうした訴訟への対処が製薬企業の課
題の1つである。

⑥　経営資源の集中

　我が国の製薬企業は，医薬品事業以外の事業も手がけ，また，研究開発か
ら販売まで一貫して対応するのが一般的であったといえる。しかしながら，
事業環境が大きく変化する中で，生き残りをかけ，事業構造も大きく転換し
ていく必要が出てきている。

　経営資源の集中もその一環であり，各社とも自社の強みということを意識
し，その強みに経営資源を集中する戦略をとり始めている。集中の仕方は
様々であるが，医薬品事業への集中，医薬品の中でも得意の疾病領域・専門
領域への集中，また，開発や製造，販売といった業務への集中も考えられ
る。集中した部分以外は，分社化，売却，アウトソーシング化することも大
胆に行われるようになってきている。対応の仕方は各社様々であるが，今後
とも，自社の事業領域を定め，経営資源を集中し投資していくことが，製薬
企業の大きな課題である。

⑦　OTC薬（大衆薬）市場の変化

　現在OTC薬はリスクに応じて，3部類に分けて販売方法が定められてい
る。具体的には医薬品成分をOTC薬へスイッチした「ハイリスク」の医薬
品を，第1類医薬品に指定，風邪薬や鎮痛剤などの「ミドルリスク」の医薬
品を第2類に，総合ビタミン薬等の「ローリスク」の医薬品を第3類に分類
している。第1類の医薬品については，販売を薬剤師に限定し，「薬剤師が
文書をもって情報提供する」ことが義務づけられている。これに伴い，厚生
労働省はスイッチOTC薬の承認を加速させ，第1類の拡充を図ったことに
より，OTC新薬の市場が拡大した。一方で，第2類，第3類の医薬品につ

40

いては，「登録販売者」が販売することが可能であり，薬剤師不足の解消が図られている。

一方，COVID-19の蔓延による，感染防止のため非接触型のコミュニケーションが指向されたことや，物理的にロックダウン等を原因とした外出制限等により，インターネットでも販売できるOTC薬のEC（E-Commerce）市場が拡大した。

第2章 製薬業界の会計

1. 製薬業総括
2. 収益認識基準
3. 製薬業における収益認識
4. 製品・商品売上における収益認識
5. ライセンスの供与等による売上
   （ライセンスアウト）
6. 税務上の取扱い及び留意点
7. 製薬業におけるリベート・
   アローアンス，返品取引
8. 製薬業における棚卸資産
9. 製薬業における有価証券
10. 製薬業における研究開発費
11. 製薬業における有形固定資産
12. 製薬業における資産除去債務
13. 製薬業における無形固定資産
14. 会計上の見積り
15. IFRS会計基準の動向

1 製薬業総括

（1）製薬業における主たる業務

　製薬業とは典型的な製造業であり，より画期的な新薬を開発し，その製造，販売を行うことが主たる事業となる。その主たる業務としては大きく次のように分けることができる。

①研究開発業務
②製造業務
③販売業務（販売後の活動なども含む）

　第2章では，当該主たる業務の視点を踏まえながら，製薬業としての特徴から生じる会計処理及び税務上の取扱い，内部統制上の特徴について解説をすることとし，ここではその概要について触れる。

（2）製薬業界の特徴

　まず，製薬業界の特徴について触れる。

　第1章で述べたとおり，医薬品業は業界として多くの特色を持っており，中でも，①薬機法などの法的な規制があり，これが，②業界慣行の存在，③長期間となる研究開発活動による多額の支出を生み出している。以上の3点の存在は，製薬業の会計・税務及び内部統制に大きな影響を与えている。それぞれの視点から，生じる特徴を概括的に解説する。

① 薬機法などの法的な規制

　製薬業における法的な規制は，企業活動を保護する一方で，大きな制約を与え，その会計処理及び内部統制にも大きな影響を与える。

　販売プロセスにおいては，多くの企業では薬価を基準とした販売単価が定

44

められていることから，一般的な製造業のような市場相場や相対などのような価格決定過程がないことがある。また，取り扱う製品の特性から，追跡可能な物流となっており，一般に単純な商取引形態となることが多い。したがって，最も中心的な企業活動である製商品の販売取引は，一般的な製造業と比較しても非常にシンプルな取引となる。

　一方で，製品や商品の売上が単純であり，将来の予測が見込みやすいことから，企業はその他の部分で少しでも有利な条件を確保しようと行動するため，リベートやロイヤリティなどといった取引は複雑化することも多い。このような取引が行われると，会計処理の選択に慎重な検討を要し，内部統制上も留意が必要となる。

② 業界慣行・業界動向の存在

　医薬品は製造業と販売業の分離が求められていることから，医薬品製造（製薬）業と医薬品卸売業とが成り立っている。取引内容が法的規制によって，大手製薬企業から中小製薬企業まで均一化されるため，製薬業界独特の慣行が多くみられるようになっている。業界慣行の代表的な例としては，薬価改定に対応した販売方法や，製薬業から医薬品卸売業に対するリベート・アローアンスがあり，それぞれ会計処理，内部統制にも影響を与えている。

　また，業界に対する政府による政策決定が行われると，業界全体での対応が必要となる場面が生じてくる。近年のジェネリック促進策や薬価制度改正は直接的な会計処理・内部統制への影響はないものの，製品の評価や企業存続といった部分に影響を与えることとなる。税制面では，研究開発促進税制が採用された場合など，業界全体へ配慮した税制が採用されることもある。

③ 長期間の研究開発活動による多額の支出

　製薬業の各社はパイプライン確保のために，特許の取得・更新を最優先の課題として取り組んでおり，このため法的な規制の中でも特許申請に関する規制は企業活動に大きな影響を与えている。製薬業の各社の研究開発活動も

第2章　製薬業界の会計

活発化しており，研究開発に関する支出も多額となる傾向にある。研究開発にかかる費用には，製薬業が直接行う研究開発活動のほか，委託研究や共同研究などの支出による費用がある。また，研究開発の形態についてはこれらのほかにも，業務提携，売買，企業結合，バイオ企業への投資などによる場合もあり，会計処理はそれぞれ個別に判断されることとなる。

(3) 製薬業における主たる業務の流れと会計の関係

次に，製薬業における主たる業務の流れと会計との関係をまとめると，次の図表2-1のようになる。ここでは，主たる業務との関係について触れつつ，本書の主眼とする項目について触れる。

① 研究開発業務

研究開発業務は，製薬企業の収益の源泉となる新薬を研究開発する過程である。図表2-1のように，当該業務と，主に研究開発費，無形固定資産，投資有価証券が関連することになる。

ここでは，研究開発業務によって生じる研究開発費，及びその結果得られる特許権，他社からライセンスを導入することによる販売権などの無形固定資産について解説する。さらには，製薬企業では，主に新薬パイプラインの確保のために，バイオベンチャー企業などに投資を行うことがあるので，投資有価証券についてもここで解説する。

なお，研究設備や，研究材料として有形固定資産や棚卸資産も研究開発に関するものはあるが，次の製造プロセスに含めて解説する。

② 製造業務

製造プロセスは，医薬品の製造に関する過程である。新薬として認可されると，製薬企業は製造設備を整えて，原料を購入し，医薬品を製造する。当該業務とは，主に売上原価のほか，有形固定資産，棚卸資産が関連することになる。

46

図表 2-1　製薬業における業務の流れと BS/PL のイメージ

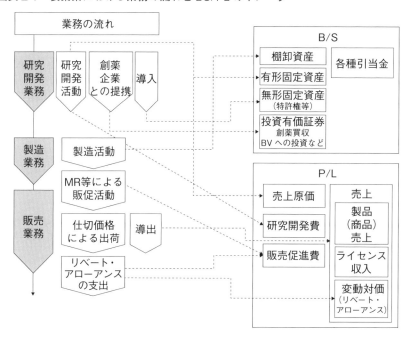

　ここでは，主に製造設備である有形固定資産及び，製造される製品である棚卸資産について解説する。我が国の会計基準では両者とも，収益性の低下を反映した会計処理が求められており，製薬業界特有の収益性の低下の要因などについても解説する。

③ 販売業務

　販売プロセスは，製造された製品を販売する過程である。当該業務は，主に売上，売上割戻，各種引当金が関連することになる。

　2021年から適用された収益認識基準により，売上形態ごとに売上の計上金額や計上時期について再定義されることになった。この点，製薬企業では，自社で製品を製造・販売するだけでなく，ライセンスアウト（導出契

第 2 章　製薬業界の会計

約）により，ロイヤリティを収受する等の様々な取引形態があるため，これらの取引形態に関する収益認識について収益認識基準の観点から解説する。

　また，医薬品の販売においては，医薬品卸企業に対して，リベートやアローアンスの支出，返品という商慣行があり，これらの支出の会計処理についても解説する。

④ 国際財務報告基準特有の論点

　近年，製薬業界において適用会社が増加している国際財務報告基準（International Financial Reporting Standards：IFRS）について，我が国の会計基準との主要な相違点を解説する（図表 2-2）。

図表 2-2　主な日本基準と IFRS の相違論点とその参照ページ

分野	論点	参照 P
収益認識	・IFRS15 号との相違点	p.85
販促費用	・販促品 ・広告宣伝費	p.83
研究開発費 （無形固定資産）	・自社開発品 ・ライセンスイン（導入取引） ・委託研究開発費 ・共同研究開発 ・特定目的研究用資産	p.122
棚卸資産	・製造販売認可取得前に大量生産する棚卸資産	p.99
有形固定資産	・バリデーション費用 ・減損	p.142 p.145
無形固定資産	・耐用年数の決定 ・償却方法，残存価額，耐用年数の見直し ・減損	p.166
リース	・IFRS16 号との相違点	p.179
企業結合	・仕掛研究開発費 ・のれん ・偶発債務 ・条件付対価	p.278

48

⑤ その他

薬品は生命関連商品であることから，副作用等が発生することがあり，これに伴って債務が発生するおそれがあり，訴訟や偶発債務について開示がなされることが多い。会計上の見積りに関する開示と関連させて解説する。

移転価格税制については，上記の様々な部分とも関連するので，第6章で改めて解説する。

また，これらの我が国の会計基準を踏まえ，製薬企業において適用が増えている IFRS について，製薬業界への影響を各節で簡潔に解説する。

以下，各節においては勘定ごとに会計・税務及び内部統制上の特徴について詳細な解説を行っていく。

なお，我が国においては医薬品全体のうち医療用医薬品が9割近くを占めるため，以下の各節においては主として医療用医薬品を主眼として解説を行うこととする。

2 収益認識基準

(1) 概要

2018年3月30日に企業会計基準委員会より企業会計基準第29号「収益認識に関する会計基準」（以下，収益認識基準）及び企業会計基準適用指針第30号「収益認識に関する会計基準の適用指針」（以下，収益認識適用指針）が公表され，2021年4月1日以後開始する連結会計年度及び事業年度の期首から適用となっている。

(2) 適用範囲

収益認識基準の適用は図表2-3のとおりとなっている（収益認識基準3項）。

図表2-3　収益認識基準の適用

適用範囲	顧客との契約から生じる収益
適用範囲外	金融商品基準の範囲に含まれる金融商品に係る取引 リース取引に関する会計基準の範囲に含まれるリース取引 保険法に定められた保険契約 顧客等への販売を容易にするための同業他社との商製品の交換取引 金融商品の組成又は取得に際して受け取る手数料 不動産流動化に関する実務指針の対象となる不動産譲渡取引

(3) 基本原則

収益認識基準の基本となる原則は，「約束した財又はサービスの顧客への移転を当該財又はサービスと交換に企業が権利を得ると見込む対価の額で描写するように，収益を認識すること」で，企業はこの基本となる原則に従って収益を認識するために，5つのステップを適用する（収益認識基準16項，

17 項)。

> 【ステップ1】顧客との契約を識別する
> 【ステップ2】契約における履行義務を識別する
> 【ステップ3】取引価格を算定する
> 【ステップ4】取引価格を配分する
> 【ステップ5】履行義務の充足時に（又は充足するにつれて）収益を認識する

【ステップ1】顧客との契約を識別する

　ステップ1では一定の要件を満たす顧客との契約を識別する。収益認識基準で「契約」は，「法的な強制力のある権利及び義務を生じさせる複数の当事者間における取決め」と定義されている（収益認識基準5項）。ここでいう「契約」は，書面のみならず，口頭や取引慣行等による場合もある（収益認識基準19項）。

【ステップ2】契約における履行義務を識別する

　ステップ2では，ステップ1で識別した顧客との契約に含まれる履行義務を識別する。履行義務とは，顧客との契約において別個の財又はサービス，あるいは，一連の財又はサービスを顧客に移転する約束をいう（収益認識基準7項）。契約に複数の履行義務が含まれる場合，そのうち個別に会計処理すべき履行義務を識別する必要がある。

【ステップ3】取引価格を算定する

　ステップ3では，収益として認識される金額の基礎となる取引価格を決定する。ここで「取引価格」とは，「財又はサービスの顧客への移転と交換に企業が権利を得ると見込む対価の額（ただし，第三者のために回収する額を除く）」（収益認識基準8項）をいう。取引価格の算定する際には，変動対価，契約における重要な金融要素，現金以外の対価，顧客に支払われる対価を考慮する。

51

第2章　製薬業界の会計

【ステップ4】取引価格を配分する

　ステップ4では，ステップ3で算定した取引価格をステップ2で識別した履行義務に，独立販売価格の比率に基づき配分する。「独立販売価格」とは，財又はサービスを独立して企業が顧客に販売する場合の価格（収益認識基準9項）をいう。契約に単一の履行義務しかない場合には配分の必要はないが，一連の別個の財又はサービスが移転する約束が単一の履行義務として識別され，かつ，約束された対価に変動対価が含まれる場合には，変動対価及びその事後的な変動のすべてを，1つの履行義務あるいは単一の履行義務に含まれる1つの別個の財又はサービスに配分する（収益認識基準67項）。

【ステップ5】履行義務の充足時に（又は充足するにつれて）収益を認識する

　ステップ5ではステップ4で配分された取引価格に基づき収益を認識する。

　企業は約束した財又はサービスを顧客に移転することにより履行義務を充足したときに又は充足するにつれて，収益を認識する（収益認識基準35項）。履行義務の充足により，財又はサービスに対する支配は，企業から顧客に移転する。企業は契約における取引開始日に，ステップ2において識別されたそれぞれの履行義務が一定の期間にわたって充足されるものか，一時点で充足されるものかを検討する。一定の期間にわたり充足される履行義務の要件（以下表）に該当するものは履行義務を充足するにつれて，この要件に該当しない場合には一時点で収益を認識する（収益認識基準38項，39項）。

52

2 収益認識基準

【一定の期間にわたり充足される履行義務の要件】

①企業が顧客との契約における義務を履行するにつれて，顧客が便益を享受
すること

②企業が顧客との契約における義務を履行することにより，資産が生じる又
は資産の価値が増加し，当該資産が生じる又は当該資産の価値が増加する
につれて，顧客が当該資産を支配すること

③以下のいずれも満たすこと

・企業が顧客との契約における義務を履行することにより，別の用途に転用
することができない資産が生じること

・企業が顧客との契約における義務の履行を完了した部分について，対価を
収受する強制力のある権利を有していること

(4) 重要性に関する代替的な取扱い

　収益認識基準では，これまで我が国で行われてきた実務等に配慮し，財務
諸表間の比較可能性を大きく損なわせない範囲で，IFRS 第 15 号における
取扱いとは別に，個別項目（図表 2-4）に対する重要性の記載等，代替的な
取扱いを定めている。なお，当該代替的な取扱いを適用するにあたっては，
個々の項目の要件に照らして適用の可否を判定することとなるが，企業によ
る過度の負担を回避するため，金額的な影響を集計して重要性の有無を判定
する要件は設けていない（収益認識適用指針 164 項）。

53

第 2 章　製薬業界の会計

図表 2-4　重要性に関する代替的な取扱い

契約変更（ステップ 1）	既存の契約に照らして重要性が乏しい場合	適用指針 92 項
履行義務の識別 （ステップ 2）	約束した財又はサービスが顧客との契約の観点で重要性が乏しい場合	適用指針 93 項
	出荷及び配送活動を履行義務として識別しない方法	適用指針 94 項
履行義務への取引価格の配分（ステップ 4）	残余アプローチの使用	適用指針 100 項
契約の結合，履行義務の識別及び独立販売価格に基づく取引価格の配分（ステップ 1，2，4）	契約に基づく収益認識の単位及び取引価格の配分	適用指針 101 項
	工事契約及び受注制作のソフトウェアの収益認識の単位	適用指針 102 項，103 項
一定の期間にわたり充足される履行義務（ステップ 5）	期間がごく短い工事契約及び受注制作のソフトウェア	適用指針 95 項，96 項
	通常の期間の船舶による運送サービス	適用指針 97 項
一時点で充足される履行義務（ステップ 5）	出荷基準等	適用指針 98 項
履行義務の充足に係る進捗度（ステップ 5）	契約初期段階における原価回収基準	適用指針 99 項
その他	有償支給取引	適用指針 104 項

3 製薬業における収益認識

(1) 製薬業における収益項目とその内容

① 概要

　製薬企業における収益項目は，主として「製品・商品の販売による売上」と「ライセンスの供与等による売上」の2つに大きく分けられる（図表2-5）。

　「製品・商品の販売による売上」は自社で開発した製品や他社より仕入れた製品を販売することで計上されるものであり，「ライセンスの供与等による売上」は自社が保有する特許権やノウハウについて，他社に使用を許諾することで計上されるものである。なお，特許等に係る取引は一般的に「ライセンスアウト（導出）」と呼ばれている。

図表2-5　売上項目の分類

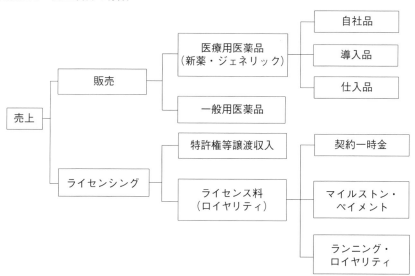

第 2 章　製薬業界の会計

近年，製薬企業においては，開発候補品を自ら発見することが難しくなっており，研究開発活動（Research & Development：R&D）だけでなく，ライセンシング活動（Licensing & Development：L&D）に対しても経営資源を注力するようになっている。そのため，今後はライセンスアウトによる売上や他社よりライセンスインした導入品の売上の比重が高まることが考えられる。

② 製品・商品の販売による売上

製品・商品売上は，製薬企業が医薬品を主として医薬品卸企業等に販売することにより計上される。前述のとおり収益認識基準が適用となったが，製品・商品売上については製品・商品を相手先に引き渡した際に履行義務が充足されると考えられるため，いわゆる引渡し基準をもって収益認識を行っている製薬企業が多くなっている。

第 1 章で解説のとおり，医薬品は医療用医薬品と一般用医薬品とに区分され，医療用医薬品はさらに先発医薬品（新薬）と後発医薬品（ジェネリック医薬品）に分けられるが，医療用医薬品は誰が開発，製造，販売を行うかという視点により（a）自社品，（b）導入品，（c）仕入品の 3 つに分類することができる（図表 2-5 参照）。ここでは当該分類による一般的な収益構造について解説する。

（a）自社品

自社品とは，製薬企業が自ら医薬品の種となる新規化合物（パイプライン）をみつけ出し，この中から選び出された開発候補品がさらなる開発プロセスを経て製品化されたものであり，自社開発品ともいわれる。このように，自社品は製薬企業が開発当初から手がけた製品であり，上市に至るまでに多額の研究開発投資がなされている。ただし，研究開発が成功し，特許を取得したものは特許期間内において独占的・排他的に販売することができるため，製品化された後の利益率は非常に高いことが特徴である。

56

なお，上市とは，承認された新薬が実際に市場で販売されることをいう。

(b) 導入品

導入品とは同業他社や創薬型バイオベンチャーなどが発見した開発候補品をライセンスインし，その後自社での開発プロセスを経て製品化したものである。

導入品は開発候補品に関する製造・開発権や販売権を導出元に対価を支払って取得することから，導入品の利益率は自社品よりも低くなる。

一般的に開発リスクの負担程度との兼ね合いから，導入品に対する対価は開発初期の段階で契約を締結すると販売ロイヤリティ等の料率が低く，製品化の可能性が高まる開発後期になるにつれて料率は高くなる傾向にある。製薬企業がどのタイミングで契約を締結するかによって製品の利益率に与える影響が異なるものと考えられる。

(c) 仕入品

仕入品は他社が上市した製品を，自社の販路を使って販売するために他社より仕入れた製品のことをいい，他社開発品ともいわれる。仕入品はすでに他社が開発を終了し，上市された製品を購入するものであることからその収益性は最も低いといえる。

③ ライセンスの供与等による売上（ライセンスアウト）

自社が保有する特許権やノウハウについて，他社に使用を許諾することで得られる収益である。これらの取引は一般的にライセンスアウト（以下，導出取引）と呼ばれるものである。

導出取引等のライセンスに関する収益認識基準上の取扱いについては，本章「5　ライセンスの供与等による売上（ライセンスアウト）」で後述する。

第2章　製薬業界の会計

④ その他

　製薬企業における収益源は，主として前述した「製品・商品の販売による売上」と「ライセンスの供与等による売上」から構成されるが，これらのほかには次のものが挙げられる。

> ・他の製薬企業が開発した製品の製造を受託することで得られる製造受託収入
> ・他の製薬企業へバルク（原薬）を製造・販売することで得られる中間体売上

(2) 収益の分解情報の開示例

　収益認識基準の適用開始に伴い，有価証券報告書において収益の分解情報の開示が求められるようになった。上場製薬企業 30 社の開示例を調査した結果，図表 2-6 のようになった。

図表 2-6　主要な上場製薬企業における収益の分解情報

財又はサービスの種類で区分しているケース	19 社
財又はサービスの移転時期で区分しているケース	2 社
地理的区分で区分しているケース	3 社
セグメント情報を参照させるケース	6 社

(3) 製薬業における収益の特徴と計上プロセス

① 医薬品の流通経路

　医薬品の特徴として，多品種少量生産であること，必要とする患者に製商品を安定供給する必要があることが挙げられる。そのため特に医療用医薬品については医薬品卸企業を介して医療機関等へ販売される取引が一般的となる。なお，その流通経路を新薬とジェネリック医薬品とに分けて示すと図表 2-7 のとおりになる。新薬は製薬企業から医薬品卸企業を経て医療機関等へ販売される。

58

一方,ジェネリック医薬品の流通ルートは図表2-8のとおり,(a)卸企業,(b)販社,(c)直販の3パターンがある。各パターンの詳細は次のようになる。

図表2-7　流通経路（新薬）

図表2-8　流通経路（ジェネリック医薬品）

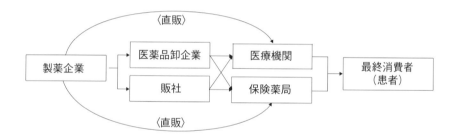

（a）医薬品卸企業

医薬品卸企業を利用するパターンは新薬と同じ流通経路となる。

（b）販社

新薬の流通経路にはないパターンとして,ジェネリック医薬品専業の販売会社を通じて販売するパターンがある。これは医薬卸企業にジェネリック医薬品を取り扱ってもらうことができず,ジェネリック医薬品企業が独自に流通ルートを開拓したという経緯があったことによるものである。

（c）直販

直販とはジェネリック医薬品企業が自前の営業所や系列販売店を保有し医

第2章　製薬業界の会計

療機関等へ直接販売するケースをいう。このようなことができるのは，1つ
の製薬企業が取り扱う新薬を増やすことが難しいのに対し，ジェネリック医
薬品はその開発コストが新薬に比べ低く抑えることができるため，広範囲に
及ぶ種類の製品を取り揃えることができるためである。

② 販売プロセスの特徴

　前述した流通経路のうち，製薬企業による医薬品卸企業への製品（商品）
販売というプロセスを細分化した場合，次のような業務の流れをとることが
一般的である。

> （a）受注→（b）出荷→（医薬品卸企業による検収）→（c）会計処理（収
> 益認識）→（d）回収

（a）受注

　我が国において製薬企業と医薬品卸企業との間には，受発注データ等，企
業間の取引で生じる種々のデータを共同して同一の方式により送受信するデー
タ交換システムが整備されており，当該システムは「JD-NET（Japan
Drug NET work）」と呼ばれている。

　一部，電話やFAX，メールを利用した受発注業務も製薬企業と医薬品卸
企業との間で行われてはいるが，国内の医療用医薬品に関する商取引の大部
分がこのJD-NET上で行われている。製薬企業は医薬品卸企業からの受注
データをJD-NETから受け取ることで受注を確認することができる。

（b）出荷

　JD-NETを介して送られてきた注文データに基づき，製薬企業は自社の物
流部門や物流子会社，又は外部の委託会社から製品（商品）を出荷する。こ
の過程を通して，JD-NETのデータは製薬企業自身の出荷データへと置き換
えられる。

(c) 会計処理（収益認識）

国内製薬企業の多くは JD-NET と基幹業務システムを連動させることで受注から出荷までをシステム管理し，出荷データを会計システムに取り込むことで売上の自動計上を行う。しかし，売上の認識のタイミングについては，収益認識基準の適用により各会社によって定義されている。詳細は本章「4 製品・商品売上における収益認識」で解説する。

売上金額は販売数量に販売単価を乗じることで算定される。医薬品卸企業に対する販売価格は「仕切価格」と呼ばれ，交渉により一度決定した仕切価格は次回の薬価改定まで改定はなされないことが一般的である。したがって，単価改定が頻繁に行われる業種に比べ，売上計上という視点でみた場合には煩雑さを伴うことが少ないのが特徴である。

(d) 回収

会計上の収益認識のデータに基づいて，販売先ごとの販売代金回収予定が算定され，入金段階で消込処理が行われることとなる。

近年，M&A の活発化により医薬品卸企業の大規模化が進み，財政基盤も以前に比べ強固なものになってきている。このようなことから製薬企業が有する債権の貸倒れリスクは低下しているものと考えられる。

ただし，地元の医療機関等に密着した販社などについては，事業規模が小さく財政基盤も脆弱な場合もあることから，製薬企業としては依然として債権の滞留管理や与信限度枠の設定など適切な与信管理，債権管理を行うことが求められているといえる。

③ JD-NET

JD-NET とは，1987 年に社団法人日本医薬品卸業連合会と日本製薬工業協会が中心となり設立された「JD-NET 協議会」によって運営されている業界 VAN（付加価値通信網）である。製薬企業と医薬品卸企業との間で電子データ交換を行うことにより業務の効率化や簡素化が図られるだけでなく，

第2章　製薬業界の会計

医薬品卸企業は販売データ（販売先，販売品目，販売数量，販売価格）や消化実績などを製薬企業に報告しており，マーケティング活動にも欠かせない基幹インフラとしての役割を担っている。なお，消化実績とは，医薬品卸企業が医療機関等へ実際に医薬品を販売した実績のことをいう。

JD-NET を含めた医薬品の流通経路のイメージを示すと，図表 2-9 のようになる。

図表 2-9　医薬品の流通経路（JD-NET 含む）

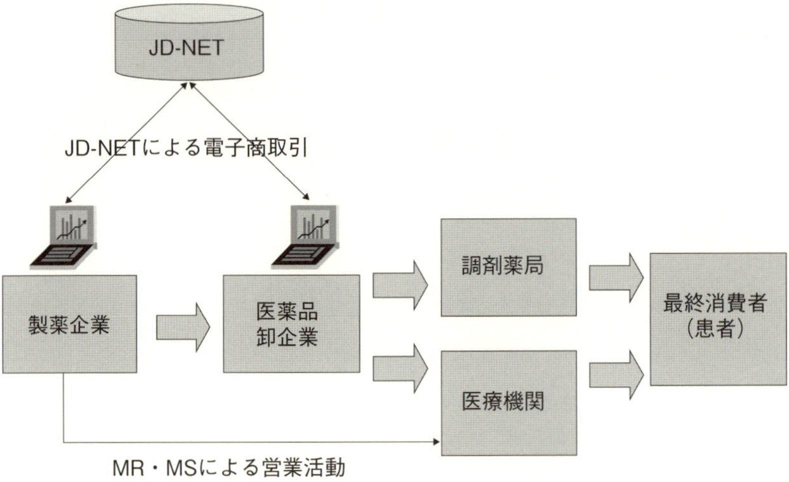

④ 製薬企業による仕切価格の設定

（a）仕切価格の構成

医薬品業界には薬価と呼ばれる医薬品の公定価格が存在し，これは医療機関等が医療保険から受け取る医薬品の価格のことをいう。我が国では厚生労働省がその価格を決定しており，厚生労働省は医療機関等による実際の購入価格を調査し，毎年，その価格を改定している（薬価改定）。詳細は第1章「2　医薬品業界の特色」を参照のこととする。

製薬企業における販売単価である仕切価格とは，構造的に最終消費者への

価格である薬価を基礎として価格構成されるものである。次の図表2-10は，最終消費者（患者）が手にする医薬品の価格（＝薬価）を100とした場合における，各流通段階での価格形成の一例を示したものである。

図表2-10　医薬品の価格形成と損益構造の例

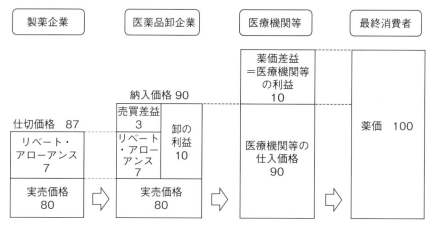

出所：『週刊経営財務』No.2898「シリーズ業種別会計の基礎その2　医薬品業　第3回（医薬品卸売業の会計処理の特徴）」

仕切価格：製薬企業が医薬品卸企業へ販売する価格
納入価格：医薬品卸企業が医療機関等へ販売する（卸す）価格

(b) 仕切価格の見直し

製薬企業は，毎年行われる薬価改定を受け，医薬品卸企業に対する仕切価格の見直しを行っている。前述のとおり，一度決定したこの仕切価格は次回の薬価改定まで改定されることはなく，製薬企業は販売政策の一環としてリベート及びアローアンスを設定するのが一般的である（リベート及びアローアンスについては本章7「(1) 製薬業におけるリベート・アローアンス」を参照のこと）。

これは，新薬については代替製品が存在しないことが多く，医薬品卸企業

第 2 章　製薬業界の会計

が競合製品への買い替えを行う余地に乏しいこと，医薬品の発注量は製薬企業の MR による医療機関等に対する営業活動によって実質的に決定すること，などの理由から医薬品卸企業が製薬企業に対して価格交渉の主導権を持つことができず，値引きを引き出すことができない傾向にあるという特徴から生じるものである。

（c）薬価改定時における慣行

薬価改定後の新薬価は新年度の 4 月から適用されるが，製薬企業と医薬品卸企業との間では 3 月上旬に薬価改定の告示がされると新仕切価格の妥結決定がなされ，3 月中の特定の日をもって新年度開始前ではあるが新仕切価格により販売を行うことが一般的となっている。

また，医薬品卸企業が新年度以前に旧仕切価格で仕入れた製品を新年度に入ってから医療機関等に販売した場合，販売時に適用される新納入価格が旧仕切価格を下回ることがあり，医薬品卸企業には損失が発生することが考えられる。そのため，新仕切価格妥結前に購入した在庫等について，契約・慣行に従い製薬企業が医薬品卸企業に対して値引きを実施するなどの配慮がなされる場合がある。

（d）内部統制上の留意事項

売上金額は販売数量に仕切価格を乗じることで算定されるが，新仕切価格について，適切な承認が得られているか，システムのマスター登録の際に誤った仕切価格で登録されていないかという視点で社内の内部統制を整備・強化する必要がある。

また，値引きの際には，個々の取引や特定の取引先ごとに社内において適切な値引きの申請・承認を行う必要がある。営業担当者の独断で値引きが実施されていないか，値引きの承認が事後的になっていないか，値引きの計上時期は対応する売上の計上時期と一致しているか，といった視点で社内の内部統制を整備・強化する必要がある。

4 製品・商品売上における収益認識

　一般的な製薬企業において，企業が作る主要な財又はサービスは，有形の薬品であり，ここでは有形の製品・商品の収益認識について記述する。

　日本における製薬業界は，昔からの慣例として，いわゆる4大卸企業を通じて病院や薬局などに製品・商品がわたるという流れが一般的となっている。また，製薬企業・卸企業間ではJD-NETと呼ばれる業界特有のEDI（業界VAN）を使用し，注文が出されると，自動で製薬企業の倉庫から出荷が行われる体制となっていることが多い。

　ここで，製品・商品売上に関して，履行義務が何であるかが論点となるが，収益認識基準において，顧客との契約に関する履行義務は「顧客に製商品を引き渡し，顧客が支配を獲得すること」で充足されるとしており，多くの製薬企業は「製品・商品を引き渡すこと」（引渡基準を採用）としている。

　ただし，国内の販売において出荷時から当該製品・商品の支配が顧客に移転されるときまでの期間が通常の期間である場合には，収益認識適用指針98項に定める代替的な取扱いを適用し，出荷時に収益を認識することができるとしている。現代においては，出荷から引渡しにかかる時間は通常，即日〜数日程度とかなり短いことから，代替的な取扱いを採用している製薬企業も多く見受けられる。

　収益認識基準適用後の1年間の製薬上場企業23社の有価証券報告書を調査した結果，認識基準は図表2-11のとおりであった。

図表2-11　主要な上場製薬企業の認識基準

認識基準	企業数	
出荷基準	3社	
引渡基準	19社	うち，代替的な取扱い（収益認識適用指針98項の適用）の適用企業は11社であった。
検収基準	2社	うち，代替的な取扱い（収益認識適用指針98項の適用）の適用企業は1社であった。

5 ライセンスの供与等による売上（ライセンスアウト）

（1）医薬品業におけるライセンス供与

　医薬品業界においてはパイプラインを確保することが非常に重要であり，そのための特許に係るビジネスも頻繁に行われている。特許に係る取引の中で，特許権を自己が保有したまま，製造権，販売権などの一部を他社に供与することを，一般的に「ライセンスアウト（導出）」と呼び，対価であるライセンス料（ロイヤリティ）を収益に計上する（図表2-12）。

　ライセンスアウトを行う理由は企業によって様々であり，例えば開発候補品が自社の事業領域から外れた場合，開発ステージが進むにつれ膨れ上がる開発コストを自社では負担できない場合，さらには海外に販売網を持たないため自ら海外展開を図るには時間とコストを要するような場合などに利用されることが多いといえる。

　ライセンスアウトが行われた際の対価となるライセンス料の受取方法は，契約ごとに多種多様な形態があるが，その種類を大きく類型化すると，①契約一時金，②マイルストン・ペイメント，③ランニング・ロイヤリティに分かれ，その概要は図表2-13のようになる。

図表2-12　ライセンスアウトのイメージ

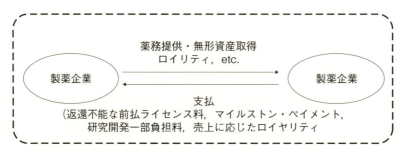

5 ライセンスの供与等による売上 (ライセンスアウト)

図表2-13 ライセンス料の分類

契約一時金	契約締結時に受領する対価
マイルストン・ペイメント	開発ステージ及び販売達成に応じて支払われる成功報酬型の受取対価
ランニング・ロイヤリティ	新薬上市後, 売上高等に連動して継続的に受領する対価

① 契約一時金

契約一時金とは, 契約締結時に受領する対価である。受取り側からみれば, まとまった金額が最初に入ることで開発費用の回収を早期に行うことができる。

② マイルストン・ペイメント

マイルストン・ペイメントとは成功報酬型の受取対価である。開発ステージが進むたび一定の成果等の達成の都度, 契約内容に応じた金額を受け取ることができるものである。

③ ランニング・ロイヤリティ

ランニング・ロイヤリティとは, 新薬が上市された後, 売上高等に連動して継続的に受領する対価である。対象製品の売上高や利益額を基準に契約で定められた料率を乗じてロイヤリティを算出する方法が一般的である。

また, ランニング・ロイヤリティに関する契約を締結するにあたっては, 一定期間内におけるロイヤリティ総額が一定額に満たないときに最低補償額として受領するミニマム・ロイヤリティを組み込むケースもある。

医薬品業における現在の実務では, 1つのライセンス契約の中に契約一時金, マイルストン・ペイメント及びランニング・ロイヤリティが組み込まれた併用方式が主流になっている。

このようなライセンスアウト契約内容に応じて, 収益認識をする上でいく

67

第2章　製薬業界の会計

つかの留意点があるため，次に会計処理のポイントを解説する。

（2）ライセンスアウトの会計処理の留意点

　日本の会計基準においては，従前は知的財産に関するライセンスアウトから生じる収益に関する明確な規定はなく，実現主義のもとで契約の実質に従うこととされていた。そのため，各企業にてライセンスアウトが「主たる事業」に該当するかにより営業収入とするか否かを判断し，個別に契約内容を吟味した上で，収益認識がいつの時点であるか判断されていた。

　これが収益認識基準では適用指針61項〜68項において，知的財産のライセンスについて詳細な取り決めがされている。

①　一時点か一定期間か

　ライセンス契約が個別に区分可能であれば，まずその性質が以下のいずれの権利を提供するかを評価する（他の財又はサービスと区分できなければ，それと一体で単一の履行義務として評価する）。

〈アクセス権〉ライセンス期間にわたり存在する企業の知的財産にアクセスする権利

〈使用権〉ライセンスが供与される時点で存在する企業の知的財産を使用する権利

　当該評価の結果，ライセンスアウトが①アクセス権にあたる場合は一定期間にわたり収益認識される。一方，②使用権にあたる場合は一時点で収益認識されることになる。

　知的財産にアクセスする権利に分類するためには以下の要件すべてを満たす必要があり，要件を満たさない場合には知的財産を使用する権利となる。

68

5 ライセンスの供与等による売上（ライセンスアウト）

①顧客が権利を有している知的財産に著しく影響を与える活動を企業が行う
　ことが，契約により定められている又は顧客により合理的に期待されてい
　ること
②ライセンスを通じて付与される権利により，顧客が上記の企業活動により
　直接的に影響を受けること
③上記活動により，財又はサービスが顧客に移転しないこと

　上記要件①における「知的財産に著しい影響」とは，次の（a），（b）の
いずれかに該当する場合とされている。なお，ライセンス期間はライセンス
の属性を定めるものであって，ライセンスがアクセス権なのか又は使用権な
のかの判断に影響を及ぼさない。

（a）当該活動が，知的財産の形態（例えばデザイン又はコンテンツ）又は機
　　能性（例えば機能又はタスクを行う能力）を著しく変化させると見込まれ
　　る。
（b）当該活動が，顧客が知的財産から便益を得る能力に影響を与える。

　医薬品業であれば，例えば新薬候補となる化合物に関する権利を相手企業
に付与するライセンス契約の場合，ライセンス契約の内容によっては，前記
①～③の要件を満たすと判断される可能性がある。この場合，付与したライ
センスは知的財産にアクセスする権利に該当することから，対価を契約開始
時に一時金で受領する契約であっても，契約期間などの一定期間にわたり収
益認識することになる点に留意が必要である。
　この場合には，一時金として受領した対価は契約負債（前受金）として負
債で計上・表示され，契約期間等の一定期間にわたり収益に振り替えられ
る。

② ロイヤリティに係る変動対価の見積要否

　マイルストン・ペイメント収入やロイヤリティ収入については，収益認識

69

会計基準上では変動対価として考えられ，企業が受領する権利を有する対価の額につき，最善の予測手法（最頻値法又は期待値法）を用い，変動対価を見積もらなければならないと規定されている。

その際，企業は変動対価に係る制限，すなわち，収益の著しい減額が発生しないという可能性が高い金額のみに収益認識を制限する必要がある。例えば，企業は，マイルストン・ペイメントなどにより受け取ると見込む対価を見積もる必要があり，業績やマイルストン達成前であっても，変動対価に係る制限を考慮した上で，当該変動対価の一部を収益認識する可能性がある。

ただし，ライセンス契約に基づく売上高ベース又は使用量ベースのロイヤリティについては，変動対価の見積りに関する規定は適用されず，その後の売上又は使用が発生する時点と，売上高ベース又は使用量ベースのロイヤリティの一部又は全部が配分されている履行義務が充足（又は部分的に充足）される時点の，どちらか遅い方に収益認識を行う必要がある。

③ ライセンス売却先の顧客への該当

特許権等の知的財産に関するライセンスの供与に類似する取引として，知的財産そのものを譲渡する場合（ライセンスの売却），その相手先が「顧客」の定義を満たすかに留意する必要がある。

収益認識基準において，「顧客」とは，対価と交換に，企業の通常の営業活動により生じたアウトプットである財又はサービスを得るために，当該企業と契約した当事者とされている。すなわち，企業の「通常の営業活動」の相手が「顧客」であり，この考え方は従来の会計実務において，企業の主たる活動を売上高として取り扱う考え方と整合している。

この点，特許権等の知的財産を，ライセンスの使用を許諾する契約をもとにするのではなく，知的財産そのものを完全に譲渡してしまう場合には，当該譲渡が無形固定資産の売却つまり営業外の活動として会計処理を行うのかについて，慎重に検討する必要がある。

④ ライセンスに係る収益認識注記

　医薬品業では，ライセンス供与による収入が企業の重要な収益源になることがあり，ライセンスの会計処理をどのように選択したかが財務諸表利用者にとって重要な情報になることが考えられる。収益認識基準では，このような場合には基礎となる情報として注記することになる。

6 税務上の取扱い及び留意点

（1）収益認識基準適用後の税法上の取扱い

　従来，法人の各事業年度の所得計算上，益金の額に算入すべき金額は，別段の定めがあるものを除き，資産の販売等に係るその事業年度の収益の額とされ，その収益の額は一般に公正妥当と認められる会計処理の基準に従って計算されるものとされていた。この規定を受けて，法人税基本通達等において具体的な収益の計上時期等についての取扱いが定められていた。

　しかし，収益認識基準が導入されたことで，当該会計基準を踏まえて税制改正が行われており，現行の法人税基本通達においては，収益認識基準における収益の計上単位，計上時期及び計上額について，会計と同様に履行義務の概念を盛り込んだ形で見直しが図られるとともに，法人税法において収益の計上時期及び計上額についての規定が設けられたこと等に伴う取扱いの整理が行われている。

　具体的には，法人税法では「第1節　収益等の計上に関する通則」における「第3款　役務の提供に係る収益」や「第6款　利子，配当，使用料等に係る収益」などが，収益認識基準の内容に整合する形で新設又は一部改正されている。このうち，医薬品業の会計実務においてよくある論点に関しては，例えば図表2-14のような項目が挙げられる。

6 税務上の取扱い及び留意点

図表2-14　収益等の計上に関する改正通達（法基通2-1）の構成及び新旧対応表
（2018年5月　国税庁）

項目	改正前項目	改正後項目	医薬品業の会計
第3款　役務の提供に係る収益	2-1-1 棚卸資産の販売による収益の帰属の時期	2-1-2 棚卸資産の引渡日の判定	第2章「8　製薬業における棚卸資産」
第6款　利子，配当，使用料等に係る収益	（新設）	2-1-30 知的財産のライセンスの供与に係る収益の帰属の時期	第2章「5　ライセンスの供与等による売上（ライセンスアウト）」

（2）棚卸資産の引渡日の税務上の取扱い

　法人税基本通達において，棚卸資産の販売による収益の額は，その引渡しがあった日の属する事業年度の益金の額に算入することとされており，その引渡しがあった日とはいつの時点を指すのかも例示列挙されている。例示には例えば「出荷した日（出荷基準）」，「相手方が検収した日（検収基準）」等が引渡日として認められている。

　医薬品業会計においては，前述のとおり収益認識のタイミングは原則として検収・着荷の時点となるものの，日本基準の例外的な定めとして出荷基準も認められており，この点は税務上も会計と同一の基準を選択しうるため，引渡日の解釈の相違が生じることは通常ないと考えられる。

（3）ライセンスアウトの税務上の取扱い

　新設された項目の例として，例えば前述のライセンスアウトの論点については法人税法基本通達2-1-30として追加されており，知的財産のライセンスの性質に応じて，アクセス権と使用権とに分類し，それぞれ一定の期間又は一時点に充足されるものとして，整合する取扱いが明記されている。

第2章　製薬業界の会計

【知的財産のライセンスの供与に係る収益の帰属の時期】

2-1-30　知的財産のライセンスの供与に係る収益の額については，次に掲げる知的財産のライセンスの性質に応じ，それぞれ次に定める取引に該当するものとして，2-1-21 の 2 及び 2-1-21 の 3 の取扱いを適用する。
(1) ライセンス期間にわたり存在する法人の知的財産にアクセスする権利履行義務が一定の期間にわたり充足されるもの
(2) ライセンスが供与される時点で存在する法人の知的財産を使用する権利履行義務が一時点で充足されるもの

　このため，ライセンスアウトによる売上に関しても，会計上と税務上の定めには大きな違いはないと考えられる。

(4) 変動対価等に関する税務上の取扱い

　一方で，取引形態によっては，収益認識基準に沿って会計処理を行った場合の収益の計上額と，法人税における所得金額の計算上益金の額に算入する金額，及び消費税における課税資産の譲渡等の対価の額の 3 つが，それぞれ異なるケースが生じうることも示されている。

　国税庁が 2018 年 5 月に公表した「収益認識基準による場合の取扱いの例」では，会計と税務で相違が生じうる事例として，概ね以下のケースが挙げられている。

【ケース 1】自社ポイントの付与（論点：履行義務の識別）
【ケース 2】契約における重要な金融要素（論点：履行義務の識別）
【ケース 3】割戻しを見込む販売（論点：変動対価）
【ケース 4】返品権付販売（論点：変動対価）
【ケース 5】商品券等（論点：非行使部分）
【ケース 6】消化仕入（論点：本人・代理人）

　このうち，医薬品業では，主として変動対価の論点が影響することがあり，ケース 3 の割戻し（リベート，アローアンス）や，ケース 4 の返品権付

販売の論点に関しては該当することがある。

　会計上では，変動対価の論点において販売時には確定していない割戻しや返品の可能性が高い場合は，その将来発生額を見積もって収益認識する金額から控除する処理が求められている。

　一方，法人税法上の取扱いでは，返品を除く変動対価の取扱いについては会計同様の考え方が導入されている。すなわち，資産の販売等の対価の額につき，値引き・割戻し等の可能性がある取引は，特定の条件を満たせば収益の額を減額し，又は増額して経理した金額は，引渡し時の価格の算定に反映されることになる（法基通2-1-1の11）。

　ところが，返品が見込まれる場合においては，会計上との間に相違がある。会計上では，返品されると見込まれる金額について収益計上されず返金負債を計上するが，法人税では，資産の販売等の対価の額につき買戻しの可能性がある場合も，買戻しが見込まれる額を収益の額からは控除しない。これは，返品権付の販売であったとしても，販売した資産の買戻しの可能性があるかどうかはその資産の価額（時価）とは関係しないことから，返品見込額を控除せずに益金の額を算定することになる。よって，会計上で計上した返金負債（及びこれに紐づいて計上される返品資産）については，一時差異として税務調整をする対象になる。

　また，特に消費税法上では，割戻し等，返品のいずれにおいても，当該見積額は課税売上高の対価から差し引くことはできず，確定するまでの間はあくまで総額で課税売上高の対価として扱うことになるため，これに係る消費税額も総額ベースで計上することになる。この点も，会計上と税務上の相違として留意が必要である。

7 製薬業におけるリベート・アローアンス，返品取引

（1）製薬業におけるリベート・アローアンス

　本章3（3）「④製薬企業による仕切価格の設定」にて前述のとおり，医薬品卸企業は製薬企業に対して価格交渉の主導権を持つことが難しく，一度決定された仕切価格の値引きを引き出すことができるのはごく稀である。

　そのため，薬価引き下げが続く中，医薬品卸企業の利幅は非常に薄いものとなっており，製薬企業からのリベートやアローアンスなどを受け取ることで医薬品卸企業は流通マージンを確保しているともいわれている。

① リベート・アローアンス

　医薬品業界に限らず，我が国の商取引において，企業が，期間，数量及び金額など様々な基準を設け得意先に対して金銭等を支払うケースがある。その目的は，販売価格そのものを変更せずに特定顧客の販売価格を調整する，得意先の利益確保（又は損失補填）を図る，販売促進を図るなど，様々であると考えられる。

　医薬品業界においても製薬企業と医薬品卸企業との間にリベートやアローアンスなどの商慣行は存在しており，名称の如何を問わず実態に応じて一般的に次のように区別している。

〈リベート〉通常マージンのほかに，一定条件に基づいて取引先に行われる売上割戻し

〈アローアンス〉販売促進目的で，多種多様な形態によって政策的に行われる支出

（a）リベートとは

リベートは，通常，製薬企業と医薬品卸企業との間で事前に販売金額や販売量などを算定基礎としたリベート体系が契約等によって決められ，この体系に基づいた金額が製薬企業から医薬品卸企業へ支払われるものである。

なお，リベートの内容や算定基礎について，実務的には製薬企業と医薬品卸企業との間における基本取引契約にて基本的な部分を取り決め，詳細な部分は覚書を交わすといったケースも多い。

また，リベートの種類には卸機能に基づく様々な形態がある。日本製薬工業協会と日本医薬品卸売業連合会のワーキングチームが2018年9月に取りまとめた「医薬品卸売業の機能と割戻しの項目・内容」によれば，リベートを図表2-15のように整理している。

図表2-15　リベートの種類

卸機能		割戻し項目	割戻し内容	
物的流通機能	➡	物流割戻	仕入機能の評価	送品拠点数，元梱比率等，メーカーからの送品の効率化
			保管・品揃え機能の評価	ロット・期限管理，需給調整，欠品リスク回避の体制等
			配送機能の評価	受注・納品体制，製品回収時の協力体制等
			品質管理機能の評価	温度管理や遮光等，医薬品の特性に応じた品質管理
販売機能	➡	販売割戻	販売管理機能の評価	医薬品の販売データ管理，トレーサビリティ確保等
			価格交渉機能の評価	価格交渉に係る業務・労務
情報機能	➡	情報割戻	情報提供・収集機能の評価	医薬品の副作用情報，適正使用情報等の提供・収集
金融機能	➡	金融割戻	債権債務管理機能の評価	メーカーや医療機関等に対する債権債務管理

出所：厚生労働省医政局経済課「適切な仕切価・割戻し等の設定について」（2018年10月3日）

第2章　製薬業界の会計

　内部統制上の留意点としては，リベート体系が当初の契約内容に準拠し適正なものとなっているか（契約準拠性），リベート額の算定は正確に行われているか（計算の正確性），といった点が挙げられる。具体的には，リベート料率の設定・見直しに対する承認手続や契約書や覚書の保管状況，得意先に送付するリベート計算書に対する計算チェックや承認といった社内のコントロールが適切に整備・運用されていることが望まれる。

(b) アローアンスとは

　アローアンスは，医薬品卸企業に対する各種販売促進活動の成果に応じ，医薬品卸企業が支出した販売費用に対しての一部補填を行う場合に一定の金額を製薬企業が医薬品卸企業へ支払うものである。契約に基づいた算出方法によって，製薬企業が負担することとなる。

② リベート・アローアンスの会計処理

　リベート・アローアンスは，顧客（医薬品卸企業）から製薬企業に支払われるものではなく，逆に企業から顧客に支払われるものである。従来の会計実務においては，明確な取扱いがなかったため，売上から減額する例や販管費で処理する例などがみられた。収益認識基準63項においては，顧客に支払われる対価は，顧客から受領する別個の財又はサービスと交換に支払われるものである場合を除き，取引価格から減額するとされた。別個の財又はサービスの対価として支払われるものを除いて，収益の減額として処理する。

　顧客に支払われる対価を取引価格から減額する場合には，次の（1）又は（2）のいずれか遅い方が発生した時点で（又は発生するにつれて），収益を減額する（収益認識基準64項）。

（1）関連する財又はサービスの移転に対する収益を認識するとき
（2）企業が対価を支払うか又は支払を約束する時

（当該支払いが将来の事象を条件とする場合も含む。また，支払いの約束は，取引慣行に基づくものも含む。）

　リベート・アローアンスを支払う約束は，医薬品の販売より前にされている場合が多いため，(2) よりも (1) が遅い時点になると考えられる。

　医薬品の販売に係る収益を認識するときに収益を減額する場合，例えば，医薬品卸企業の消化実績に基づきリベートが支払われるようなケースにおいては，製薬企業側では決算時にリベート額を確定させることができないことも少なくない。確定金額になっていない場合には，変動対価として見積もった金額を収益から減額することが考えられる。過去の実績等に基づいて，期待値又は最頻値のいずれか適当な方法を用いて見積もり，見積もった取引価格を各決算日に見直す必要がある（収益認識基準55項）。具体的には，医薬品卸企業が期末時に保有する在庫の金額に対して契約等に従ったリベート計算基準による見積りを行うことが考えられる。

【仕訳例】

〈販売時〉
（借）売掛金　　○○　　（貸）売上高　　○○

〈決算仕訳〉
（借）売上高　　○○　　（貸）返金負債　　○○

　一方，リベート・アローアンスが顧客から受領する別個の財又はサービスの対価として支払われるものであり，顧客に支払われる対価が顧客から受領する別個の財又はサービスの時価を超えない場合，販売促進費等の費目により販売費及び一般管理費として処理することが考えられる（収益認識適用指針30項）。

　なお，金額が確定していない場合においても，引当要件を満たすものについては合理的に見積り可能な金額を引当金として計上することを検討する必

第2章　製薬業界の会計

要がある。

【仕訳例】

〈報奨金確定時〉
（借）販売促進費　　○○　　　（貸）未払金　　○○

〈引当金計上時〉
（借）販売促進費引当金繰入額　　○○　　　（貸）販売促進引当金　　○○

③ 税務上の留意事項・税務処理

（a）リベート（売上割戻）

本章6「(4) 変動対価等に関する税務上の取扱い」を参照。

（b）アローアンス（販売奨励金）

税法上，アローアンスに関する規定はないが，販売促進の目的で得意先に支出される販売奨励金は損金算入が認められている。

ただし，支出の目的次第ではそのアローアンスが税務上の交際費等に該当するケースもあるため注意が必要となる。アローアンスが税務上の交際費等に該当するか否かは支出目的等に照らし実質的に判断されるため，アローアンスに関する支給基準等を定め，運用することが求められる。

また，販売促進費引当金を計上した場合には，税務上，当該引当金繰入額は損金算入が認められないと考えられる。

（2）製薬業における返品取引

① 返品取引の内容

製薬企業と医薬品卸企業との間で締結される基本契約には返品に関する条項が織り込まれているのが一般的である。返品が行われる理由としては，製品の品質に起因するものや企業の包装変更に起因するものなどが挙げられ

80

る。

　製品の品質に起因するケースとしては，医薬品に瑕疵が発見された場合や有効期限切れなどにより回収指示があった場合などが挙げられる。医薬品は生命関連製品であり，品質に問題があるときは速やかに市場から取り除く必要があるため，法律的にも社会的にも製薬企業には無条件で返品に応じることが求められる。

　また，製品の包装を変更するケースとしては，医薬品の安全性の観点から包装を変更することが要請される場合や製薬企業の営業戦略上のデザイン変更による場合などが挙げられる（図表2-16）。

　しかし近年では，製薬企業が医薬品の有効期限が切れる直前の製品を自主的に出荷停止する，医薬品卸企業も過剰に在庫を持たないなどの経営行動により，返品が発生する可能性は低下する傾向であると考えられる。なお，へ

図表2-16　メーカー・卸間の基本契約書モデル

メーカー＝卸売業者間モデル契約

（メーカー名）（以下（甲）という。）と（卸売業者名）（以下「乙」という。）とは，将来継続して行う甲の医療用医薬品（以下「商品」という。）の売買に関し，基本的事項を定めるため公正かつ対等の精神に基づき，次のとおり本契約を締結する。

（中略）

（返品）
第13条　乙は次のいずれかに該当する場合は，商品を甲に対して返品することができる。
　①受け渡された商品に瑕疵がある場合
　②受け渡された商品に回収指示がある場合
2　乙が前項第1号により商品を返品する場合は，受け渡された日から○日以内に行わなければならず，甲は返品された商品に代えて直ちに瑕疵のない商品を受け渡さなければならない。
3　返品に係る輸送費は甲の負担とする。
4　乙は法令，当局からの指導等に基づかない包装等の変更により，商品の外観が明らかに変わった場合は，その変更前の外観を有する商品の返品を甲に対して申し出ることができ，その取扱いにつき甲乙協議の上行うものとする。
5　第1項各号及び前項に掲げる場合のほか返品を行う場合は，その取扱いにつき甲乙協議の上行うものとする。

出所：厚生労働省　医療用医薬品の流通改善に関する懇談会 第7回資料より

第2章　製薬業界の会計

ルスケア商品やOTC薬を多く取り扱う製薬企業においては小売業者や卸売業者との取引関係から返品取引が依然として多いケースも想定される。

② 返品の会計処理

　以前の実務では，返品が見込まれる場合，過去の返品実績等に基づき返品調整引当金が計上され，その引当金の繰入額については売上総利益の調整として表示されていた。現行の会計基準では，次の処理をするとされている（収益認識適用指針85項）。

①企業が権利を得ると見込む対価の額（返品されると見込まれる商品又は製品の対価を除く）で収益を認識する。
②返品されると見込まれる商品又は製品については，収益を認識せず，当該商品又は製品について受け取った又は受け取る額で返金負債を認識する。
③返金負債の決済時に顧客から商品又は製品を回収する権利について資産を認識する。

　なお，返金負債の決済時に顧客から商品又は製品を回収する権利として認識した資産の額は，当該商品又は製品の従前の帳簿価額から予想される回収費用（当該商品又は製品の価値の潜在的な下落の見積額を含む。）を控除し，各決算日に当該控除した額を見直す（収益認識適用指針88項）。しかし，製薬企業に返品される医薬品は，安全上改めて市場に流通されることはほとんどなく，廃棄処理がなされている。したがって，返品資産については通常は認識しないものと考えられる。

【仕訳例】

| （借）売掛金 | ○○ | （貸）売上高 | ○○ |
| | | 返金負債 | ○○ |

82

③ 税務上の留意事項・税務処理

本章6「(4) 変動対価等に関する税務上の取扱い」を参照。

(3) 販促費用における IFRS と日本基準の相違点

① 概要

販促費用に関して我が国の会計基準と IFRS との間で主要な差異が存在する項目としては，以下の2項目が挙げられる。

・広告・販促品の会計処理
・広告宣伝費の会計処理

---

② 広告・販促品の会計処理

製薬企業において自社のロゴ入りの広告・販促品を製作し保有している場合がある。当該販促用資産の会計処理について我が国の会計基準と IFRS との間で差異が存在する。

まず，我が国の会計基準上は広告・販促品に関する明文規定は存在せず，「棚卸資産の評価に関する会計基準」(企業会計基準9号)における棚卸資産の範囲の定義に沿って判断される。棚卸資産に該当すると判断する場合は当該広告・販促品を棚卸資産として計上した上で，実際に消費された段階で費用計上し，一方で棚卸資産に該当しないと判断する場合は即時費用計上する会計処理が実務上一般的であると考えられる。

一方で IFRS 上では広告・販促品は棚卸資産の定義を満たさず，企業が宣伝活動又は販売促進活動を行うのに使用する目的だけのために保有する物品にアクセスする権利を企業が有している場合には，企業は，これらの財を所有しているか，又はアクセスする権利を有した時点で費用処理する旨が定められている。したがって，IFRS 上は実際に消費された段階ではなく，所有又はアクセスする権利を有した時点で費用処理するという点で，我が国の会計基準よりも早期の費用計上が求められているものと考えられる。

第2章 製薬業界の会計

③ 広告宣伝費の会計処理

　製薬企業は従来からテレビCM等を通じて広告宣伝活動を行っており，近年ではスマートフォン等の普及に伴ってネット媒体での広告宣伝活動も盛んに行われている。

　当該広告宣伝活動により生ずる費用の会計処理についても我が国の会計基準とIFRS間での差異が存在する。

　我が国の会計基準上は広告宣伝費に関する明文規定は存在しておらず，実務上は支出時に資産計上した後，広告宣伝の期間にわたって費用処理する例が一般的であると考えられる。

　一方でIFRS上では企業が広告宣伝活動のための物品にアクセスできる権利を得るか，広告宣伝に関連する役務提供を受けた時点で広告宣伝費を計上するため，CM等の検収を行ったタイミングで費用処理することが求められる。したがって，我が国の会計基準上の実務で散見される広告宣伝の期間にわたった費用処理は認められないと考えられる。

　上記の内容をまとめると，図表2-17のとおりである。

図表2-17　販促費用におけるIFRSと日本基準の相違点

項目	IFRS	我が国の会計基準
広告・販促品	棚卸資産の定義を満たさないため，当該物品にアクセスする権利を有した時点で費用処理する。	明文規定なし。 実務上は以下の2通りの会計処理が考えられる。 ・棚卸資産として資産計上する。 ・取得時に費用処理を行う。
広告宣伝費	企業が広告宣伝活動のための物品にアクセスできる権利を得るか，広告宣伝に関連する役務提供を受けた時点で広告宣伝費を計上する。	明文規定なし。 実務上は資産計上した後，広告宣伝の期間にわたって費用処理を行うのが一般的である。

84

（4）収益認識における IFRS と日本基準の相違点

収益認識基準については，IFRS 第 15 号の定めを基本的にすべて取り入れている（代替的な取扱いを追加した項目を除く）ため，両者の間で会計処理の考え方や開示上の注記事項等に大きな相違点はない。

しかし，一部において，IFRS 第 15 号・収益認識基準で明文化されていない項目が存在する。

【収益認識基準において明文化されていないもの】
・契約獲得，契約履行コスト
　契約獲得，履行コストに関する一般的な定めはない。

ただし，収益認識基準 109 項に，IFRS 又は米国会計基準を連結財務諸表に適用している企業及び連結子会社は IFRS 又は米国会計基準における契約獲得コストの定めに従って処理することも認められるとの定めがある。

【IFRS 第 15 号において明文化されていないもの】
・有形固定資産等の売却取引の適用除外
・暗号資産及び電子記録移転権利に関する取引の適用除外
・例外規定の設定
　－契約変更（重要性が乏しい場合の取扱い）
　－履行義務の識別（顧客との契約の観点で重要性が乏しい場合の取扱い）
　－履行義務の識別（出荷及び配送活動に関する会計処理の選択）
　－一定の期間にわたり充足される履行義務（期間がごく短い工事契約及び受注制作のソフトウェア）
　－一定の期間にわたり充足される履行義務（船舶による運送サービス）
　－一時点で充足される履行義務（出荷基準等の取扱い）
　－履行義務の充足に係る進捗度（契約の初期段階における原価回収基準の取扱い）

第2章　製薬業界の会計

－履行義務への取引価格の配分（重要性が乏しい財又はサービスに対する
残余アプローチの使用）
－契約の結合，履行義務の識別及び独立販売価格に基づく取引価格の配分
（契約に基づく収益認識の単位及び取引価格の配分）
－契約の結合，履行義務の識別及び独立販売価格に基づく取引価格の配分
（工事契約及び受注制作のソフトウェアの収益認識の単位）
－その他の個別事項（電気事業及びガス事業における毎月の検針による使
用量に基づく収益認識，有償支給取引）

8 製薬業における棚卸資産

（1）製薬業における棚卸資産科目の全体像

　製薬業における棚卸資産には「製品」「商品」「仕掛品」「原材料」「貯蔵品」などが挙げられ，財規及び財規ガイドラインにおける区分を参考に解説すると，その具体的な内容は図表2-18のようになると考えられる。

図表2-18　製薬業における棚卸資産

製品	販売の目的をもって所有する製造品その他の生産品であって，原材料等を加工した後の完成品。
半製品	中間的製品としてすでに加工を終わり，現に貯蔵中のもので販売できる状態にあるもの。
商品	販売を目的とし，外部から買い入れて所有するもの。 製薬業においては，他社製品を自社の販売ルートを利用して商品として販売することがある。この場合には，他社のオリジナル製品名で販売するケースと自社ブランド名に変更して販売するケースがある。
仕掛品	製品，半製品，又は部分品の生産のために現に仕掛中のものをいい，製品としては完成していないもの。 製薬業において前工程から次工程へ待機中の仕掛品，製造過程は終えたものの未包装の仕掛品・半製品などが該当する。
原材料	製品の製造目的で費消される物品で，いまだその用に供されていないもの。 製品の製造に使用するための原料・材料であり，製薬業においては様々な化学品などが該当する。
貯蔵品	燃料，包装材料，その他事務用品等の消耗品，耐用年数1年未満又は1年以上で相当価額未満の工具，器具，備品のうち取得のときに経費又は材料費として処理されなかったもので貯蔵中のもの。 製薬業においては，事務用消耗品などの一般的な貯蔵品のほか，研究開発プロセスで使用する試験用原末，臨床試験医薬品，実験使用する動物，動物用飼料など，製造プロセスで使用する消耗工具器具備品，販売プロセスで使用される販促品などが該当する。 なお，原末とは医薬品製造の工程において，原料として用いられる個々の薬物の粉末をいう。

第2章　製薬業界の会計

（2）製薬業における棚卸資産の特徴・計上時の論点

　製薬業における棚卸資産は，生命に関する医薬品であるという性質上，必要なときに必要な量を供給する必要がある。

　棚卸資産の各段階（①研究開発，②製造・販売）別にみていくと，次のような特徴が挙げられる。

① 研究開発段階

　研究開発費は，すべて発生時に費用として処理しなければならない（研究開発費基準三）とされている。この点，研究開発段階においては，（a）貯蔵品と（b）承認取得前棚卸資産のそれぞれについて特徴及び会計処理上の論点が存在する。

（a）貯蔵品

　貯蔵品については研究開発費基準の原則どおり，基本的には研究開発に投入された時点で費用処理することとなる。会計処理の詳細は本章「10　製薬業における研究開発費」を参照。以下，一般的な特徴を述べていく。

ⅰ．試験用の材料が貯蔵品となる

　研究開発プロセスにおいて使用する貯蔵品としては，図表2-18に記載のように，試験用原末，臨床試験に使用する医薬品，各種実験に使用する動物，動物用飼料などが挙げられる。また，製造過程において使用する化学品を，研究開発プロセスにおいて素材等として使用することも考えられる。

ⅱ．多品種を所有

　製薬業においては，パイプライン確保のために幅広いテーマに関する研究開発が行われることとなり，研究開発に使用される原材料や貯蔵品も多くのテーマに対応するため，多品種の所有が求められる。

ⅲ．保有期間が長期化

　研究開発用に使用する原材料や貯蔵品は一度に大量に消費するものばかり

88

ではなく，実験等の都度，少量使用するなど，使用方法は様々である。製造販売中の製品についても改良研究を行うことが必要となるなど，新薬として完成後も開発を続けることが多いことからも，その保有期間は長期化する傾向がある。

iv．税務上は損金算入が認められないケース

なお，会計上は費用処理を行った研究開発費について，税務上は実際に使用されるまで損金算入が認められないことも考えられる。

(b) 承認取得前棚卸資産

基準によれば，研究開発費は，すべて発生時に費用として処理しなければならない（研究開発費基準三）とされているが，実務においては，規制当局の承認取得後にスムーズに販売できるよう，承認を受ける前にあらかじめ新薬の生産を開始する場合がある。承認取得前の棚卸資産について，IFRS上の実務では，販売承認の見込みが非常に高い場合や他の医薬品製造に転用可能な場合等にその製品の製造費用を棚卸資産として資産化するケースがある。この点，日本基準においては明確な定めがなく，各社の実態に合った会計処理が行われている。

② 製造・販売段階

製造・販売段階においては，製品・商品・半製品・仕掛品・原材料・貯蔵品が棚卸資産として計上される。同段階における棚卸資産の特徴としては，(a) GMPに基づく高い品質確保が要求されていること，(b) 多品種の棚卸資産を管理する必要性があること，(c) 特許の有効期間にある製品に関連する棚卸資産については十分な収益性の確保がなされている場合が多いことが挙げられる。

(a) GMPに基づく品質確保

医薬品は人体の健康・生命に直接関わるものであるため，不正な製造や誤

りがあってはならず，製造工程の最初から最後まで品質を確保することが肝要である。薬機法では，医薬品の製造及び品質管理について，製造業者が守るべき内容を定めた省令である「薬局等構造設備規則」とGMPに従って製造することを求めている。

　GMPとは，「Good Manufacturing Practice」の略称であり，医薬品の製造管理及び品質管理に関する基準である。最近では，最新の国際標準との整合性をとること，及び近年問題視されてきた不正製造の防止のため，より厳格化された改正GMP省令が2021年8月1日から施行された。

　薬機法のもとでは，医薬品の製造販売承認を取得するためには，製造所のGMP体制が整っていることが条件となっている。GMPの基本原則と，GMPによる求められる体制の主な条件は次のとおりである。

【GMP3原則】
①人為的な誤りを最小限にすること
②医薬品の汚染及び品質低下を防止すること
③高い品質を保証するシステムを設計すること

【GMP省令※により求められる体制の主な条件】
①承認を受けた製造方法等を遵守すること（同令第三条の二）
②実効性のある医薬品品質システムを構築すること（同令第三条の三）
③製造部門から独立した品質部門において，品質保証を行う組織，及び試験検査を行う組織を置くこと（同令第四条）
④規格や試験方法，製造手順等を定めた製品標準書を作成すること（同令第七条）
⑤基準書・手順書類（製造指図記録書等）を整備し，それに則った作業を行うこと。また，その文書及び記録の信頼性を確保すること（同令第八条）
⑥交叉汚染の防止（同令第八条の二）
⑦品質保証及び試験検査（安定性モニタリング，製品品質の照査，原料供給者・外部委託業者の管理）の実施（同令第十一条，第十一条の二～五）

> ⑧記録を作成し，一定期間保存すること（同令第二十条）

※医薬品及び医薬部外品の製造管理及び品質管理の基準に関する省令（平成十六年厚生労働省令
　第百七十九号）なお，令和三年厚生労働省令第九十号による改正

　一般に製薬企業においては，GMP に準拠することによって，棚卸資産に
関する管理レベルについて，高いレベルを維持している。

（b）多品種の棚卸資産の管理

　そもそも医薬品とは生命に関連するものであり，疾病を排除することを目
的とするものであるところ，その病気の種類や症状は多種多様であり，その
原因も様々である。この点，各製薬企業においては，同一成分の医薬品であ
ってもその目的，用途に応じて粉末，錠剤，カプセル，液体など，様々な剤
形を生産し，かつ様々な分量のものを生産する傾向となるため，比較的多品
種の棚卸資産を保有することになるといえる。

　また，その販売にあたっては，流通の専門家である医薬品卸企業を通じて
全国各地の医療機関等へと供給されることとなるが，最終利用者である患者
の状況に応じて供給を行うことは，直接供給を行う医薬品卸企業のみならず，
製薬企業にとっても（比較的少量の）取引件数が膨大となることを意味する。

（c）棚卸資産の収益性

　製薬業においては，研究開発段階で多額のコストをかけて得られた発明を
権利として保護するために，特許出願を行う。この特許が認められ厚生労働
大臣の認可を得た新薬については，特許期間にわたり独占的に販売を行うこ
とができることから，投資コストや製造コストを十分に回収できる単価で販
売することができうるため，一般的にその粗利益を高い水準に維持できる傾
向にあるといえる。

　よって，製造・販売プロセスにおける棚卸資産のうち，特許の有効期間内
にある医薬品については，十分に収益性が確保されているケースが多いと考

えられるが，毎年の薬価改定により収益性が落ちる可能性があるため，棚卸資産の収益性には十分に注意を払う必要性がある。

また，医薬品は生命に関連するものであることから，患者からのニーズを踏まえて製造・販売がなされることとなる。そのため，たとえ収益性の見込めない製品・商品であっても製薬企業の都合により一方的に製造・販売を中止することは認められないこととなる。その他，製薬業においては，収益性が低くとも医薬品の販売を継続しなければならないケースも考えられるため，収益性には十分注意する。

(3) 製薬業における棚卸資産評価時の論点

製薬業における棚卸資産の評価について，業界特有の特徴を踏まえた上で，以下，①会計処理の方法について，②製薬業における収益性低下の要因について，③求められる開示について，述べていく。

① 会計処理の方法

通常の販売目的（販売するための製造目的を含む。）で保有する棚卸資産は，取得原価をもって貸借対照表価額とし，期末における正味売却価額が取得原価よりも下落している場合には，当該正味売却価額をもって貸借対照表価額とする（棚卸資産基準7項）とされており，収益性の低下の事実を適切に反映するよう定められている。

この収益性の低下の有無に係る判断及び簿価切下げは，原則として個別品目ごとに行うこととされているが，複数の棚卸資産を一括りとした単位（以下，グルーピング）で行うことが適切と判断されるときには，継続して適用することを条件として，その方法によることも認められている（棚卸資産基準12項）。

(a) グルーピングの方法

製薬業における棚卸資産は多品種にわたるが，製造工程や販売方法などで

共通点を持つことが多い。このことから，棚卸資産の評価を行う際には，個別品目ごとのほか，グルーピングを採用するケースも考えられる。

　実務上用いられる棚卸資産の評価単位は，例えば次のものが挙げられる。

「製品」，「商品」
・個別品目ごとに評価する方法
→例：A 製品 5mg. A 製品 10mg. それぞれの個別品目ごとに評価
・製品名ごとにグルーピングする方法
→例：A 製品 5mg. と A 製品 10mg. を 1 つにまとめ，A 製品群としてグルーピング

「仕掛品」，「原材料」，「貯蔵品」
・個別品目ごとに評価する方法
・「仕掛品」，「原材料」，「貯蔵品」のうち製品に直結する品目のみを当該製品群にグルーピングする方法

(b)「製品」「商品」の評価方法の詳細と留意点

　「正味売却価額」とは，売価（購買市場と売却市場とが区別される場合における売却市場の時価）から見積追加製造原価及び見積販売直接経費を控除したものをいう（棚卸資産基準 5 項）とされており，製薬企業においては具体的に次の算式により評価することが考えられる。

正味売却価額＝売価（仕切価格－売上割戻し（リベート））－販売直接経費

　その際，次のような点に留意が必要である。

ⅰ. 将来の見積金額を利用する

　正味売却価額は将来販売時点の売価及び販売直接経費により算定することになる。したがって，翌期に仕切価格やリベートが改訂される予定があるときはこれを考慮して正味売却価額を算定する必要がある。

第2章　製薬業界の会計

ⅱ．販売直接経費の範囲

販売直接経費には，例えば「製品」「商品」に直接関連する保管料，荷造運送料，販売促進費，特許権使用料などが含まれる。特に製薬業においては，医薬品卸企業に対する販売促進活動が活発であることから，その見積りにあたっては十分に留意が必要である。

また，他の製薬企業が特許を持つ医薬品の販売権を取得し，自社で販売することもある。このような場合，コストとして負担する当該特許権使用料については，販売直接経費又は売上原価の見積りにあたり，十分に検討する必要がある。

ⅲ．簡便な方法

製薬業においては，特許を得た医薬品については高い収益性を確保できる傾向にある。ゆえに，直近の過去実績などから取得原価が正味売却価額を上回ることが明らかな場合は，売価や販売直接費について当該過去の実績値を利用することや，また，その重要性から販売直接費を控除しないで算定し，収益性の低下の有無を判定しているケースもあると考えられる。

（c）「仕掛品」「原材料」「貯蔵品」の評価方法の詳細と留意点

特定の重要な「製品」「商品」に収益性の低下が認められた場合には，この「製品」「商品」に直接関連する「仕掛品」「原材料」「貯蔵品」についても収益性低下の事実を適切に反映する必要がある。

これらの「仕掛品」「原材料」「貯蔵品」については，例えば，1つの製品原価に占めるこれらの原価割合をもって評価する方法などが考えられる。

② 製薬業における収益性低下の要因

製薬業において収益性低下の事実を反映して評価損を計上するケースには，大きく分類すると（a）一般的な収益性の低下によるケース，（b）製品の欠陥等によるケースが考えられる。ここでは，この2つの分類に基づき解説をする。

94

（a）一般的な収益性の低下によるケース

　製薬業においては，一般的に販売価格である仕切価格が下がることにより，収益性の低下が起こりうると考えられる。一般的な収益性の低下要因としては，次のようなものが挙げられる。

ⅰ．薬価改定

　薬価は，現在1年に1度，厚生労働省による実勢調査に基づき見直しが行われている。本章「3　製薬業における収益認識」にて前述したように，医薬品の価格構造の特徴から，仕切価格は最終消費者価格である薬価を基礎として価格を形成している。このため，薬価改訂により薬価の引き下げがなされた場合には，仕切価格もその引き下げの影響を受けることが想定され，結果として収益性が低下する要因となりうる。

ⅱ．競合品の市場参入

　販売承認を受けた医薬品については，ある疾病に対して特許期間にわたり独占的に販売を行うことができることとなる。ただし，これは「特許を得た特定の成分」について独占的に販売できるということであり，同様の効用を持つ医薬品の販売そのものを抑えるものではない。このため，特定の成分に対して特許を取得した医薬品について，異なる成分により製造された医薬品がより効用の高いものであるならば，この新たな医薬品は当該特許を得た医薬品の競合品となりうる。

　よって，より効果的な競合品が市場に参入することで，当該企業間による価格競争が起こり，結果として収益性が低下する要因となりうる。

ⅲ．特許失効によるジェネリック医薬品の市場参入

　ジェネリック医薬品は，その研究開発にかかるコストを新薬の開発と比較して抑えることができるため，その販売単価も新薬と比べて低く抑えることができる。

　そして，特許期間の満了した，すなわち特許の失効した医薬品については，独占的に販売することができなくなり，他の競合品との価格競争にさらされることとなる。この際，特にジェネリック医薬品が市場へ参入すること

第2章　製薬業界の会計

が予想され，既存の新薬は安価なジェネリック医薬品と価格競争を行うこととなり，結果として収益性が低下する要因となりうる。

iv. 医薬品卸企業の合併等による価格交渉力の変化

医薬品の流通構造により，製薬企業は通常，医薬品卸企業を通して医療機関等へ製品・商品を納品する。

製薬企業と医薬品卸企業とは価格交渉によりその販売単価を決定するところ，この医薬品卸企業が合併等によりその価格交渉力を強めることなども起こりうる。このような場合，仕切価格やリベートが改定されることにより収益性が低下する要因となりうる。

v. オーファン・ドラッグ

オーファン・ドラッグ（希少疾病用医薬品）とは，患者数が少なく治療法の確立されていない病気に対する医薬品のことである。社会的な必要性がある一方で，希少性ゆえに開発にかかるリスクが大きく，上市後も需要が少ないため，公的支援を受けてもなお採算が厳しくなるケースが多いと考えられる。そのため，期末においては正味売却価額を慎重に見積もる必要がある。

(b) 製品の欠陥等によるケース

前述した一般的な収益性の低下による要因以外に，次に挙げるような，いわゆる製品そのものの欠陥等により収益性が低下するケースが考えられる。

i. 副作用発生による製品リコール

医薬品は生命に関するものであることから，その有効性，安全性について製薬企業は重大な責任を負うこととなる。ゆえに，その使用により副作用が発生した場合には，当該医薬品につき当然に販売を中止することとなり，かつ製薬企業は責任を持って回収する必要がある。このような状況下では，製薬企業は収益を獲得することはできないこととなる。

なお，薬機法においては，次のように定められている。

96

> 薬機法　第六十八条の九（危害の防止）
> 医薬品，医薬部外品，化粧品，医療機器若しくは再生医療等製品の製造販売業者又は外国特例承認取得者は，その製造販売をし，又は第十九条の二，第二十三条の二の十七若しくは第二十三条の三十七の承認を受けた医薬品，医薬部外品，化粧品，医療機器又は再生医療等製品の使用によつて保健衛生上の危害が発生し，又は拡大するおそれがあることを知つたときは，これを防止するために廃棄，回収，販売の停止，情報の提供その他必要な措置を講じなければならない。

　このような場合において，製薬企業は当該副作用の発生した医薬品に関連し，自社保有の棚卸資産を処分見込価額まで簿価切下げを行うほか，すでに医薬品卸企業へ売却した「製品」「商品」についても返品・処分コスト，さらには損害賠償費用などが発生する可能性にも留意する必要がある（本章14「(1) 偶発債務・引当金」参照）。

ⅱ．GMP に基づく品質を満たさなかった場合

　前述のとおり，製薬企業においては GMP 基準に従って製造を行うことが要求されており，基準を満たさないと判断された製品等については当然に評価減が必要になる。

ⅲ．販売終了による返品

　製薬企業においては，リニューアル等の理由により医薬品の販売を終了することもある。このような場合，従来取り扱っていた医薬品を製薬企業側の事情により販売終了とするものであることから，従来製品収益性が低下することが考えられる。

ⅳ．滞留在庫・過剰在庫の発生

　滞留在庫・過剰在庫とは，一般的に製造後に出荷されることなく，一定期間が経過した在庫や経営者が将来販売を見込む以上に保有する在庫のことをいう。滞留在庫・過剰在庫の定義は各企業によって異なると考えられるが，製薬業において，次のような場合（使用期限切れ等・一定期間払出しのない

第2章　製薬業界の会計

在庫）には滞留在庫・過剰在庫として収益性の低下するケースが考えられる。

　医薬品には，食品等の賞味期限と同様，品質管理試験の結果，製薬企業の定めた使用期限があり，安全性の観点からこの使用期限を超過した医薬品については処分されることとなる。このため，使用期限切れが近い医薬品については，将来販売される見込みのないことから収益性が低下していることが考えられる。

　また，一定期間を経過して払出しが行われていない在庫について，滞留在庫として，将来の販売される見込みの有無により収益性が低下する場合がある。このように，製薬業における滞留在庫・過剰在庫については，定期的（年度末，四半期末など）に評価額を処分見込価額である備忘価額まで切り下げる方法などが多く採用されていると考えられる。

③ 棚卸資産の評価に係る開示

（a）損益計算書上の表示

　製薬企業においては，主として通常の販売目的で棚卸資産を保有することとなる。通常の販売目的で保有する棚卸資産については，収益性の低下による簿価切下げ額は損益計算書上，売上原価とするが，棚卸資産の製造に関連し不可避的に発生すると認められるときには製造原価として処理すると定められている（棚卸資産基準17項）。

　また，収益性の低下に基づく簿価切下げ額が，臨時の事象に起因し，かつ多額であるときは，特別損失に計上するとされている。この場合，洗替法を適用していても（同基準14項），当該簿価切下げ額の戻入れを行ってはならないこととされている（同基準17項）。

（b）注記

　通常の販売目的で保有する棚卸資産について，収益性の低下による簿価切下げ額は，当該金額の重要性が乏しい場合を除き，注記による方法又は売上原価等の内訳項目として独立掲記する方法により示さなければならないこと

98

が定められている（棚卸資産基準 18 項）。

（4）棚卸資産に対する内部統制上の特徴

　製薬企業における棚卸資産は，多品種の棚卸資産について必要量を供給する責任から，及び，収益性低下の有無を経営面から管理することはもちろん，特に医薬品としての品質管理を行う面から，内部統制上，適切な在庫管理が非常に重要であるといえる。

　多品種の在庫を管理する必要性からは，JD-NET，その他システムの IT に依拠して入出庫データを整理し，継続的な帳簿記録に基づく管理を行いつつ，定期的に実地棚卸を実施することで実際に棚卸残高を管理することが考えられる。

　品質管理の観点からは，当然に品質期限の切れた材料から製造を行うことや，使用期限の切れた医薬品を販売することはあってはならない。製造した医薬品については，通常，医薬品そのものに製造日が判別するよう明記されるほか，システム上，製造物とその製造日，将来の使用期限が登録され，整合・判別できるように管理がなされていることが考えられる。この管理により，使用期限切れを迎える医薬品を特定し，適切な評価を行うことができる。

（5）棚卸資産における IFRS と日本基準の相違点

① 一般的な会計処理

　棚卸資産において従来は我が国の会計基準と IFRS との間にいくつかの重要な差異が存在していたが，コンバージェンスの結果，現在では重要な差異は概ね解消している。ただし，棚卸資産の収益性の低下に伴う簿価切下げに関して，IFRS では切放法は認められず，洗替法を用いる必要がある点には留意が必要である。

② 製薬企業に特有の会計処理

　製薬企業の実務上，規制当局による製造販売認可取得前に製品の大量生産

第2章　製薬業界の会計

を開始する場合があり，この場合における当該製品の製造費用の会計処理について，我が国の会計基準とIFRSとの間での差異が認められる。

　我が国の会計基準においては明確な規定がないため，規制当局の製造販売認可取得前に生じた製品の製造費用は棚卸資産として資産計上される場合も，研究開発費として費用処理される場合も実務上は両方見受けられる。

　一方でIFRS上では我が国の会計基準と異なり，自社開発費について無形資産の計上要件を満たす場合には，費用処理されず無形資産に計上される。したがって，規制当局の製造販売認可取得前に大量生産を開始した製品の製造費用の会計処理の判断にあたって，関連する自社開発費の資産化開始の判断との整合性を考慮することが必要となろう。具体的には，関連する自社開発費を資産計上する場合には認可取得の可能性が相当程度高いと判断していることとなるため，当該大量生産品の製造費用についても将来の便益獲得に貢献するものと捉えて棚卸資産として資産計上するべきと考えられる。一方で関連する自社開発費を即時費用処理する場合には，認可取得に関して依然として不確実性があるものと判断していることとなるため，当該大量生産品の製造費用についても同様に費用処理することになると考えられる。

　上述の規制当局の製造販売認可取得前に大量生産を開始した製品の製造費用の会計処理をまとめると，図表2-19のとおりである。

図表2-19　棚卸資産におけるIFRSと日本基準の相違点

IFRS	我が国の会計基準
関連する自社開発費の会計処理との整合性を考慮する。 自社開発費を資産計上する場合 ・棚卸資産として資産計上する。 自社開発費を費用処理する場合 ・研究開発費として費用処理する。	明文規定なし。 実務上は下記のいずれかの会計処理が見受けられる。 ・棚卸資産として資産計上する。 ・研究開発費として費用処理する。

9 製薬業における有価証券

（1）製薬業における有価証券の内容と特徴

　会計上，有価証券として取り扱われるものとして，「株券」，「新株予約権証券」，「国債証券」，「地方債証券」，「社債券」，「出資証券」などが挙げられる（金融商品基準注1-2，金商法第2条）。製薬業においても，他業種と同様，持ち合い株式を保有したり，余剰資金を運用するための金融商品を保有するケースがみられる。

　製薬業特有のものとしては，研究開発型の創薬ベンチャー企業への出資が挙げられ，近年，特に注目を集めているものが創薬バイオベンチャーへの出資である。バイオベンチャーとは，バイオテクノロジー（生物学的技術）を用いて，病気の治療に役立つ画期的な新製品や新技術の実現を目指すベンチャー企業のことをいう。

　このような創薬ベンチャー企業は，研究開発の成果を特許権等として知的財産化し，製薬企業に対して，権利の譲渡やライセンス契約の締結により収益化を図る企業である。なお，研究開発を成功させて，さらに株式公開（IPO）を目指すケースもある。

　厚生労働省の「臨床研究に関する現状と最近の動向について」（2018年）によると，一般的な医薬品の研究開始から承認取得まで9年〜17年の年月を要するとしており，その成功確率は2018年時点で1／2.5万となっている。2008年時点では1／1.6万であり，近年の成功確率が下がっていることがうかがえる。また，費用に関しても，数百億〜数千億円規模が必要とされていることから，創薬ベンチャー企業にとって，長期間に及ぶ資金調達をどのように行うかという点が非常に重要である。

　製薬企業にとっても，新薬のパイプラインの確保は企業の成長にとって重要な課題であることから，創薬ベンチャー企業への投資により自社開発と比

較し短期間で研究成果を獲得することで，将来の収益獲得の布石とすること
が考えられる。

このような事情から，近年，資金調達手段を必要とする創薬ベンチャー企
業と，研究成果の獲得を目指す製薬企業とが技術・資金面で支配・提携関係
を構築するケースが増えてきている。政府においても積極的な投資を促すた
め，「オープンイノベーション促進税制」を開始し，設立から10年未満のス
タートアップ企業への出資額の25％の額について所得控除が可能となって
いる。

製薬企業においては，創薬ベンチャー企業に対して，株式の取得だけでな
く，資金の貸付や技術導入，共同開発など多種多様な関わり方が存在する。

なお，バイオベンチャー企業のビジネス，会計については第4章を参照の
こととする。

(2) 製薬業における有価証券の会計処理

① 有価証券の区分と評価，表示

金融商品基準では，有価証券を保有目的等の観点から，①売買目的有価証
券，②満期保有目的の債券，③子会社株式及び関連会社株式，④その他有価
証券に区分し評価すると定められている。ここでは，創薬ベンチャー企業の
有価証券を取得した場合の評価について解説する。

（a）有価証券の区分

保有している創薬ベンチャー企業発行の有価証券は，その支配力・影響力
の有無によって，「③子会社株式及び関連会社株式」，又は「④その他有価証
券」に区分されることになると考えられる。

これは，創薬ベンチャー企業の有価証券は，前述のように，その取得の経
緯から直ちに売却することを目的として保有されるものではなく，何らかの
技術的な見返りを求めてある程度の長期間にわたり保有されるものである。
また，満期の存在する債券でもない。ゆえに，①売買目的有価証券，②満期

9 製薬業における有価証券

保有目的の債券には該当せず，③子会社株式及び関連会社株式，又は④その他有価証券に区分されることになると考えられる。

(b) 有価証券の評価

　金融商品基準に従えば，「子会社株式及び関連会社株式」は，「取得原価」をもって評価する（金融商品基準17項）。また，「その他有価証券」は「時価」をもって評価する（金融商品基準18項）。ただし，市場価格のない株式は，取得原価をもって貸借対照表価額とする。市場価格のない株式とは，市場において取引されていない株式とする。また，出資金など株式と同様に持分の請求権を生じさせるものは，同様の取扱いとする（金融商品基準19項）。

　ここでの「時価」とは，算定日において市場参加者間で秩序ある取引が行われると想定した場合の，当該取引における資産の売却によって受け取る価格又は負債の移転のために支払う価格をいう（時価算定基準5項）。

　したがって，金融資産及び金融負債の「時価」の定義は，上記に従い，算定日において市場参加者間で秩序ある取引が行われると想定した場合の，当該取引における資産の売却によって受け取る価格又は負債の移転のために支払う価格とする（金融商品基準6項）。

　創薬ベンチャー企業は，一般的に市場価格の存在しない非上場企業であることが多く，当該有価証券の市場価格のない株式に該当することが多いと考えられる。創薬ベンチャー企業の有価証券の評価についてまとめると図表2-20のとおりである。

図表2-20　創薬ベンチャー企業の有価証券の評価

有価証券の区分	会計処理
子会社株式及び関連会社株式	取得原価をもって評価
その他有価証券	・時価をもって評価 ・市場価格のない株式は，取得原価をもって評価

103

第2章　製薬業界の会計

(c) 評価差額の会計処理

子会社株式及び関連会社株式，又はその他有価証券に区分された創薬ベンチャー企業の有価証券について，その評価差額の会計処理は次のようになる。子会社株式及び関連会社株式については，取得原価をもって評価するため評価差額は生じない。

その他有価証券の評価差額については，洗替方式に基づき，次の (1)，(2) いずれかの方法により会計処理することとされている (金融商品基準18項)。

(1) 評価差額の合計額を純資産の部に計上する。
(2) 時価が取得原価を上回る銘柄に係る評価差額は純資産の部に計上し，時価が取得原価を下回る銘柄に係る評価差額は当期の損失として処理する。

(d) 有価証券の表示区分

金融商品基準では，売買目的有価証券及び1年内に満期の到来する社債その他の債券は流動資産に属するものとし，それ以外の有価証券は投資その他の資産に属するものとされている (金融商品基準23項)。

したがって，前述のように創薬ベンチャー企業の有価証券については，子会社及び関連会社株式，又はその他有価証券に分類され，「投資有価証券」「関係会社株式」などの科目により，貸借対照表上，投資その他の資産に表示されることになる。

② 有価証券の減損処理

(a) 基本的な考え方

金融商品基準では，満期保有目的の債券，子会社株式及び関連会社株式並びにその他有価証券のうち，市場価格のない株式等以外のものについて時価が著しく下落したときは，回復する見込みがあると認められる場合を除き，時価をもって貸借対照表価額とし，評価差額は当期の損失として処理しなけ

104

ればならない（金融商品基準 20 項）とされ，また，市場価格のない株式等については，発行会社の財政状態の悪化により実質価額が著しく低下したときは，相当の減額をなし，評価差額は当期の損失として処理しなければならないとされている（金融商品基準 21 項）。このような処理を会計上，いわゆる減損処理と呼ぶ。

（b）創薬ベンチャー企業の有価証券の減損処理

創薬ベンチャー企業は，特定の研究開発プロジェクトに特化し，その成功を目指して設立された新興企業であり，創薬ベンチャー企業の多くは安定した収益源を持たず，また研究開発が成功するまでは多額の研究開発支出が続くことになる。このようなことから，創薬ベンチャー企業への投資については，その減損処理の要否は会計上の論点となることも多い。

この点，金融商品実務指針及び金融商品 Q&A において，次のように定められている。

ⅰ．市場価格又は合理的に算定された価額のある有価証券の減損処理

時価のある有価証券の時価が「著しく下落した」ときとは，必ずしも数値化できるものではないが，個々の銘柄の有価証券の時価が取得原価に比べ 50％程度以上下落した場合には「著しく下落した」ときに該当する。この場合，合理的な反証がない限り，時価が取得原価まで回復する見込みがあるとは認められないため，減損処理を行わなければならない。

また，状況に応じ個々の企業において時価が「著しく下落した」と判断するための合理的な基準を設け，当該基準に基づき回復可能性の判定の対象とするかどうかを判断する（金融商品実務指針 91 項）。

ⅱ．市場価格のない株式の減損処理

市場価格のない株式の実質価額が「著しく低下したとき」とは，少なくとも株式の実質価額が取得原価に比べて 50％程度以上低下した場合をいう。ただし，市場価格のない株式の実質価額について，回復可能性が十分な証拠によって裏づけられる場合は，期末において相当の減額をしないことも認め

られる（金融商品実務指針92項）。

これは，子会社や関連会社等（特定のプロジェクトのために設立された会社を含む。）の株式については，実質価額が著しく低下したとしても，事業計画等を入手して回復可能性を判定できることもあるため，回復可能性が十分な証拠によって裏づけられる場合には，期末において相当の減額をしないことも認められるとしているものである。

ただし，事業計画等は実行可能で合理的なものでなければならない。回復可能性の判定は，特定のプロジェクトのために設立された会社で，当初の事業計画等において，開業当初の累積損失が5年を超えた期間経過後に解消されることが合理的に見込まれる場合を除き，概ね5年以内に回復すると見込まれる金額を上限として行うものとされる。回復可能性は毎期見直すことが必要であり，その後の実績が事業計画等を下回った場合など，事業計画等に基づく業績回復が予定どおり進まないことが判明したときは，その期末において減損処理の要否を検討しなければならない（金融商品実務指針285項）。

金融商品Q&Aにおいても，発行会社の財政状態が悪化している会社の株式を第三者割当増資により引き受ける場合，将来の業績回復を見込んだ実行可能な事業計画や経営方針等の存在が前提となり，それが合理的であると判断される限り，事業計画等に基づく一定期間，業績の動向を見守り，実績が事業計画等を大幅に下回らなければ，当該会社に対する投資は減損処理の対象とはならないとされている。

なお，その合理性を判断するにあたっては，当該事業計画等の実行可能性，増資額の十分性，将来の業績回復との関連性などを勘案して総合的に検討する必要があり，その後も，損益見込みや資金収支計画等は毎期見直しを行い，当該計画等に基づく業績回復が予定どおり進まないことが判明した場合には，その期末において相当額を減損処理しなければならない。したがって，債務超過会社が一定期間経過後，なお経営改善等の効果があらわれずに依然として債務超過が解消されない場合には，期末の評価額はゼロとなる（金融商品Q&A：Q34）。

9 製薬業における有価証券

したがって，市場価格のない創薬ベンチャー企業への投資について，子会社や関連会社である場合，又は特定のプロジェクトのために設立された会社である場合のいずれであっても，財政状態が悪化している場合，当該企業の事業計画の達成状況や研究開発計画の進捗状況や開発案件の実現性を把握することで，毎期，減損処理の要否を検討していくことになると考えられる。

(c) 創薬ベンチャー企業の事業計画評価の留意点

ここでは，市場価格のない場合における創薬ベンチャー企業の有価証券の評価にあたり，特にその事業計画評価上の留意点について触れる。

一般に事業計画の評価は，損益計画やキャッシュ・フロー計画の達成状況を把握することなどによって行われるが，創薬ベンチャー企業の場合には，これに加えて，研究開発計画の進捗状況や開発案件の実現性などを総合的に検討することが必要となる。

研究開発計画の進捗状況は，各案件のステージアップの時期や臨床試験のデータ収集状況を把握することが考えられる。また，開発案件の実現性については，臨床試験の結果や競合他社の開発状況，上市後の市場性などを検討することが考えられる。

なお，創薬ベンチャー企業は，開発を続けていくだけの資金を調達できなければ，企業として存続できなくなるため，継続企業の前提にも留意が必要である。資金調達計画の実行状況を確認することも必要となる。

【創薬ベンチャー企業の事業計画評価の留意点】

> ・財務計画（損益，キャッシュ・フロー等）の状況を把握する。
> ・研究開発計画の進捗状況や開発案件の実現性を勘案する。
> ・継続企業の前提に留意する。

③ 創薬ベンチャー有価証券の会計上・内部統制上の実務

創薬ベンチャー有価証券の減損処理の要否についての検討にあたっては，

第2章　製薬業界の会計

回復可能性の判断をどのように行うのかという点が実務上の課題となる。

　創薬ベンチャー企業における事業計画は不確実性やその評価の困難性が高いことから，製薬企業においては減損ルールを定め，できる限り客観的な評価を行うような会計上，内部統制上の仕組みを整えることが必要であると考えられる。また，創薬ベンチャー企業の経営状態や開発状況等を総合的に判断する必要があることから，社内的な検討体制や情報収集及び承認プロセスを整備しておくことも必要となる。

　実際の減損処理に際しては，創薬ベンチャー企業への投資形態や契約内容などを勘案して，実態に即した適切な処理を選択することが必要となる。

（3）有価証券の税務上の取扱い

　税法上，有価証券は売買目的有価証券と売買目的外有価証券に区分される。このうち，売買目的有価証券は時価法で，売買目的外有価証券は原価法（償還期限及び償還金の定めのあるものについては償却原価法）で期末評価することとされている。

　創薬ベンチャー企業の有価証券については，通常，売買目的以外で保有することを目的とするため，原価法で評価されることとなる。

　ただし，有価証券の価額が著しく低下した場合などについては，税法上，評価損を計上し，損金算入することが認められている（法法第33条，法令第68条，法令第68条の2）。

　当該評価損については，上場有価証券等かそれ以外かにより，具体的には次のように取り扱うことが定められている。

①　上場有価証券等

　上場有価証券等について，「有価証券の価額が著しく低下したこと」とは，当該有価証券の当該事業年度終了のときにおける価額がそのときの帳簿価額の概ね50%相当額を下回ることとなり，かつ，近い将来その価額の回復が見込まれないことをいうものとする（法基通9-1-7）。

② 上場有価証券等以外の有価証券

　上場有価証券等以外の有価証券について，その有価証券を発行する法人の資産状態が著しく悪化したため，その価額が著しく低下した場合に評価損の計上ができるものとされている。ここで「法人の資産状態が著しく悪化した」とは，1株あたりの純資産価額が取得時の1株あたりの純資産価額に比して概ね50%以上下回ることになった場合等である（法基通9-1-9（2））。なお，当該発行法人が債務超過の状態にあるため1株あたりの純資産価額が負（マイナス）であるときは，当該負の金額を基礎としてその比較を行うことになる。

10 製薬業における研究開発費

（1）製薬業における研究開発活動の概要

　製薬企業は研究開始から新薬発売まで一般的に9年〜17年（日本製薬工業協会調べ）ほどの長期間をかけて，「医薬品，医療機器等の品質，有効性及び安全性の確保等に関する法律」（薬機法），「医薬品の安全性に関する非臨床試験の実施の基準に関する省令」（GLP），「医薬品の臨床試験の実施の基準に関する省令」（GCP），等の規制に基づき，医薬品の有効性や安全性に関する検証を実施する。

　なお，近年では，研究開発にかかる時間・コストの削減，及びより効果的な薬の開発が可能であるとして，ゲノム創薬が注目を浴びている。ゲノム創薬とは，ゲノム情報（DNAの遺伝子情報）を活用することにより新薬の開発を効果的かつ効率的に行おうとする取組みであり，例えば，ある病気の原因となる遺伝子が作るタンパク質の構造や働きをコンピュータで予測し，そのタンパク質に結合する分子や抗体から薬を創る方法が挙げられる。

　現在の研究開発プロセスにおいては，薬の候補となる物質を発見すると，その作用を調べるために膨大なスクリーニングを繰り返し行う必要があり，経験や偶然に大きく左右される面が存在している。一方，ゲノム創薬の場合には，遺伝子の持つ情報をもとにあらかじめ研究の対象が特定されるため，従来の経験や偶然に頼る創薬プロセスに比べ，副作用を抑えた上で，より効率的に新薬を開発することが可能となる。今後ゲノム創薬が一般的になった場合，これまで多大な時間とコストを費やすことが常識となっていた創薬プロセスに変化が訪れるかもしれない。

　また，医薬品の製造販売承認の取得後においても，薬機法第14条の4に定める新医薬品等の再審査制度，同第14条の6に定める医薬品の再評価制度に対応するために，「医薬品の製造販売後の調査及び試験の実施の基準」

10 製薬業における研究開発費

図表 2-21　我が国における一般的な研究開発のプロセス

フェーズ	期間	一般的な プロセス	概　要
基礎研究	2～ 3年	化合物の探索	新薬の候補化合物を探索・創製する。
		物理的科学的 研究	化合物の構造や物理的・化学的な性状を調査する。
非臨床 試験	3～ 5年	薬効薬理試験	動物等を対象とし，化合物の治癒効果や効果が発現する メカニズムを調査する。
		薬物動態試験	動物等を対象とし，化合物が体内に吸収され，臓器など に分布し，代謝されて排泄されるプロセスを調査する。
		安全性薬理 試験	動物等を対象とし，生体内でどのような作用を及ぼすか など，薬効薬理以外の安全性に関する作用を調査する。
		毒性試験	動物等を対象とし，急性，慢性，発がん性，催奇形性等 の毒性を調査する。
臨床試験	3～ 7年	第Ⅰ相試験 (臨床薬理 試験)	少数の健康成人を対象とし，副作用等の安全性を調査す る。通常，化合物の有効性を検証することを目的としな い。
		第Ⅱ相試験 (探索的試験)	少数の患者群を対象とし，有効性，用法（投与の仕方： 回数，期間，間隔など），至適投与量を調査する。
		第Ⅲ相試験 (検証的試験)	より大規模な患者群を対象とし，有効性，安全性を調査 する。一般的に，プラセボを用いた比較対照試験が行わ れる。
承認申請 と審査	1～ 2年	承認申請書類 の作成	承認申請書類は日本，米国，EU，英国で共通して用いら れている様式（Common Technical Document：CTD） に基づき作成される。
		医薬品医療機 器総合機構に よる承認審査	厚生労働大臣による承認は，医薬品医療機器総合機構 （PMDA）による承認審査が条件とされている。
		厚生労働大臣 による承認	PMDAの承認審査後，厚生労働大臣によって承認される と医薬品としての販売が可能となる。
上市後の 継続調査	－	使用成績調査	医療機関から収取した情報を用いて，医薬品の副作用に よる疾病等の種類別の発現状況並びに品質，有効性及び 安全性に関する情報の検出又は確認のために行う調査。
		製造販売後 データベース 調査	医療情報データベース（MID-NET）を用い，医薬品の副 作用による疾病等の種類別の発現状況並びに品質，有効 性及び安全性に関する情報の検出又は確認のために行う 調査。
		製造販売後 臨床試験	治験，使用成績調査，製造販売後データベース調査の成 績に関する検討を行った結果得られた推定等を検証し， 又は診療においては得られない情報を収集するため，承 認された用法，用量，効能・効果に従い行う試験。

第2章

111

第2章　製薬業界の会計

（GPSP）等の規制に基づき，医薬品の有効性や安全性に関する検証を継続的に実施する必要がある。

　我が国における研究開始から新薬発売，及び，発売後の期間における一般的な研究開発のプロセス，並びに，その概要を示すと図表2-21のとおりである。

（2）製薬業における研究開発費の概観

　製薬業においては，新薬を開発できるか否かが企業の命運を左右するため，画期的な新薬を開発するための研究開発活動は極めて重要な活動となり，他の業種と比較した場合の売上高に対する研究開発費の比率は高い水準となっている（図表2-22）。

図表2-22　産業別研究開発費の対売上高比率（日本）

（単位：%）

産業別／年度	1990	1995	2000	2005	2010	2015	2020
全産業	2.78	2.73	3.01	3.08	3.22	3.46	3.36
食料品製造業	0.98	0.99	1.01	1.30	1.07	1.02	0.86
医薬品製造業	8.02	8.03	8.60	10.01	12.02	11.93	9.68
自動車・同付属品製造業	3.73	3.46	4.09	4.72	4.68	5.29	6.85

※総務省「科学技術研究調査報告」より
出所：日本製薬工業協会 DATA BOOK 2022

（3）製薬業における研究開発費の会計処理

① 研究開発費の会計処理の概要

　研究開発費は，すべて発生時に費用処理することとされており（研究開発費基準三），基本的な考え方として，研究開発の終了以前に発生した費用は研究開発費として処理し，終了以降に発生した費用は棚卸資産等として資産計上あるいは他の費用として処理する。

112

この点，会計基準において，製薬企業に関する研究開発の終了時点を明らかにする定めはないが，実務的には，規制当局による製造販売承認の取得を基準として検討するものと考えられる。

② 研究開発費の範囲

研究開発費基準一及び研究開発費実務指針2項・26項に基づき，製薬業における具体的な研究開発費については，例えば図表2-23のような費目が該当すると考えられる。なお，規制当局による製造販売承認を取得する前に，販売を目的としてあらかじめ新薬の生産を開始する場合は，承認前の新薬に係る製造費用と研究開発費の会計処理の整合性に留意する必要がある（詳細は本章「8　製薬業における棚卸資産」参照）。

図表2-23　研究開発費目の例

研究開発のフェーズ				
基礎研究	非臨床試験	臨床試験	承認申請と審査	上市後の継続調査
研究開発部門に所属する従業員の人件費 研究開発施設の賃借料や固定資産の減価償却費 試験用原末，動物，植物などの素材費 CRO（開発業務受託機関）への支払い 委託研究開発機関への支払い 新薬候補化合物の研究開発に関する権利の導入に係る支払い 規制当局による製造販売承認を入手する以前に発生した製造費用				

（費目）

③ 製造販売後臨床試験に係る費用の会計処理

製薬企業は，製造販売承認を得た後においても，薬機法に定める新医薬品等の再審査制度や医薬品の再評価制度に対応するために，医薬品の有効性や安全性について調査を行う必要があり，このような調査は一般的に第Ⅳ相試験と呼ばれる。

第Ⅳ相試験に係る費用については，その性質をどのように捉えるかどうかで処理を検討する必要がある。すなわち，新薬候補化合物の探索から規制当

第2章　製薬業界の会計

局による製造販売承認の審査までの一連のプロセスに係る活動と整理される
場合は研究開発費として処理され，他方，医薬品の販売を継続するにあたっ
て法律で義務づけられた活動と整理される場合は，販売費として処理される
と考えられるが，このような判断は容易でない場合もあることから，実務上
は，第Ⅳ相試験に係る費用が発生した部署に応じて研究開発費，あるいは，
販売費として処理している事例がみられる。例えば，第Ⅳ相試験に係る費用
が研究開発部門で発生している場合は研究開発費として処理し，営業部門で
発生している場合は販売費として処理する事例がみられる。

④ ライセンスイン（導入取引）の処理

　製薬業における研究開発の成功確率は非常に低いため（図表2-24），新薬
開発に関わるリスクを低減し有望な新薬候補化合物を効率的に自社に取り込
む手段として，他社からある程度研究開発の進んだ新薬候補化合物の開発権
を取得することがあり，一般的に「ライセンスイン（導入取引）」と呼ばれ
る。

図表2-24　新薬の承認取得の状況

項目／年度	2012〜2016	2013〜2017	2014〜2018	2015〜2019	2016〜2020
合成化合物数	674,850	624,482	582,573	545,967	505,141
承認取得数（自社）	26	24	26	24	23
段階移行確率 基礎研究〜承認取得（自社）	25,956分の1	26,020分の1	22,407分の1	22,749分の1	21,963分の1

※研究開発委員会メンバーのうち内資系企業の集計
出所：日本製薬工業協会 DATA BOOK 2022

　ライセンスインの取引形態は，契約一時金支払いや，一定の条件が達成さ
れると支払われるマイルストン・ペイメントなど様々であるが，導入時点に
おける研究開発の段階が会計処理の検討にあたって重要な検討事項となる。

導入時点で製造販売に係る承認申請の段階まで進んでおり規制当局による承認の可能性が高いと見込まれる場合は，実質的に研究開発が終了しているため，支出金額は新薬の販売権の取得の対価として取り扱い，無形固定資産として計上することが考えられる。一方，導入時点で非臨床試験や臨床試験の段階である場合は，開発に関する成功の不確実性が解消されていないものとして，支出金額を研究開発費として処理することが考えられる。

⑤ 委託研究開発の処理

　製薬業における研究開発は，前述のとおり長期にわたることが多く，かつ多額の資金が必要とされるため，製薬企業は外部企業へ研究を委託し，その研究成果を利用することも多い。特に臨床試験段階では外部のCRO（Contract Research Organization：開発業務受託機関）を利用することは一般的である。

　製薬企業は委託契約に基づき一定期間ごとに研究結果の報告を受け，対価を支払うこととなるが，契約一時金払い，期間定額払い，マイルストン・ペイメントなど委託先の資金状況等によっても支払いパターンは様々となる。

　委託研究開発については，一般的に研究の成果は委託者側に帰属するものと考えられるため，会計上，委託者側では研究開発費基準に沿った処理を行うこととなり，委託研究開発に係る費用はすべて発生時に費用処理することとなる。すなわち，契約に基づき委託した研究開発の内容について検収を行い，利用可能となった時点で費用として処理すべきであり，契約金等は前渡金等として処理する必要がある（研究開発費実務指針3項）。

　ここでは，典型的な支払いパターンによった場合の会計処理について解説する。

（a）契約一時金払いの場合の会計処理

　委託研究開発先に，研究開発に係る対価を契約時に一括して支払う場合について，当該支払い時点においては，委託研究開発に係る役務の提供を受け

第2章　製薬業界の会計

てはいないため，前渡金等として会計処理することとなる。

　その後，検収を行い研究開発の内容が利用可能になった時点ごとに，計上した前渡金等を取り崩し，費用として処理することとなる。なお，1つの大きな研究開発テーマがいくつかの詳細な研究開発テーマに細分化されているような場合で，契約に基づいて詳細な研究開発テーマごとに検収，支払いを行っているときには，詳細なテーマごとの検収時に研究開発費として処理することになり，これを大きな研究開発テーマ全体の完了時まで前渡金等として資産に計上しておくことは認められないことに留意する必要がある（研究開発費 Q&A：Q2）

（b）期間定額支払いの場合の会計処理

　委託研究開発先に契約により定めた期間ごとに対価を支払う場合については，支払い時点ごとに委託研究開発に係る役務の提供を受けているか否かにより会計処理を判断することとなる。当該支払い時点において，役務の提供を受けている場合には，研究開発費として費用処理をすることとなるが，一括払いに該当する部分が含まれている場合は前渡金等として計上し，その後，検収を行い研究開発の内容が利用可能になった時点ごとに，計上した前渡金等を取り崩し，費用として処理することとなる。

⑥　共同研究開発の処理

　製薬業における研究開発の特徴より，その研究規模や内容によってはリスク負担の軽減や効果的・効率的な研究成果を目指す観点から，複数の企業が共同して研究開発を行う場合もある。共同研究開発を行う場合に留意すべき点は，研究成果の権利や研究開発費の負担などについて，企業間の合意に基づき様々なパターンが存在することである。

　会計上は，共同研究開発の成果について各参加企業に帰属する場合には，研究開発に要した費用の額のうち自己の負担した部分について，発生時に研究開発費として処理することとなると考えられる（研究開発費 Q&A：Q3）。

116

負担する費用については，通常契約で定めた内容に基づき，業務内容に応じた実費負担，一定の金額・一定の参加割合による負担など，自社の負担部分を適正に算定することになると考えられる。

この点，「共同研究開発」の名称で契約を締結していたとしても，その成果が自己のみに帰属するのであれば，これは実質的に委託研究開発であるといえ，負担する費用の全額を発生時に研究開発費として費用処理すると考えられる。

⑦ その他の論点

（a）特定の研究開発目的の機械装置等の会計処理

特定の研究開発プロジェクトの目的のみに使用され，他の研究開発プロジェクトには使用することが機能的・物理的にできない機械装置等を取得した場合の原価は，取得時の研究開発費として処理することとされている（研究開発費実務指針5項）。

（b）貯蔵品の会計処理

研究開発プロセスにおいて購入される貯蔵品を，利用目的別に分類すると ⅰ．用途に汎用性のある貯蔵品と，ⅱ．特定製品の研究開発目的のみに利用され他の研究開発プロジェクトには利用できない貯蔵品に区分できる。それぞれ，会計処理は次のようになると考えられる。

ⅰ．用途に汎用性のある貯蔵品

用途に汎用性のある貯蔵品には，例えば研究時に多様な検査に利用できる化学品などが含まれ，当該貯蔵品は，原則的な研究開発費の処理に従い，取得時ではなく発生時に費用処理されることとなると考えられる。

ⅱ．特定の研究開発目的のみに利用される貯蔵品

特定製品の研究開発目的のみに利用され他の研究開発プロジェクトには利用できない貯蔵品とは，例えば特定の新薬の効果測定のみに使用可能な治験薬などが含まれる。これは，研究開発の所期の目的を達成した後には他の用

第2章　製薬業界の会計

途に転用することができず，廃棄してしまうようなものであり，前述の特定
の研究開発目的の機械装置等の会計処理に従い，取得時に費用処理をするも
のと考えられる（研究開発費実務指針5項）。

　なお，会計上，研究開発費として費用処理した貯蔵品について，税務上は
貯蔵品を実際に使用するまで損金算入が認められず，加算処理することにな
るケースが考えられる。

（4）研究開発税制について

① 制度の概要

　我が国の研究開発税制とは，我が国の研究開発活動促進の観点から政策的
に認められるものであり，次の3つの制度により構成されている。いずれの
制度もある条件のもと一定の額を法人税額から控除することができるという
ものである。

・一般試験研究費の額に係る税額控除制度（一般型）
・特別試験研究費の額に係る税額控除制度（オープンイノベーション型）
・中小企業技術基盤強化税制

　前述のとおり，製薬業では他の業種と比較した場合の売上高に対する研究
開発費の比率が高い水準となっており，研究開発税制を適切に活用すること
で大きな恩恵を受けられる可能性がある。

② 控除対象となる試験研究費の範囲について

　税額控除の対象となる試験研究費とは，製品の製造又は技術の改良，考案
若しくは発明に係る試験研究のために要する費用，又は，対価を得て提供す
る新たな役務の開発（サービス開発）に係る試験研究として政令で定めるも
ののために要する費用で，次に掲げるものをいう（措法第42条の4第19項，
措令第27条の4第5〜7項）。

> 1. その試験研究を行うために要する原材料費，人件費（専門的知識をもっ
>   てその試験研究の業務に専ら従事する者に係るものに限る）及び経費
> 2. 他の者に委託して試験研究を行う法人のその試験研究のためにその委託
>   を受けた者に対して支払う費用
> 3. 技術研究組合法第9条第1項の規定により賦課される費用

　2017（平成29）年税制改正により，ビッグデータ等を活用した第4次産業革命型の「サービス」の開発が試験研究費の範囲に追加されている。このような「サービス」の事例としては，ウェアラブルデバイスにより個人の健康情報を収集・分析し，健康維持サポート情報を提供するようなヘルスケアサービスが挙げられている（経済産業省「平成29年度税制改正について」）。

③ 一般試験研究費の額に係る税額控除制度（一般型）

　この制度は，青色申告法人の各事業年度において，試験研究費の額がある場合に，その試験研究費の額に一定割合を乗じて計算した金額を，その事業年度の法人税額から控除することを認めるものである。

　税額控除額は，試験研究費の額×控除率（1～14％：増減試験研究費割合により変動）であり，控除上限は法人税額の原則25％相当額である。

④ 中小企業技術基盤強化税制

　この制度は，中小企業者（適用除外事業者又は通算制度における適用除外事業者を除く。）又は農業協同組合等である青色申告法人の各事業年度において，試験研究費の額がある場合に，「一般試験研究費の額に係る税額控除制度」に代えて適用するときは，その試験研究費の額に一定割合を乗じて計算した金額を，その事業年度の法人税額から控除することを認めるものである。なお，「一般試験研究費の額に係る税額控除制度」，「特別試験研究費の額に係る税額控除制度」との重複適用はできない。

　税額控除額は，試験研究費の額×控除率（12～17％：増減試験研究費割

第2章　製薬業界の会計

合により変動）であり，控除上限は法人税額の原則 25％相当額である。

⑤ 特別試験研究費の額に係る税額控除制度（オープンイノベーション型）

　この制度は，青色申告法人の各事業年度において特別試験研究費[1]の額が
ある場合に，「一般試験研究費の額に係る税額控除制度」及び「中小企業技
術基盤強化税制」の制度とは別枠でその特別試験研究費の額の一定割合の金
額をその事業年度の法人税額から控除することを認めるものである。なお，
「特別試験研究費の額に係る税額控除制度」の対象となる特別試験研究費の
額は，「一般試験研究費の額に係る税額控除制度」又は「中小企業技術基盤
強化税制」の計算の基礎に含めることはできない。

　税額控除額は，試験研究費の額×控除率（対象となる相手先により 20 ～
30％，図表 2-25 参照）であり，控除上限は法人税額の 10％相当額である。

図表 2-25　特別試験研究費の控除率

相手方	控除率
大学・特別研究機関等	30%
研究開発型ベンチャー	25%
その他（民間企業等）	20%

　なお，難病・エイズ等を対象とした希少疾病用医薬品や希少疾病用医療機
器の研究開発を税制面から支援する観点で，「その用途に係る対象者が少数
である医薬品に関する試験研究」も特別試験研究費に含まれ，薬機法に基づ
き希少疾病用医薬品，希少疾病用医療機器又は希少疾病用再生医療等製品の
指定を受けた法人が，国立研究開発法人 医薬基盤・健康・栄養研究所から

1　試験研究費の額のうち国の試験研究機関，大学その他の者と共同して行う試験研究，大学その他
　の者に委託する試験研究，中小企業者からその有する知的財産権の設定又は許諾を受けて行う試
　験研究その他の政令で定める試験研究に係る試験研究費の額として政令で定めるものをいう額（法
　人税法第 42 条の 4 第 8 項第 10 号）。

120

の助成金の交付対象期間に行う試験研究に係る費用のうち，希少疾病用医薬品等の試験研究費（助成金を除く）の一部が税額控除額として算定される。

　この場合の，特別試験研究の控除割合は20％であり，控除上限額は，産学官連携の共同研究・委託研究等の税額控除との合計で法人税額の5％以下（一般試験研究費の額に係る税額控除額又は中小企業技術基盤強化税制とは別枠）となっており，控除しきれなかった金額の繰り越しは認められていない。

　オープンイノベーション型は，2015（平成27）年度の税制改正で総額型（現行の一般型）の試験研究費と別枠になったが，2017（平成29）年度の税制改正によって，同制度の適用を受ける企業の相手方における実務面での手続負担が軽減される等，その効果を享受しやすくする改正の影響もあり，適用する企業が増加傾向にある（図表2-26）。

図表2-26　オープンイノベーション型の適用件数・適用金額の推移

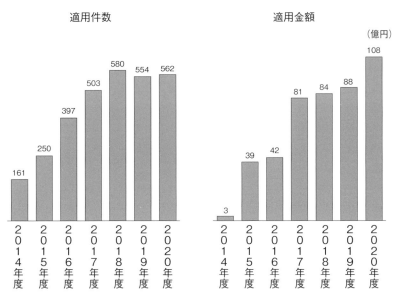

オープンイノベーション型の適用にあたっては，以下が必要となる。

・契約書等に一定の事項を記載すること
・（特別研究機関等のみ）相手方による認定
・（特別研究期間等以外）相手方・第三者による確認

　一般型や中小企業技術基盤強化税制と異なり，「相手方による認定」又は「相手方・第三者による確認」が必要となっている点に留意が必要であるが，この趣旨はオープンイノベーション型の妥当性について，証憑類をもとに，オープンイノベーション型として認められないものが含まれていないかを確認することとされている。

(5) 研究開発費における IFRS と日本基準の相違点

① 自社開発の場合

　IFRS では，研究段階と開発段階の２つに区分して資産認識要件を検討し，研究段階の支出は発生時の費用として認識し，開発段階の支出は，無形資産の定義及び一般認識要件に加え，次の６つの要件をすべて満たすものについて資産計上することとされている（IAS 第 38 号 57 項）。この点で，研究開発費をすべて発生時に費用処理する我が国の基準とは異なる。

・技術的に無形資産を完成させることのできる可能性
・無形資産を完成し，使用あるいは売却する意思があること
・無形資産を使用あるいは売却する能力があること
・無形資産が将来の経済的便益を生成する方法を示せること（将来の経済的便益の流入可能性）
・無形資産を開発・使用あるいは売却するための十分な技術，財務その他資源があること
・開発中の無形資産関連支出を，信頼性をもって測定できる能力があること

　製薬企業の研究開発では，どの時点から開発費の資産認識要件を満たすか

が論点となる。前述の要件のうち，ポイントは将来の経済的便益の流入可能性に関する重要な不確実性がどの時点で解消されるのか，ということである。一般的に臨床試験段階では，規制当局による承認を取得し製品化するまでの不確定要素が大きく，将来の経済的便益の流入可能性があるとは言い切れない。医薬品の販売には規制当局からの認可が必要になるため，この認可をもって将来の経済的便益の流入可能性に関する重要な不確実性が解消されたと判断することが妥当であり，臨床試験の費用等規制当局から認可を取得するまでに発生した開発費は費用として計上することが一般的と考えられる。

規制当局による承認は，IAS 第 38 号に基づく無形資産の認識要件には該当しておらず，IAS 第 38 号は承認前の開発費を資産化することを禁じているわけではないが，この点，我が国の実務においても，規制当局からの認可をもって研究開発段階の終了と判断することが通常であるため，一般的な自社研究開発については，IFRS との差異はほとんどないと考えられる。

日本新薬　2022 年 3 月期 有価証券報告書より

【重要な会計方針】（8）無形資産

無形資産の測定においては原価モデルを採用し，取得原価から減価償却累計額及び減損損失累計額を控除した価額で計上しております。個別に取得した無形資産は，当初認識時に取得原価で測定しております。内部発生の開発費用は資産として認識するための基準がすべて満たされた場合に限り無形資産として認識しておりますが，臨床試験の費用等，製造販売承認の取得までに発生する内部発生の開発費用は，期間の長さや開発に関連する不確実性の要素を伴い資産計上基準を満たさないと考えられるため，発生時に費用として認識しております。また，他社から個別に取得した仕掛中の研究開発投資に対する支払額（契約一時金及びマイルストン）は，将来の経済的便益をもたらす可能性が高く，かつ，識別可能な場合に，仕掛研究開発として資産を認識しております。

第2章　製薬業界の会計

> 仕掛研究開発は，未だ使用可能な状態ではないため，償却しておりません
> が，販売可能となった時点で販売権に振り替え，その見積耐用年数にわたっ
> て償却しております。
> （以下省略）

　一方で，製薬企業の研究開発活動は多様なパターンがあり，例としては，
すでに規制当局からの認可を受けている製品に対し，適応拡大の認可を取得
すべく，追加的な開発を行うケースがある。この場合，資産認識要件を満た
すか否かを個別に慎重に検討し，開発費の資産計上時期を検討することにな
る。規制当局からの認可取得の可能性が極めて高いときは，認可より早い段
階から開発費の資産計上を行うことがあり，我が国の会計基準との違いが生
じる。

　また，その他の例として，ジェネリック医薬品の開発費の資産化の可否，
及びある国ですでに承認を得ている医薬品について他の国での承認を目指し
て行う際の開発費の資産化の可否の論点がある。この場合も，認可取得の可
能性が極めて高いときには，規制当局の認可より早い段階から開発費の資産
計上を行う場合があり，やはり，我が国の会計基準と異なることとなる。

② ライセンスイン（導入取引）の処理

　製薬業では，他社の仕掛中の研究開発プロジェクトを，契約一時金払いあ
るいはマイルストン支払契約により取得し，自社で開発を継続するケースが
多くみられる。この場合も，取得した研究開発プロジェクトの対価が，資産
認識要件を満たすか否かが論点となる。すなわち，将来収益への不確実性が
あるとして費用計上するか，取得対価の存在を経済的便益流入の合理的な測
定の根拠とみて資産計上するかが論点となる。

　これについては，取得対価にプロジェクトの成功確率が反映されている
（IAS第38号第25項）ほか，取得対価は通常信頼性をもって測定可能であ
る（IAS第38号第26項）ことから，将来の経済的便益の企業への流入可能

124

性に関する認識要件を満たすものと考え，取得対価を無形資産として資産計上するのが一般的である。

　一方，我が国の実務においては，研究開発段階のプロジェクトの取得は原則的に研究開発費として費用計上されるので，このケースでは IFRS との差異が大きくなると考えられる。なお，取得した研究開発プロジェクトについて事後的に自社で発生する研究開発費は，前述したように規制当局による承認を取得し製品化するまでの不確定要素が大きく，将来の経済的便益の流入可能性が確立されていないため一般的に費用処理されることとなる。

③ 委託研究開発の処理

　他社に研究開発を委託する場合は，「①自社開発の場合」で述べた資産認識要件を満たさないならば，委託研究開発に係る費用は発生時に費用処理されることになる。

　製薬業では，臨床試験を CRO のような他社に委託することが一般的であり，その支払方法については様々な実務があるが，IFRS においても我が国の会計基準と同様に契約金等は前渡金等として処理し，契約に基づき委託した研究開発の内容について検収を行い，利用可能となった時点で費用として処理する。

　ただし，資産認識要件を満たすものとして委託研究開発に係る費用をIFRS 上資産計上する場合は，我が国の会計基準との差異が生じると考えられる。

④ 共同研究開発の処理

　製薬業界では，様々な目的から医薬品の研究開発を他社と共同して行うケースがあるが，共同研究開発の成果について各参加企業に帰属する場合には，「①自社開発の場合」で述べた資産認識要件を満たさないならば，IFRSにおいても研究開発に要した費用の額のうち自己の負担した部分について，発生時に研究開発費として処理することとなると考えられる。ただし，資産

第2章　製薬業界の会計

認識要件を満たすものとして共同研究開発に関わる費用を IFRS 上資産計上する場合は，我が国の会計基準との差異が生じると考えられる。

⑤ 特定目的研究用資産の処理

製薬業では，研究開発目的のみに使用される機械装置等の資産を取得することがあり，我が国の会計基準では，特定の研究開発目的に使用された後に他の目的に使用できる場合を除き，原則として取得時に研究開発費として費用処理することとされている（研究開発費実務指針5項，研究開発費 Q&A：Q6）が，IFRS ではこのような定めはないことから，有形固定資産として資産計上することとなる。

ただし，IFRS 上資産計上した場合であっても，特定の研究開発目的のみに使用することを意図して取得していることに鑑みると，当該研究開発プロジェクトが中止となった段階で回収可能価額まで簿価を減額し，減損損失を研究開発費に含めて表示することが考えられる。

上記の内容をまとめると，図表2-27 のとおりである。

126

10 製薬業における研究開発費

図表 2-27 研究開発費における IFRS と日本基準の相違点

パターン	IFRS	我が国の会計基準
自社開発の場合	研究段階と開発段階の２つに区分して資産認識要件を検討し，研究段階の支出は発生時の費用として認識し，開発段階の支出は，一定の要件をすべて満たすものについて資産計上する。 この点，規制当局による販売の認可を得るまでは一般的に資産認識要件を満たさないとされるため，発生時に研究開発費として処理する。 なお，ジェネリック医薬品の開発費や，ある国ですでに承認を得ている医薬品について他の国での承認を目指して行う際の開発費など，規制当局による認可取得の可能性が極めて高いときには，規制当局の認可より早い段階から開発費の資産計上を行う事例もある。	発生時に研究開発費として処理する。
導入取引（ライセンスイン）の処理	研究開発段階のプロジェクトの取得である場合，取得対価を無形資産として資産計上する。	研究開発段階のプロジェクトの取得である場合，発生時に研究開発費として処理する。
委託研究開発の処理	資産認識要件を満たさないならば，契約金等は前渡金等として処理し，契約に基づき委託した研究開発の内容について検収を行い，利用可能となった時点で研究開発費として処理する。	契約金等は前渡金等として処理し，契約に基づき委託した研究開発の内容について検収を行い，利用可能となった時点で研究開発費として処理する。
共同研究開発の処理	資産認識要件を満たさないならば，研究開発に要した費用の額のうち自己の負担した部分について，発生時に研究開発費として費用処理する。	発生時に研究開発費として処理する。
特定目的研究用資産の処理	有形固定資産として計上する。	原則として取得時に全額研究開発費として処理する。

第2章

127

11 製薬業における有形固定資産

（1）製薬業における有形固定資産科目

　医薬品は人命や健康に関連するものであるため，製薬業における製造にあたって使用する設備は一定の要件を具備する必要がある。医薬品の製造には薬機法に基づく許可が必要であるが，この許可を取得し，継続的に保持するためには，機械等の保有設備が厚生労働省令で定める「構造設備規則」に適合したものでなければならない。

　製薬企業の財務諸表で使用されている表示科目を分析すると，その保有する有形固定資産には，「建物」「構築物」「機械及び装置」「車両運搬具」「工具，器具及び備品」「土地」「リース資産」「建設仮勘定」などが挙げられる。したがって，製薬業における有形固定資産は，製薬業ゆえの特有な科目等は特になく，製造業としての一般的な特徴を有していると考えられる。

　なお，2005（平成17）年薬事法改正（現薬機法）に伴い医薬品製造の外部委託が可能となっているが，これに関連し，製造を外部委託するために建物，機械装置等の設備を貸与する場合の当該設備の会計上の取扱いは次のようになる。

　そもそも有形固定資産に属する建物や構築物等の範囲とは，営業の用に供するもの（に限られる）とされている（財規第22条）。したがって，製造を外部委託するために建物，機械装置等の設備を貸与する場合は，営業目的のために他の会社に貸与する設備として，営業の用に供するものに含まれるといえ，有形固定資産に属すると考えられる。

（2）製薬業における各プロセスと有形固定資産の特徴

　有形固定資産について，関連する主要なプロセスごとに次のような特徴が挙げられる。

① 研究開発プロセスにおける有形固定資産の特徴

（a）設備上の特徴

研究開発プロセスにおいては，研究開発施設，研究開発のための機械装置，工具器具備品などが有形固定資産として関連づけられる。ただし，特定の研究開発目的にのみ使用され，他の目的に使用できない機械装置などを取得した場合の原価は，取得時の研究開発費とされるため，有形固定資産として資産計上されないこととなる（研究開発費基準　注1）。

製薬業においては，新薬を開発できるか否かは企業の命運を左右するものであり，画期的な新薬を開発するための研究開発活動は，製薬企業にとって重要な活動である。そのため，各製薬企業によりその戦略の幅はあるものの，研究開発に関しては，設備に対する投資も一般的に多額になるといえる。このことは新薬の有効性，安全性を確保するに十分な品質・規模を有する設備という観点からもいえるものである。

（b）内部統制上の特徴

製薬業においては，一般的に研究開発費が多額になるため，財務諸表上の影響が大きい。そのため，研究開発活動における有形固定資産に関連した内部統制を整備することは重要となる。特に，適切な権限を有する者による承認のない研究開発関連の有形固定資産の取得が行われていないか，特定の研究開発目的のみに使用されているかどうかの判断が妥当であるか，といった視点で社内の内部統制を整備・強化する必要がある。

【研究開発プロセスにおける有形固定資産の特徴】

- 研究開発関連の設備投資は一般的に多額となる。
- 特定の研究開発目的のみに使用される機械装置等は，取得時の研究開発費となる。

第 2 章　製薬業界の会計

② 製造及び減価償却プロセスにおける有形固定資産の特徴
（a）設備上の特徴

　製薬業における製造活動においては，医薬品としての製品特性から高いレベルの品質管理，安全管理，衛生管理に関する規定が厚生労働省令等で定められ，その遵守が要求されている。このため，医薬品製造用の設備についても GMP（医薬品及び医薬部外品の製造管理及び品質管理の基準）における適合要件を継続的に満たすように，保守，運営されなければならないという点に製薬業としての特徴がある。

（b）減価償却方法

　製薬業における減価償却方法については，製薬業ゆえの特殊な減価償却方法は特段採用されない。いわゆる製造業として，定率法，定額法を採用することが一般的である。

（c）内部統制上の特徴

　内部統制上，多くの場合，固定資産の管理にあたっては取得段階で固定資産システムに取得価額や耐用年数等を登録し，減価償却費計算をシステムによる自動計算により実施し，その固定資産残高，減価償却の金額を管理していると考えられる。さらに，会計上も固定資産システムの金額を取り込む等により，そのシステムの有効性に一部又はすべてを依拠し利用することが多いと考えられる。これは製薬業のみならず，製造業としての一般的な特徴でもある。

【製造及び減価償却プロセスにおける有形固定資産の特徴】

> ・医薬品製造用の設備について，GMP の遵守が求められる。
> ・固定資産管理には固定資産システムを利用する。

130

③ 固定資産の減損プロセスにおける有形固定資産の特徴

固定資産の減損においては，すべての有形固定資産科目が関連づけられる。減損は，固定資産について減損の兆候を識別した都度，減損損失を認識するかどうかを判定し，認識する場合には減損損失を測定するものである（減損基準二1～3）。

減損の認識・測定で使用される将来キャッシュ・フローは，将来に関するものであることから，見積りの要素が多い。この見積りにあたり，製薬業においては特に次のような特徴があるといえる。

（a）研究開発施設

研究開発の成否が必ずしも明確でない研究開発施設を含む資産又は資産グループに係る将来キャッシュ・フローの見積りは，上市された製品に関する製造用の設備のみを含む場合と比較して，より不確実性が高いといえる。

（b）特有の経営環境

製薬業には，薬価改定や特許期間の満了など製薬業特有の経営環境の変化がある。このような経営環境の変化が生じた場合又は生じる見込みの場合，将来キャッシュ・フローの見積りに反映させる必要があることにも留意が必要である。

そのほか，将来キャッシュ・フローがその見積値から乖離するリスクを割引率に反映させる場合の割引率についても見積りの要素が多い。前提として，認識・測定の単位となるグルーピング方法の決定において，経営者の判断が重要となることはいうまでもない。

【固定資産の減損プロセスにおける有形固定資産の特徴】

- 将来キャッシュ・フローや割引率などの決定において，見積りの要素が多い。
- 将来キャッシュ・フローを見積もる際に，薬価改定や特許期間などを考慮する必要がある。
- 資産のグルーピング方法の決定など，経営者の判断が重要となる。

(3) 製薬業における有形固定資産の減損損失

製薬業における有形固定資産の減損損失の会計処理にあたっては，次のような点が特徴的である。

① 減損処理

有形固定資産は取得原価から減価償却等を控除した金額が帳簿価額とされるが，その収益性が低下し投資額の回収が見込めなくなった場合には，回収可能価額まで帳簿価額を減額する。このような資産の収益性低下の事実を帳簿価額に反映させるための減損処理の手続きは，資産のグルーピング，減損の兆候，減損損失の認識，減損損失の測定というステップで行われる（図表2-28）。

図表2-28　固定資産の減損処理のステップ

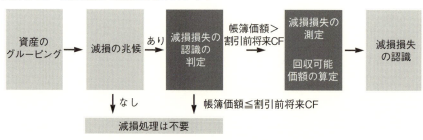

（a）資産のグルーピング

減損損失を認識するかどうかの判定と減損損失の測定において行われる資産のグルーピングは，他の資産又は資産グループのキャッシュ・フローから概ね独立したキャッシュ・フローを生み出す最小の単位で行われる（減損基準二6（1））。

製薬業においては，通常，1つの資産のみで営業活動が行われることは少なく，複数の資産が一体となって営業活動を行っていることが多いと考えられる。例えば，医薬品を製造販売するためには，そのための研究開発設備，付随する倉庫や搬送装置など，直接的な製造設備以外にも多くの固定資産が必要であることから，通常，複数の資産が一体となってキャッシュ・フローを生み出すことになる。実務的には，管理会計上の区分や投資の意思決定を行う際の単位等を考慮してグルーピングの方法を定めることになると考えられる（減損意見書四2（6）①）。

また，グルーピングの単位を決定する基礎から生ずるキャッシュ・イン・フローが，製品やサービスの性質，市場などの類似性等によって，他の単位から生ずるキャッシュ・イン・フローと相互補完的であり，当該単位を切り離したときには他の単位から生ずるキャッシュ・イン・フローに大きな影響を及ぼすと考えられる場合には，当該他の単位とグルーピングを行うことになるとされている（減損適用指針7項（2））。この点，製薬業においては，例えば次のようなケースが考えられる。

ⅰ．医療用医薬品と一般用医薬品

医療用医薬品と類似の成分を用いて一般用医薬品を製造販売するケースにおいて，両者を同一の資産グループと判断するか否かが論点となる。特に前者は収益性が高い一方で，後者は収益性が低く，時によっては赤字のケースなどもある。

このようなケースにおいては，本来は我が国において広告宣伝の規制がなされている医療用医薬品について，例えば一般用医薬品をあくまで企業名・化合物名などの広告宣伝を主たる目的とし医療用医薬品の販売と一体として

第2章　製薬業界の会計

損益管理しているのであれば，前者に関連する有形固定資産と後者に関連する有形固定資産は別々にグルーピングするのではなく，全体を一括りでグルーピングすることが適切となると考えられる。

ⅱ. 医薬品の提供義務

医薬品は生命に関連するものであることから，安定供給が要求される。そのため，たとえ収益性の見込めない製品であっても製薬企業の都合により一方的に製造・販売を中止することは認められず，収益性が低くとも医薬品の販売を継続しなければならないケースも考えられる。

これは，企業に製品やサービスの供給義務が課されており，このため販売価格の認可制や広い安全管理義務があり，拡張撤退が自由にできないような場合に該当すると考えられ（減損適用指針70項（2）），供給義務が課されている資産又は複数の資産を切り離したときに他の単位から生じるキャッシュ・イン・フローに大きな影響を及ぼすものと考えられことから，当該資産から生ずるキャッシュ・イン・フローには相互補完的な影響があると考えられる。よって当該単位を切り離すのではなく，これらの複数の単位でグルーピングをすることが適当であることも製薬業においては留意が必要となる。

有形固定資産のグルーピングについては，次のような例が挙げられる。なお，賃貸資産・遊休資産・処分予定資産については，通常，事業用資産とは別の区分として個別にグルーピングすることに留意が必要である。

（a）セグメントごとにグルーピングする方法
（b）地域・部門ごとにグルーピングする方法
（c）工場ごとにグルーピングする方法
（d）生産ラインごとにグルーピングする方法
（e）製品群ごとにグルーピングする方法
（f）製品ごとにグルーピングする方法

(b) 減損の兆候

減損会計基準二 1 には，減損の兆候として次の項目が例示されている。

> ・資産又は資産グループが使用されている営業活動から生ずる損益又はキャッシュ・フローが，継続してマイナスとなっているか，あるいは，継続してマイナスとなる見込みであること
> ・資産又は資産グループが使用されている範囲又は方法について，当該資産又は資産グループの回収可能価額を著しく低下させる変化が生じたか，あるいは，生ずる見込みであること
> ・資産又は資産グループが使用されている事業に関連して，経営環境が著しく悪化したか，あるいは，悪化する見込みであること
> ・資産又は資産グループの市場価格が著しく下落したこと

製薬業における減損の兆候としては，一般的な指標に加えて，次のような製薬業界固有の事情を検討する必要がある。

ⅰ. 薬価改定

薬価改定により薬価の引き下げがなされた場合には，仕切価格もその引き下げの影響を受けることが想定され，結果として収益性が低下する要因となりうるといえる。我が国の医療保険財政の悪化により，今後薬価は継続的に下落していくことが見込まれることから，特に留意が必要である。

ⅱ. より効果的な競合品の市場への参入

特定の成分等に対して特許を取得した医薬品について，異なる成分により製造された医薬品が同じ疾病に対してより効用の高いものであるならば，この新たな医薬品は当該特許を得た既存医薬品の競合品となりうる。よって，より効果的な競合品が市場に参入することで，当該企業間による価格競争が起こり，結果として収益性が低下する要因となりうる。

ⅲ. 特許失効によるジェネリック医薬品の市場への参入

特許期間の満了した医薬品については，独占的に販売することができなくなり，他の競合品との価格競争にさらされることとなる。この際，特にジェ

ネリック医薬品が市場へ参入することが予想され，既存の新薬は一般的に，より安価なジェネリック医薬品と価格競争を行うこととなり，結果として収益性が低下する要因となりうる。

iv．副作用発生による製品リコール

医薬品は生命に関するものであることから，その有効性，安全性について製薬企業は重大な責任を負うこととなる。そのため，その使用により深刻な副作用問題が発生した場合には，当該医薬品につき販売中止を検討することとなり，かつ製薬企業は責任をもって当該医薬品を回収することになる。そのような状況下では，製薬企業は収益を獲得することはできず，当該医薬品に関する有形固定資産の投資額を回収することはできず，減損の兆候になりうる。

v．研究開発時点で有効性・安全性・当局の認可が認められなかった場合

研究開発活動は製薬企業にとって非常に重要であることから，通常，研究開発活動への投資は多岐にわたる。複数の研究開発のテーマを抱える中，それぞれのテーマの研究開発活動の中途で有効性や安全性が認められない場合や，当局の認可が下りない場合がある。その結果，製薬企業は必要に応じて研究テーマの見直しを迫られることになるが，その過程で，有形固定資産の使用が見込めなくなることもある。そのような場合，当該資産の投資額を回収することはできず，減損の兆候となりうる。

vi．機械装置等が監督官庁の規制に合致しなくなったこと

医薬品は生命に関わるものであり，その品質管理や安全管理が重要であるため，製薬企業は製造・販売にあたっては，薬機法をはじめとする各種の規制に従うことになる。したがって，監督官庁の規制が変更された場合，従来製造の用に供していた機械装置等が使用できなくなることも考えられる。そのような場合，もはや投資額を回収することはできず，減損の兆候となりうる。

vii．製品の品質について問題が発生した場合

2020年から2021年にかけて発生したジェネリック医薬品の品質問題にあ

11 製薬業における有形固定資産

るように，製品の生産ラインの品質に問題が発生した場合，自主回収や業務停止命令が下される可能性がある。そのような状況下では，製薬企業は収益を獲得することはできず，当該医薬品に関する有形固定資産の投資額を回収することはできず，減損の兆候になりうる。

(c) 減損の認識と測定

減損の兆候がある資産又は資産グループについての減損損失を認識するかどうかの判定は，資産又は資産グループから得られる割引前将来キャッシュ・フローの総額と帳簿価額を比較することによって行う。資産又は資産グループから得られる割引前将来キャッシュ・フローの総額が帳簿価額を下回るか否かを検討し，下回る場合に減損損失を認識する（減損基準二2 (1)）。

【減損損失を認識するか否かの判定】

> 資産又は資産グループから得られる割引前将来キャッシュ・フローの総額＜帳簿価額

減損損失を認識すべきであると判定された資産又は資産グループについては，帳簿価額を回収可能価額まで減額し，当該減少額を減損損失として当期の損失とする（減損基準二3）。なお，回収可能価額は，正味売却価額と使用価値のいずれか高い方の金額であり，使用価値とは，継続的な使用と使用後の処分によって生ずると見込まれる将来キャッシュ・フローの現在価値をいう（減損適用指針28項，31項）。

減損の認識と測定においては，将来キャッシュ・フローの見積りが必要となる。この際，一般的な留意事項に加えて，次の事項に留意する必要がある。

ⅰ. 薬価改定

我が国の医療保険財政の悪化や医療費の適正化・抑制方針により，今後薬価は継続的に下落していくことが見込まれることから，将来キャッシュ・フ

137

ローの見積りにおいて，薬価引き下げを反映させることが適切である。2021年度から薬価改定は毎年度実施されており，薬価がどの程度引き下げられるかについて，直近の改定における下落率，類似品の下落率，過去数年間の下落率など数値に基づく見積りを行うのみならず，監督官庁の政策方針などにも目を向ける必要がある。

ⅱ．特許の失効

我が国では，特許権の存続期間は特許出願の日から20年をもって終了すると定められている。

特許には物質・用途・製法・製剤など，1つの医薬品が複数の特許を持つこともあるが，ジェネリック医薬品開発における新薬の特許期間の満了とは基本特許（物質特許）の期間満了を意味しており，他の特許に抵触しないように開発がなされる。このように，基本特許が期間満了を迎えると，より安価なジェネリック医薬品が参入し，既存の新薬の販売力が低下すると考えられる。

減損損失の認識と測定における将来キャッシュ・フローの見積期間は，経済的残存使用年数と20年のいずれか短い方とされていることから（減損基準二2（2）），この見積期間中に特許期間が満了となる場合には，その影響に特に留意すべきである。

ⅲ．将来キャッシュ・フローの見積りにおける合理的な使用計画

将来キャッシュ・フローの見積りにおいては，企業に固有の事情を反映した合理的で説明可能な仮定及び予測に基づき，現在の使用状況及び合理的な使用計画等を考慮するとされている（減損基準二4（1）（2））。したがって，成否が明らかでない研究開発の成果を合理的な計画として将来キャッシュ・イン・フローに織り込み，それを見積もることはできないものと考えられる。

（d）共用資産（研究開発施設など）の減損処理

製薬業において，通常多額に計上されている研究開発施設は，共用資産と

される代表的な資産である。共用資産は，複数の資産又は資産グループの将来キャッシュ・フローの生成に寄与する資産でのれんを除く資産（減損基準一（注1）5）であり，単独で将来キャッシュ・フローを生み出さないため，どのような単位でグルーピングを行うかが論点になる。

減損会計上の共用資産の取扱いについては，次の2通りの実務が行われていると考えられる。

ⅰ．より大きな単位でグルーピングを行う方法

以下のいずれかに該当する場合には，共用資産に減損の兆候はあることとなり，減損損失の認識の判定及び測定にあたっては，原則として，共用資産が関連する複数の資産又は資産グループに共用資産を加えた，より大きな単位で行うものである（減損適用指針16項）。

> ・共用資産を含む，より大きな単位について，上述した減損の兆候に該当する事象がある場合
> ・共用資産そのものについて上述した減損の兆候に該当する事象がある場合

より大きな単位については，共用資産を含まない各資産又は資産グループにおいて算定された減損損失控除前の帳簿価額に共用資産の帳簿価額を加えた金額と，割引前将来キャッシュ・フローの総額とを比較することにより，減損損失を認識するかの判定を行うこととされている。この場合に，共用資産を加えることによって算定される減損損失の増加額は，原則として，共用資産に配分するとされている（減損基準二7，減損適用指針48項）。

ⅱ．共用資産の帳簿価額を配分する方法

これは，共用資産の帳簿価額を当該共用資産に関連する資産又は資産グループに合理的な基準で配分することができる場合には，共用資産の帳簿価額を各資産又は資産グループに配分した上で，減損損失を認識するかどうかを判定することができるとされるものである（減損基準二7，減損適用指針49項）。

第2章　製薬業界の会計

　なお，製薬業において，研究開発機能の再編や研究テーマの見直しなどにより，研究開発施設の一部を遊休資産として，個別に独立したキャッシュ・フローを生み出す最小の単位として取り扱う事例はあるものの，共用資産として取り扱い，継続的に使用する研究開発施設について，実際に減損処理がなされる事例は限定的と考えられる。これは，各製薬企業が，何らかの新薬を独占的に販売している体制にあり，比較的高利益体質にあると考えられるからである。

(e) 減損処理後の会計処理

　減損処理を行った固定資産についても，減損処理後の帳簿価額をその後の事業年度にわたって適正に原価配分するため，通常の固定資産と同様に減価償却を実施することになる。したがって，減損損失を控除した帳簿価額から残存価額を控除した金額を，企業が採用する減価償却の方法に従って，規則的，合理的に配分する（減損基準三1，減損適用指針55項）。

　なお，処分がすぐに予定されている資産について減損処理を行った場合，回収可能価額は通常，正味売却価額となり，減損処理後の帳簿価額と残存価額が一致するため，減価償却は不要となる。しかし，減損処理後，一定期間経過後に処分する予定であるときのように，減損処理後の帳簿価額が残存価額と異なるときには，処分が予定されている場合でも，残存価額まで減価償却を行うことが必要である（減損適用指針137項）。

　また，減損損失の認識後において，減損を認識することになった原因となる事象がもはや存在せず，解消していることも状況によっては考えられる。しかしながら，減損の存在が相当程度確実な場合に限って減損損失を認識及び測定することとしていること，また，戻入れは事務的負担を増大させるおそれがあることなどから，減損損失の戻入れは行わない（減損基準三2，減損適用指針55項，134項）。

140

② 減損損失の開示

（a） 貸借対照表における表示

減損処理を行った固定資産の貸借対照表における表示は，原則として，減損処理前の取得原価から減損損失を直接控除し，控除後の金額をその後の取得原価とする形式で行う（直接控除形式）。ただし，当該資産に対する減損損失累計額を，取得原価から間接控除する形式で表示することもできる（独立間接控除形式）。この場合，減損損失累計額を減価償却累計額に合算して表示することができる（合算間接控除形式）。なお，合算間接控除形式による場合には減損損失累計額が含まれている旨の注記をしなければならない（減損基準四 1，財規第 26 条の 2）。

---

①直接控除形式

建物	10,000 円
減価償却累計額	△ 5,000 円
建物（純額）	5,000 円

②独立間接控除形式

建物	13,000 円
減価償却累計額	△ 5,000 円
減損損失累計額	△ 3,000 円
建物（純額）	5,000 円

③合算間接控除形式

建物	13,000 円
減価償却累計額及び減損損失累計額	△ 8,000 円
建物（純額）	5,000 円

（b） 損益計算書における表示

減損損失は，固定資産に関する臨時的な損失であるため，原則として特別損失とする（減損基準四 2）。

第2章　製薬業界の会計

(c) 注記事項

重要な減損損失を認識した場合には，以下の項目を注記するとされている（減損基準四 3，減損適用指針 58 項）。

①資産又は資産グループの用途・種類・場所等の概要
②減損損失の認識に至った経緯
③減損損失の金額及び主な固定資産の種類ごとの当該金額の内訳
④資産グループがある場合のグルーピングの方法
⑤回収可能価額が正味売却価額である場合はその旨及び時価の算定方法，使用価値の場合はその旨及び割引率

(4) 有形固定資産における IFRS と日本基準の相違点

① バリデーション

製薬企業などの医薬品製造業者は，GMP 省令（医薬品及び医薬部外品の製造管理及び品質管理の基準に関する省令）により，次の場合にはバリデーションを行い，バリデーションの計画及び結果を品質保証に係る業務を担当する組織に対して文書により報告することが求められる（GMP 省令第 2 章第 13 条）。

・当該製造所において新たに医薬品の製造を開始する場合
・製造手順等について製品品質に大きな影響を及ぼす変更がある場合
・その他製品の製造管理及び品質管理を適切に行うために必要と認められる場合

ここで，GMP 省令第 1 章第 2 条によればバリデーションとは次のように定義される。

製造所の構造設備並びに手順，工程その他の製造管理及び品質管理の方法が期待される結果を与えることを検証し，これを文書とすること

さらに，原薬 GMP のガイドラインには，図表 2-29 のような手続きが定められている。

142

11 製薬業における有形固定資産

図表 2-29 バリデーションの手続き

適格性評価	設計時適格性評価 (Design Qualification)	設備，装置又はシステムが，目的とする用途に適切であることを確認し文書化すること
	設備据付時適格性評価 (Installation Qualification)	据付け又は改良した装置又はシステムが，承認を受けた設計及び製造業者の要求と整合することを確認し文書化すること
	運転時適格性評価 (Operation Qualification)	据付け又は改良した装置又はシステムが，予期した運転範囲で意図したように作動することを確認し文書化すること
	性能適格性評価 (Performance Qualification)	設備及びそれに付随する補助装置及びシステムが，承認された製造方法及び規格に基づき，効果的かつ再現性よく機能できることを確認し文書化すること
プロセスバリデーション	プロセスバリデーション (Process Validation)	設定パラメータ内で稼働する工程が，設定規格及び品質特性に適合した中間体・原薬を製造するために効果的かつ再現性よく機能できることに関する文書による確証のこと

　ここでは，適格性評価の段階を研究開発フェーズ，プロセスバリデーション（PV）の段階を実生産フェーズとする。

　適格性評価（特に稼働性確認の目的で少量の生産を行う性能適格性評価（PQ））及び，PV の段階では，実際に製品の製造が開始されている。ただし，その時点では，治験薬の製造や承認取得に必要な設備稼働確認が目的であると考えられることから，試運転段階であると考えられる。

　ただし，企業によっては PV の開始段階で製造ラインが稼働可能と判断されるケースもあり，会計処理にも影響があることから，どの段階から稼働可能な状態になったとするかの判断が必要となる。

　バリデーションに関連して，IFRS 上，以下のような論点が考えられる。

(a) バリデーション費用の処理

　バリデーション費用に関して，当該費用が有形固定資産の取得原価を構成するのか論点となる。

第2章　製薬業界の会計

　IAS第16号16項（b）によれば，「資産を経営者が意図した方法で稼働可能にするために必要な場所及び状態に置くことに直接起因するコスト」は有形固定資産の取得原価を構成し，直接起因するコストの例として，資産が正常に機能するかどうかの試運転（すなわち，資産の技術的及び物理的性能が，当該資産を財又はサービスの生産若しくは供給，他者への賃貸，又は管理目的に使用できるものであるかどうかの評価）のコストが挙げられている。

　したがって，新たに医薬品の製造を開始する場合に利用する設備，装置等にかかるバリデーション費用は，当該設備，装置等を稼働可能にするために必要な状態に置くことに直接起因するコストと考えられるため，有形固定資産の取得原価を構成すると考えられる。

　ただし，PVの開始段階で製造ラインが稼働可能と判断しているケース（PV時点）での実生産などにおいては，PVで発生した費用は，製造した中間品の製造原価として処理することが考えられる。

【開示例（中外製薬（株）- 重要な会計方針）】

- ・設備のバリデーション（性能が確保されていることを検証すること）完了から生産能力を通常生産レベルに引き上げるための製法検討費用は，発生主義で費用としております。
- ・バリデーション（性能が確保されていることを検証すること）費用を含む，取得した資産が適切に機能しているかどうか確認を行う試験の費用は，当初の建設に要した取得原価に含めております。

（b）有形固定資産の償却開始時期

　（a）で記載しているとおり，バリデーション費用が有形固定資産の取得原価を構成する場合，有形固定資産の償却開始時期についても考える必要がある。

　IAS第16号55項によれば，「資産の減価償却は，当該資産が使用可能と

なった時，すなわち，当該資産が経営者の意図した方法で稼働可能となるのに必要な場所及び状態に置かれた時に開始する。」とされている。

② 減損テストの実施

減損損失の認識にあたっては，我が国の会計基準がいわゆる2段階アプローチであり，認識時に割引前将来キャッシュ・フローと帳簿価額を比較（測定時には，割引後将来キャッシュ・フローを用いる）するのに対し，IFRSは，いわゆる1段階アプローチであり，回収可能価額（売却コスト控除後の公正価値と使用価値のいずれか高い金額）と帳簿価額を比較（認識・測定ともに割引後キャッシュ・フローを使用）する。これらの差異により，一般的に我が国の会計基準に比べIFRSの方が，早期に減損を認識する傾向がある。

有形固定資産に関して，減損テストの流れは図表2-30のとおりである。

図表2-30　減損テストの流れ

```
┌─────────────────────────────────┐
│    ①減損の兆候の有無を確認        │
└─────────────────────────────────┘
              ↓
┌─────────────────────────────────┐
│    ②減損テストの実施              │
│  回収可能価額を見積もり，帳簿価額と │
│     回収可能価額を比較             │
└─────────────────────────────────┘
              ↓
┌─────────────────────────────────┐
│    ③減損損失の認識                │
│  回収可能価額まで帳簿価額を切り下げ │
└─────────────────────────────────┘
```

第 2 章　製薬業界の会計

（a）減損の兆候の有無を確認

まず初めに，減損の兆候の有無を確認する。

減損の兆候の検討にあたり，我が国の会計基準は具体的な数値基準（例：市場価格が帳簿価格より 50％以上下落）を設定しているのに対し，IFRS は例示を参考に状況証拠から総合的な判断を求めている（図表 2-31）。

図表 2-31　IFRS における減損の兆候

外部の情報源	内部の情報源
資産の価値が，当期中に，時間の経過又は正常な使用によって予想される以上に著しく低下しているという観察可能な兆候がある。	資産の陳腐化又は物的損害の証拠が入手できる。
企業にとって悪影響のある著しい変化が，企業が営業している技術的，市場的，経済的若しくは法的環境において，又は資産が利用されている市場において，当期中に発生したか又は近い将来に発生すると予想される。	企業にとって悪影響のある著しい変化が，資産が使用されているか又は使用されると見込まれる程度又は方法に関して，当期中に発生したか又は近い将来に発生すると予想される。これらの変化には，当該資産の遊休化，当該資産の属する事業の廃止若しくはリストラクチャリングの計画，以前に予想していた日よりも前に当該資産を処分する計画，又は当該資産の耐用年数が確定できないのではなく確定できるものとして再判定することが含まれる。
市場金利又は他の市場投資収益率が当期中に上昇し，当該上昇が資産の使用価値の計算に用いられる割引率に影響して，資産の回収可能価額を著しく減少させる見込みである。	資産の経済的成果が予想していたより悪化し又は悪化するであろうということを示す証拠が，内部報告から入手できる。
報告企業の純資産の帳簿価額が，その企業の株式の市場価値を超過している。	

　製薬企業においては，外部の情報源としては医薬品を取り巻く法的環境の変化（薬価改定を含む）や，有効性の高い医薬品が上市されることによる資産価値の低下，内部の情報源としては重大な副作用の発生，医薬品にかかる訴訟の発生，開発品の製造販売承認却下による開発の中止といったことが挙

146

げられる。企業において，減損の兆候が認められる場合には，減損テストを
実施する必要がある。

(b) 減損テストの実施

(a) において，資産に兆候がある場合には，個別資産について回収可能価
額を見積もらなければならない。ただし，個別資産の回収可能価額の見積り
が可能でない場合には，企業は，当該資産が属する資金生成単位（Cash
Generating Unit：CGU）の回収可能価額を算定する必要がある。

CGU とは，「他の資産又は資産グループからのキャッシュ・イン・フロー
とは独立したキャッシュ・イン・フローを生成する識別可能な最小の資産グ
ループ」であり，減損評価の際に，個々の資産が個別に識別可能な独立した
キャッシュ・イン・フローを生成しない場合には，企業は CGU を識別する
必要がある（IAS36.68）。

CGU の識別に際しては，企業は種々の要因を考慮する必要があるが，「経
営者が企業の営業をどのように監視しているのか（例えば，製品系列別，事
業別，場所別，地方別又は地域別）や，経営者が企業の資産及び営業を継続
するか処分するかに関する意思決定をどのように行うのか」が指針となる。
なお，経営者が用いる管理単位は CGU の識別に際して参照すべきであるが，
概ね独立したキャッシュ・イン・フローを識別可能な最小単位での CGU の
識別を求める規定に優先することはない。そのため，収益を個別に管理でき
る最小単位で CGU は識別すべきである。

CGU は，変更が正当化されない限り，同一の資産又は資産の種類につい
て各期間にわたり継続的に識別する必要がある（IAS36.72）。

その上で，個別資産あるいは CGU の回収可能価額を見積もり，帳簿価額
と比較する必要があるが，回収可能価額とは，図表 2-32 のように定義され
る。

第2章　製薬業界の会計

図表 2-32　回収可能価額

回収可能価額	資産又は CGU 単位の処分コスト控除後の公正価値と使用価値のいずれか高い金額
処分コスト控除後の公正価値	資産の売却可能価額から処分コスト（資産の処分に直接関連するコスト）を控除した金額
使用価値	資産又は CGU から生じると見込まれる将来キャッシュ・フローの現在価値

　なお，処分コスト控除後の公正価値，使用価値のいずれか一方が資産又は CGU の帳簿価額より大きい場合には減損は認識されないため，必ずしも処分コスト控除後の公正価値，使用価値両方を算定する必要はない。

ⅰ. 処分コスト控除後の公正価値

　公正価値は IFRS 第13号において「測定日時点で，市場参加者間の秩序ある取引において，資産を売却するために受け取るであろう価格又は負債を移転するために支払うであろう価格」と定義されており出口価格を指すものである。処分コスト控除後の公正価値を測定するにあたって，公正価値は IFRS 第13号に従って測定され，処分費用は IFRS 第9号に従って算定する。

ⅱ. 使用価値

　使用価値の算定に際して，IAS 第36号では，以下の要素を考慮すべきであるとしている。

（a）企業が当該資産から得られると期待する将来キャッシュ・フローの見積り

（b）将来キャッシュ・フローの金額又は時期について生じうる変動についての予想

（c）現在の市場におけるリスクフリーレートで表される貨幣の時間価値

（d）資産固有の不確実性の負担に対する価格

（e）流動性の欠如などの他の要因のうち，企業が資産から得られると期待する将来キャッシュ・フローの価格づけに際して，市場参加者が反映させるであろう要因

148

使用価値を算定するには，資産の使用から得られる将来キャッシュ・フローを見積もるとともに，その金額又は時期が変動する可能性を考慮する必要がある。

キャッシュ・フロー予測に際しては，以下を考慮する必要がある（IAS36.33）。

- 合理的で裏づけ可能な仮定を基礎とし，これには当該資産の残存耐用年数にわたり存在するであろう一連の経済的状況に関する経営者の最善の見積りを反映する
- 経営者が承認した直近の財務予算・予測を基礎としなければならないが，将来のリストラクチャリング又は資産の性能の改善又は拡張から生じると見込まれる将来のキャッシュ・インフロー又はアウトフローの見積りは除外しなければならない。

　なお，正当化できる場合を除き，予算・予測を基礎とした予測の対象期間は，最長でも5年間としなければならない。
- 直近の予算・予測の期間を超えたキャッシュ・フロー予測は，後続の年度に対し一定の又は逓減する成長率を使用した予算・予測に基づくキャッシュ・フロー予測を推測して延長することにより見積もる。この成長率は，正当化できる場合を除き，企業が営業活動をしている製品，産業若しくは国，又は当該資産が使用されている市場の，長期平均成長率を超えてはならない。

また，将来キャッシュ・フローは現在価値に割り引く必要があるが，割引率は貨幣の時間価値，及び当該資産に固有のリスクのうちそれについて将来キャッシュ・フローの見積りを調整していないものに関する現在の市場評価を反映した税引前の利率を使用する必要がある（IAS36.55）。

実務上，割引率は加重平均資本コスト（Weighted Average Cost of Capital：WACC）をもとに算定することが多いと考えられるが，製薬企業などでは研究開発活動を通じて新製品が製造されるものの，失敗する可能性も高く，失敗のリスクなどがWACCに織り込まれている可能性がある。こ

第2章　製薬業界の会計

のような失敗のリスクが製薬業界のWACCに織り込まれていない場合には，WACCかキャッシュ・フローに当該リスクを反映させる必要がある。

　本書では一部しか取り扱っていないものの，資産の使用価値を算定するにあたっては，キャッシュ・フローの算定や割引率の選択に関する複雑な論点が多く存在することから，必要に応じて専門家への相談を行う必要がある。

（c）減損損失の認識
　個々の資産又はCGUの帳簿価額が回収可能価額を上回っている場合（回収可能価額が帳簿価額を下回っている場合），減損損失を認識する必要がある。

12 製薬業における資産除去債務

（1）資産除去債務とは

① 基本的な考え方

資産除去債務基準及び資産除去債務適用指針は，有形固定資産の除去に関して法律上の義務及びそれに準ずるものが発生した場合に，その除去に要する支出見積額の割引価値を資産除去債務として負債計上するとともに，同額を有形固定資産として計上することを定めるものである。

当該有形固定資産として計上された金額については，減価償却を通じて各期に費用配分されることとなり，時の経過による調整額については，その発生時に費用処理され，資産除去債務に加えて計上されることとなる。そして，資産除去債務として計上された残高は，除去時に取り崩されることとなる。

② 資産除去債務の定義

資産除去債務とは，有形固定資産の取得，建設，開発又は通常の使用によって生じ，当該有形固定資産の「除去」に関して法令又は契約で要求される法律上の義務及びそれに準ずるものをいうと定義されており，ここでいう法律上の義務及びそれに準ずるものとは，有形固定資産を除去する義務のほか，有形固定資産の除去そのものは義務でなくとも，有形固定資産を除去する際に当該有形固定資産に使用されている有害物質等を法律等の要求による特別の方法で除去する場合の義務も含まれるとされている（資産除去債務基準3項）。

また，「除去」とは，有形固定資産を用役提供から除外することをいい，除去の具体的な態様としては，売却，廃棄，リサイクル，その他の方法による処分等が含まれることとなる。なお，転用や用途変更，さらには当該有形

151

第 2 章　製薬業界の会計

固定資産が遊休状態になることが除去には該当しないことには留意が必要である。

③ 対象となる有形固定資産

　資産除去債務は,「有形固定資産」に関して生じるものであり, ここでいう有形固定資産には, 財規に従い, 有形固定資産として計上された資産のほか, それに準じる有形の資産も含むとされており, 例えば, 財規上は「投資その他の資産」に分類される投資不動産なども資産除去債務の計上対象資産となる (資産除去債務基準 23 項)。

　また, 貸借対照表上に計上されたリース資産についても, 自己所有の資産と同様に, 資産除去債務の計上対象資産となる。

(2) 製薬業における資産除去債務の特徴

① 法律上の義務等

　除去に関して法令又は契約で要求される法律上の義務等について, 資産除去債務として計上することが定められている。

　ここで, 法律上の義務等とは, 法令又は契約で要求される法律上の義務と法律上の義務に準ずるものをいう。法律上の義務に準ずるものとは, 債務の履行を免れることがほぼ不可能なものを指し, すなわち法令又は契約で要求される法律上の義務とほぼ同等の不可避的な義務が該当する。具体的には, 法律上の解釈により当事者間での清算が要請される債務, 過去の判例や行政当局の通達等のうち, 法律上の義務とほぼ同等の不可避的な支出が義務づけられるものが該当するとされている (資産除去債務基準 28 項)。

　この点, 有形固定資産の除去が企業の自発的な計画のみによって, 同様に社会的要請によって自発的に解体・撤去が行われるような場合には, 法的に除去が要求されるのではないため,「法律上の義務に準ずるもの」には該当しないといえる。なお, このような場合には, 引当金として計上することも考えられる。

152

② 有害物質の除去

　保有する有形固定資産に特定の有害物質が使用され，当該有形固定資産を除去する際には，使用されている有害物質を一定の方法により除去しなければならないことが，法律等により義務づけられていることがある。このような場合，将来，有形固定資産の除去を行う際に，有害物質の除去を行うことが不可避的であるならば，現時点で当該有害物質を除去する義務が存在しているものと考えられることとなるため，有形固定資産自体を除去する義務はなくとも当該有形固定資産に使用されている有害物質自体の除去義務は資産除去債務に含まれることになるとされている（資産除去債務基準29項）。

　このように資産除去債務の対象となるような有害物質としては，例えばアスベスト，PCB，フロン類などが挙げられる。また，土壌汚染についても，有形固定資産に対して法令，契約等により除去にあたって有害物質の調査や浄化が義務づけられている場合にはこれに含まれると考えられる。法律等に除去を行うことが義務づけられている有害物質は，法律等の改正により変化するため留意する必要がある。近年の例では2020（令和2）年6月5日に公布された「大気汚染防止法の一部を改正する法律」により，アスベストのレベル3建材まで規制対象が拡大された。

③ 原状回復義務

　契約で要求される法律上の義務として，賃貸借契約による原状回復義務が挙げられる。

　賃貸借契約によるものには，大きく借地権に係るものと，建物等の賃貸借に係るものがある。

　建物等の賃貸借契約においては，建物の賃借人は，建物等の賃貸借が期間の満了又は解約の申入れによって終了するときに，建物の賃貸人に対し，その造作を時価で買い取るべきことを請求することができると定められているものの（借地借家法第33条1項），この造作買取請求権は特約により排除できるとされている（借地借家法第37条）。よって，建物等の賃貸借契約にお

いて，賃借人が原状回復義務を負う旨の契約を締結している場合においては，当該原状回復義務を負うこととなると考えられ，資産除去債務の計上を検討する必要があるといえる。

なお，ここで触れた原状回復義務とは，必ずしもすべてを更地へ，又は内部造作のすべてを撤去する義務を負担するというわけではなく，例えば新たな賃借人が現在の内部造作をそのまま利用することも考えられる。どのような原状回復義務を負うかは契約内容や慣行などにもよるため，この点についても十分に留意すべきである。

(3) 資産除去債務の会計処理

資産除去債務については，その将来の支出金額及び履行時期について，決算日現在入手可能なすべての証拠を勘案し最善の見積りを行い，資産除去債務及び関連する資産を計上し，減価償却及び利息費用の計上を行うこととなる。これらの具体的な会計処理は，次のようになる。

なお，これらの会計処理に関しては税法上，特段の取扱いは公表されていないため資産除去債務を税法上計上することはできず，また利息費用及び対応する資産計上額に対する減価償却については損金算入が認められないものと考えられる。

① 発生時の会計処理

資産除去債務は，有形固定資産の取得，建設，開発又は通常の使用によって「発生」したときに，除去に要する将来の支出額を現在価値へと割り引き，負債として計上するとされている（資産除去債務基準4項，6項）。そして，当該資産除去債務に対応する除去費用については，負債の計上額と同額を，関連する有形固定資産の帳簿価額に加えるとされている（同基準7項）。

なお，ここでいう発生とは，資産の取得等に伴い資産除去債務が発生する場合のほか，法令の改正等により資産除去債務が新たに発生する場合が考え

られる。

② 有形固定資産保有時の会計処理
　資産計上された資産除去債務に対応する除去費用は，減価償却を通じて，当該有形固定資産の残存耐用年数にわたり，各期に費用配分するとされている（資産除去債務基準7項）。
　また，資産除去債務は発生時に割引後の現在価値により計上され，時の経過による資産除去債務の調整額が生じることとなり，これは発生時，すなわち時の経過に伴い費用として処理することとされている。そして，当該調整額は，期首の負債の帳簿価額に当初負債計上時の割引率を乗じて算定することとされている（同基準9項）。

③ 除去時の会計処理
　有形固定資産の除去に伴い，計上された資産除去債務も取り崩すこととなる。なお，対応する除去費用として計上された資産部分については，減価償却を通じて費用配分しており，履行時期が到来した時点ではその金額はゼロとなっているものと想定される。
　資産除去債務の履行時に，資産除去債務の残高と除去のために実際に支払われた額との間に差額が生じる場合には，当該差額は履行に伴う損益となる。

（4）資産除去債務の開示

① 貸借対照表上の表示
　資産除去債務は，貸借対照表日後1年以内にその履行が見込まれる場合を除き，固定負債の区分に資産除去債務等の適切な科目名で表示するとされている。なお，貸借対照表日後1年以内に資産除去債務の履行が見込まれる場合には，流動負債の区分に表示する（資産除去債務基準12項）。

② 損益計算書上の表示

資産除去債務に対応する除去費用に係る資産計上額の費用配分は，損益計算書上，当該資産除去債務に関連する有形固定資産の減価償却費と同じ区分に含めて計上するとされている。

また，時の経過に伴う資産除去債務の調整額は，損益計算書上，当該資産除去債務に関連する有形固定資産の減価償却費と同じ区分に含めて計上するとされている。

さらに，資産除去債務の履行時における資産除去債務の残高と除去のために実際に支払われた額との差額は，損益計算書上，原則として，当該資産除去債務に対応する除去費用に係る費用配分額と同じ区分に含めて計上するとされている（資産除去債務基準13 〜 15項）。

③ 注記事項

資産除去債務の会計処理に関連して，重要性が乏しい場合を除き，次の事項を注記することとされている（資産除去債務基準16項）。

> ①資産除去債務の内容についての簡潔な説明
> ②支出発生までの見込期間，適用した割引率等の前提条件
> ③資産除去債務の総額の期中における増減内容
> ④資産除去債務の見積りを変更したときは，その変更の概要及び影響額
> ⑤資産除去債務は発生しているが，その債務を合理的に見積もることができないため，貸借対照表に資産除去債務を計上していない場合には，当該資産除去債務の概要，合理的に見積もることができない旨及びその理由

（5）内部統制上の留意事項

通常，企業は有形固定資産を管理するために取得管理，減価償却管理，除却管理などの仕組みを整えていると想定されることから，資産除去債務に関連する勘定についても，すでに内部統制上の仕組みを整えた中に組み込むこ

とで十分に対応できると考えられる。具体的には，有形固定資産の取得管理に合わせて，資産除去債務計上の要否及び合理的な見積りを検討し，それらについて適切な内部承認を得る仕組みを整え，また有形固定資産の減価償却及び残高管理に合わせて固定資産システムを導入している企業が多いことから，このシステムの管理体制の中に資産除去債務を組み込み，除却管理の際にも同様に有形固定資産ともに管理するものである。よって，このように，有形固定資産を管理する仕組みの中に資産除去債務に関連するものを管理できるよう，内部統制上の仕組みを整えることが必要である。

13 製薬業における無形固定資産

（1）製薬業における無形固定資産の概要

　無形固定資産とは一般的に具体的な形のない無形の資産のことをいい，主としてその性質により法律上の権利を有するものと，その他のものに区別できる。財務諸表等規則によれば，次のものが無形固定資産として例示されている（財規第27・28条）。

・のれん
・特許権
・借地権（地上権を含む）
・商標権
・実用新案権
・意匠権
・鉱業権
・漁業権（入漁権を含む）
・ソフトウェア
・リース資産
・公共施設等運営権
・その他

　このうち，法律上の権利を有する無形固定資産としては，特許権，借地権，商標権，実用新案権，意匠権，鉱業権，漁業権などが該当する。これらは，それぞれ関連する法律により保護される権利である。

　製薬業においては，特に医薬品に関する特許権が重要になる。また，特許権の実施許諾を行うライセンス契約に基づく販売権の会計処理も重要となる。販売権は独立して開示されるほか，特許権に含めて開示されることもある。

　なお，いわゆる一般的な知的財産権について，簡単に概略を示すと図表

2-33のようになるといえる。

図表2-33　知的財産権一覧

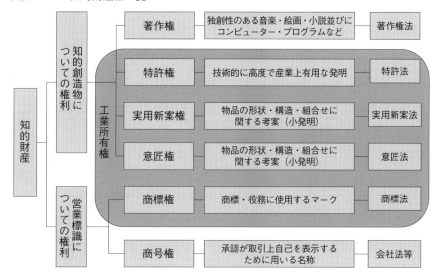

出所：鮫島正洋『特許戦略ハンドブック』（中央経済社，2003年）をもとに作成

（2）製薬業に特徴的な無形固定資産

　会計上では，無形固定資産は貸借対照表上，その取得原価から減価償却累計額を控除した残額で計上されることとなる（原則第三，四（一）B，財規第30条）。製薬業における特徴的な無形固定資産の種類は次のようになる。

① 仕掛中の研究開発の成果

　研究開発費基準では，研究開発費はすべて発生時に費用処理しなければならないとされ（研究開発費基準三），社内開発費に関して会計基準では資産計上は行わない。一方で，企業結合等により取得した仕掛中の研究開発の成果に関しては，識別可能性の要件を満たす限り，資産として計上することが

第 2 章　製薬業界の会計

求められている（企業結合基準 101 項，研究開発費基準六 3）。

　製薬企業が同業他社や創薬ベンチャー等を買収・合併等を行う場合，通常は製品のパイプラインに着目して行うことが多いことから，会計上は，受け入れた資産等を仕掛中の研究開発の成果や法律上の権利など，分離して譲渡可能な資産として識別して資産計上する可能性が高いと考えられる。詳細は第 5 章において解説する。

② 特許権

　特許権とは，特許法により特許を受けた発明を，業として独占的に実施できる法律上の権利をいう（特許法第 68 条本文参照）。

　製薬業のビジネスにおいて，特許権は最も重要な権利である。研究の過程で得られた発明を権利として保護するために，医薬品業界ではパイプラインを発見した段階で特許出願が行われる。出願した発明が特許として認められれば，特許法により出願の日から 20 年間保護されることとなる（詳細は第 1 章 2「(5) 多様な特許ビジネス」を参照）。

　特許権の取得ケースとしては，大きく (a) 自社開発するケース，(b) 他企業から有償取得するケースが考えられる。各々のパターンにおいて，取得原価は次のようになると考えられる。

(a) 自社開発

　自社の発明について特許を取得した場合，一般的には取得原価は出願料，登録費等の特許権設定のために直接要した支出額から構成されることとなる。

　ここで，本章「10　製薬業における研究開発費」においても解説のように，研究開発費基準において，研究開発費はすべて費用処理を行うこととされている。製薬企業においては，研究開発の初期段階であるパイプライン発見段階で特許申請を行うことが多く，この段階では新薬開発を成功させ将来の収益を獲得できるか否かは不明であるため，当該設定のために要した支出

160

額は研究開発費に該当すると考えられる。

ゆえに，製薬業においては自社開発について特許を取得した場合，通常は資産計上がなされないと考えられる。

(b) 有償取得

他企業における発明の特許権を有償取得した場合，一般的に取得原価はその購入代価と付随費用から構成されることとなる。

前述のように製薬業においては，新薬開発の成功，さらには当局の販売承認の不確実性から，特許の取得に要した支出額を研究開発費と判断することが多い。特許権を有償取得するケースにおいても，その取得段階における新薬開発の成功・販売承認の可能性を判断して会計処理を行うこととなる。

③ ライセンス導入（販売権）

製薬業においては，パイプラインを確保することが非常に重要であり，本章「2　収益認識基準」及び「10　製薬業における研究開発費」にて記載のように，特許権のライセンス契約（実施許諾契約）の締結は頻繁に行われるものである。特許権のライセンス契約とは，特許権の設定者が他企業に対して，契約で定めた範囲で特許権の実施を許諾する契約のことであり，ライセンス導入側は契約一時金やロイヤリティ等を支払うことで特許の実施権を得ることとなる。なお，この設定範囲については，内容，地域，期間などが限定されることが通常である。

医薬品のライセンス導入に関しては，一般的に次のように，(a) すでに当局の販売承認が取得なされ，市場で販売されている医薬品に関してライセンス契約を締結する場合，(b) いまだ販売承認の取得はなされていないものの，すでに承認申請中の医薬品候補に関してライセンス契約を締結する場合，さらには (c) 販売承認申請前で，研究開発中の医薬品候補に関してライセンス契約を締結する場合，が形態として挙げられる。各々の会計処理は次のようになると考えられる。

（a）すでに販売されている医薬品

開発段階の医薬品とは異なり，すでに販売承認の取得がなされ，その販売に係る実施権を付与されていることから，その権利取得に係る支出額は販売権として無形固定資産に計上することとなる。

（b）販売承認申請中の医薬品

将来の収益獲得の確実性を勘案し，販売承認を取得する確実性が高いと判断されればその取得に要する支出額については販売権として，そうでなければ研究開発費として処理することが考えられる。

（c）販売承認申請前で，研究開発中の医薬品

研究開発中の医薬品候補に対してライセンス契約を締結する場合，研究開発の成功の不確実性から，当該取得に要する支出額は研究開発費として処理することになると考えられる。

④ 実用新案権

実用新案権とは，実用新案を登録した物品の製造・使用などを排他的・独占的に実施できる法律上の権利であり，工業所有権の1つである。実用新案は，実用新案法に基づき登録を行うことで，特許で保護されるほどではない「小発明」が保護されることとなり，その期間は出願の日から10年間である。

製薬業においては，医薬品の包装や容器に関するものが登録されることが考えられる。会計上，当該取得に要した支出額を取得原価として無形固定資産に計上することが考えられる。

⑤ 意匠権

意匠権とは，登録された意匠及びこれに類似する意匠の実施を排他的・独占的に実施することができる法律上の権利であり，同様に工業所有権の1つ

である。これは，新規性・創造性があり，視覚を通じて美感を起こさせる外観を有する物品の形状，模様，色彩のデザインを保護するための権利であり，意匠権法に基づき登録が行われることで登録の日から25年間保護されることとなる。

製薬業においては，医薬品について，またその包装や容器についてのデザインやマークに関するものが登録されることが考えられる。

（3）製薬業における無形固定資産の償却

無形固定資産は，当該資産の有効期間にわたって，一定の減価償却の方法により，その取得原価を各事業年度に配分しなければならないとされている（原則第三）五）。

ここでは，製薬業において主たるものとなる特許権，販売権などを主眼として解説をすることとする。

無形固定資産として計上された特許権や販売権などについては，一般的に特許期間や契約期間を勘案し，その利用可能期間にわたって償却を行い，費用計上することとなる。

会計上は，「(5) 無形固定資産に関する税務」において後述するように，税法上の処理を参考にして利用可能期間を判断することもある。また，同様にその償却にあたっては，通常は残存価額をゼロとして定額法を採用すると考えられる。

企業結合により取得した仕掛中の研究開発の成果を資産計上した場合においては，他の資産と同様に企業のその後の使用実態に基づき有効期間にわたって償却されることとなるが，その研究開発が完成するまでは，当該資産の有効期間は開始しない（企業結合適用指針367-3項）とされている。

（4）製薬業における無形固定資産の減損

減損基準は固定資産を対象とするものであり，無形固定資産についても，当然に減損基準の適用対象となる（減損適用指針5項）。製薬業において，

第2章　製薬業界の会計

無形固定資産の減損を判断するにあたっては，次のような特徴がある。ここでは，特許権及び販売権について解説をすることとする。

①　グルーピングの単位

　資産のグルーピングは，他の資産又は資産グループのキャッシュ・フローから概ね独立したキャッシュ・フローを生み出す最小の単位で行うこととされている（減損基準二6（1））。

　製薬業における特許権や販売権などに関しては，通常は当該権利に関連する製品ごとにキャッシュ・フローが生み出されることとなるため，関連する有形固定資産の専用ライン等を含め，製品ごとの単位で実施することになると考えられる。

②　減損の兆候を判断するにあたっての具体的な留意点

　製薬業の場合，次のような要因が発生する場合には慎重な検討が必要になると考えられる。

（a）競合品の存在

　より性能の高い競合品が発生した場合においては，資産又は資産グループが使用されている事業に関連して，経営環境が著しく悪化する可能性がある。

（b）製品の欠陥や副作用が発生した場合

　製品の欠陥が明らかになった場合や，副作用が発生し製品リコールが生じた場合においては，当該製品の販売中止に至る可能性もあり，資産又は資産グループが使用されている事業に関連して，経営環境が著しく悪化する可能性がある。

164

(c) 薬価改定の影響

年に1回の頻度で薬価改定が実施されており，それに連動する形で仕切価格の改定が行われている。そのため，仕切価格が低下した場合，販売している国内医薬品の販売単価の減少により，経営環境が悪化する可能性がある。

また，仕掛中の研究開発の成果に関して資産計上を行った場合においては，製品の開発状況に関して，次の検討を行うことが必要となる。

> ・当初の計画と比較して製品の開発の進捗が大幅に遅れていないか。
> ・開発中止に至っていないか。
> ・何らかの要因によって当初の計画自体の見直しが行われていないか。

(5) 無形固定資産に関する税務

製薬業において特徴的に計上される無形固定資産は，基本的に無形の減価償却資産として取り扱われることとなる。税法上の無形減価償却資産は，法人税法施行令によりその範囲が規定されており，その範囲としては鉱業権，漁業権，特許権，実用新案権，意匠権，商標権などが挙げられ（法令第13条），減価償却がなされることとなる。

無形減価償却資産の減価償却は，「減価償却資産の耐用年数等に関する省令（別表第三）」に定められた税法上の耐用年数に基づき，同（別表第九）に定められた残存割合にて実施されることとなる。すなわち，税法上の耐用年数に基づき残存割合をゼロとする定額法にて減価償却がなされることとなる。

具体的な耐用年数は図表2-34のように定められている。

また，いわゆる販売権については，「工業所有権の実施権等」として減価償却資産に含まれ，その実施権，使用権を取得した後その年数が工業所有権の耐用年数に満たないときには，当該存続期間の年数とすることができると定められている（法基通7-1-4の3）。

第2章　製薬業界の会計

図表2-34　別表第三に基づく主な無形固定資産の耐用年数一覧

種類	耐用年数
特許権	8年
実用新案権	5年
意匠権	7年
商標権	10年

　なお，特に特許権等の工業所有権に関しては，税法上の耐用年数と会計上の耐用年数が一致していないことも考えられることに留意が必要である。

　一方で，ライセンス契約等の締結に際して支出する一時金又は頭金の費用（ノウハウの頭金等）は，税務上の繰延資産に該当し（法基通8-1-6），償却期間は5年，若しくは設定契約の有効期間が5年未満である場合において，契約の更新に際して再び一時金又は頭金の支払いを要することが明らかであるときは，その有効期間の年数とされている（法基通8-2-3）。

(6) 無形資産における IFRS と日本基準の相違点

　製薬企業は通常，販売権，特許権，仕掛中の研究開発，他社からの導入品，買収により取得した無形資産などを重要な資産として保有している。

　IFRS上，無形資産に関しては，以下のような論点がある。

① 耐用年数を確定できるかどうか

　IFRSでは，無形資産の耐用年数が確定できるか確定できないか，また，確定できる場合には，その耐用年数の期間を判定しなければならない。なお，関連するすべての要因の分析に基づいて，無形資産が企業への正味のキャッシュ・イン・フローをもたらすと期待される期間について予見可能な限度がない場合には，当該無形資産の耐用年数は確定できないものとみなされる（IAS38.88）。

　耐用年数を確定できる無形資産については，償却可能額を当該資産の耐用

166

年数にわたり規則的に配分する（IAS38.97）が，耐用年数を確定できない資産は償却を行ってはならないと規定されており（IAS38.107），毎年，かつ減損の兆候がある場合は常に減損テストを行うことが要求される（IAS38.108）。

耐用年数が確定できるか否かによって会計処理が異なることから慎重な検討を要するが，製薬企業において，医薬品には特許期間が存在することから，耐用年数を確定できないケースはそこまで多くないと考えられる。

ただし，企業買収において取得した被取得企業が有するブランド等については，耐用年数が確定できないと判断されることがあるため，留意する必要がある。

② 耐用年数の決定

①でも記述しているとおり，耐用年数を確定できる無形資産については，償却可能額を耐用年数にわたり規則的に配分（償却）する必要があるが，無形資産の耐用年数を決定するには様々な要素を考慮する必要がある（IAS38.90）。

(a) 企業が見込んでいる資産の使用方法，及び資産を他の管理者チームが効率的に管理できるかどうか

(b) 典型的な製品ライフサイクル，及び同様の方法で使用されている同様の資産の耐用年数の見積りに関して公表されている情報

(c) 技術上，工学上，商業上又はその他の要因による陳腐化

(d) 当該資産が稼働している産業の安定性，及び当該資産から産出される製品又はサービスに対する市場の需要の変化

(e) 競争相手又は潜在的な競争相手の予想される行動

(f) 当該資産から期待される将来の経済的便益を獲得するために必要となる維持管理の支出の水準，及び企業がその水準を達成する能力及び意図

(g) 当該資産に対する支配の期間，及び当該資産の使用に関する法的制限又は同様の制限

第2章　製薬業界の会計

(h) 当該資産の耐用年数が企業の他の資産の耐用年数に左右されるかどうか

　また，無形資産が契約その他の法的権利から生じている場合，耐用年数に影響を及ぼす経済的要因及び法律的要因の両方の要因を考慮し，耐用年数は契約その他の法的権利の残存期間，資産から経済的便益を得られると想定される期間のいずれか短い方の期間にしなければならない（IAS38.94,95）。

　製薬企業においては，上市後の製品の特許権等の耐用年数は，特許期間などを参照して決定されることが多いと考えられるが，それ以外にも法規制の変化や，副作用や製品リコール等の情報，競合品の開発状況といった要素を考慮し，耐用年数を決定する必要がある。

③ 償却方法，残存価額，耐用年数の見直し

　IFRSでは，耐用年数を確定できる無形資産の償却期間及び償却方法は，少なくとも各事業年度末に再検討しなければならないとされている（IAS38.104）。再検討した結果，償却方法や耐用年数が変更される場合には，IAS第8号に従い，会計上の見積りの変更として会計処理する必要がある。

　なお，減損損失が認識される場合には，償却期間の変更の必要性を示唆している場合がある（IAS38.105）。

④ 減損テスト

　製薬企業においても，他の企業同様，ソフトウェアや販売権の無形資産，のれんが計上されていることは多く，これらの無形資産，のれんについては減損しているかどうかをIAS第36号に従い判定する必要がある。

　また，資産計上された仕掛中の研究開発について，開発の中止や開発計画の見直しに伴い減損損失を計上するケースがある。

　資産の性質に応じた，減損判定のプロセスは図表2-35のとおりである。

　耐用年数を確定できない無形資産，のれん，使用可能となる前の無形資産は，減損の兆候の有無に関わらず，毎期減損テストが要求される

168

(IAS36.10)。それ以外の資産に関しては，減損の兆候があると判定された場合に減損テストを実施する（IAS36.9）。

減損の兆候があると判定された場合に減損テストを実施することが必要な無形資産に関して，減損テストの流れは図表2-36のとおりである。

図表2-35　減損判定のプロセス

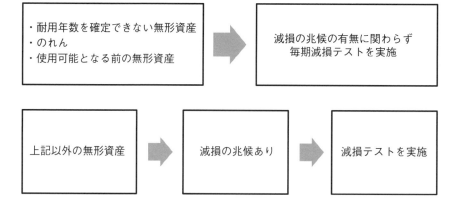

図表2-36　減損テストの流れ

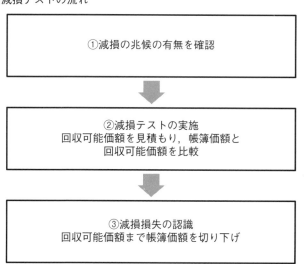

第 2 章　製薬業界の会計

　減損テストに関しては，本章 11（4）「②減損テストの実施」を参照いただきたい。

⑤ のれんの減損

　製薬業界においては，第 5 章にも記載しているとおり，活発に M&A が実施されており，その際に多額ののれんが計上されることとなる。

　以下，大手製薬企業において 2024 年 3 月 31 日時点で計上されているのれんの金額であるが，IFRS ではこれらの金額は償却されず，減損の兆候の有無に関係なく，毎期決まった時期に減損テストを実施する必要がある。

武田薬品工業（株）：5,410,067 百万円
アステラス製薬（株）：418,694 百万円
第一三共（株）：108,498 百万円

　のれんとは，「企業結合で取得した，個別に識別されず独立して認識されない他の資産から生じる将来の経済的便益を表す資産」と定義される（IFRS3 付録 A）。そのため，単独ではキャッシュ・イン・フローを生成するものではなく，他の資産と組み合わせることでキャッシュ・イン・フローが生成されることから，のれん単独で減損テストの対象とすることはできず，のれんを CGU 又は CGU グループに配分した上で減損テストを行う必要がある。

　のれんの減損テストは，次のとおり実施する。

（a）CGU へののれんの配分

　上述したとおり，のれんは単独では減損テストの対象とできないため，まずのれんを企業結合のシナジーから便益を得ると見込まれる CGU 又は CGU グループに配分する必要がある。

　のれんが配分される CGU 又は CGU グループは，以下の条件を満たす必要がある。

13 製薬業における無形固定資産

> (a) CGU 又は CGU グループは，のれんを内部管理目的で監視している企業内の最小レベルを表したものであること
> (b) 集約前における IFRS 第 8 号「事業セグメント」で定義される事業セグメントよりも大きくないこと

　事業セグメントとは，企業の構成単位であって，次のすべてに該当するものである（IFRS8.5）。

> (a) 収益を稼得し費用が発生する源泉となりうる事業活動を行っている
> (b) 企業の最高経営意思決定者が，当該セグメントに配分すべき資源に関する意思決定を行い，またその業績を評価するために，その経営成績を定期的に検討している
> (c) 分離した財務情報を入手できる

　例えば，企業結合により研究開発費用が削減されるシナジーを識別した場合などは，のれんは研究開発費用が生じている CGU 又は CGU グループに配分することが適切であると考えられ，買収対象会社が持つネットワークやパイプライン拡充による売上を拡大するシナジーを識別した場合には，関連する売上が発生している CGU 又は CGU グループに配分することが適切である。

　このように，CGU 又は CGU グループへののれんの配分に際しては，どのようなシナジーを通じて便益を得ると見込まれているのかを検討し，シナジーの内容に応じのれんを配分する CGU 又は CGU グループを決定する必要がある。

(b) のれんが配分された CGU について減損テストの実施，減損損失の認識

のれんが配分された CGU 又は CGU グループについては，のれんを含む CGU 又は CGU グループの帳簿価額と回収可能価額を比較することにより，

171

第2章　製薬業界の会計

毎期減損テストを実施する必要がある。

　減損テストの実施時期については，毎年同時期に実施するのであればいつの時点で実施しても問題ないが，のれんを含むCGU又はCGUグループに配分されたのれんが当年度中の企業結合により生じたものである場合は，当年度末までに減損テストを実施する必要がある（IAS36.96）。

　減損テストの際に，のれんが配分されたCGU内に減損の兆候がある場合があるが，そのような状況においては，まず当該資産の減損テストを行い，当該資産について減損損失があれば，のれんを含んだCGUの減損テストを行う前に認識する必要がある（IAS36.98）。

　その上で，のれんを含むCGU又はCGUグループの帳簿価額がCGU又はCGUグループの回収可能価額を超える場合には，減損損失を認識する。

　減損損失は，以下の順序に従って配分する（IAS36.104）。

> (a) 最初に，CGU又はCGUグループに配分したのれんの帳簿価額を減額する
> (b) 次に，当該CGU又はCGUグループ内の各資産の帳簿価額に基づいた比例按分により，当該CGU又はCGUグループ内の他の資産に配分する

　なお，のれんを配分したCGU又はCGUグループの回収可能価額について以前実施した直近の詳細な計算は，次の要件がすべて満たされている場合には，当期における減損テストに利用することができる（IAS36.99）。

> (a) 当該単位を構成する資産及び負債が，直近の回収可能価額の計算の時点から大きく変化していないこと
> (b) 直近の回収可能価額の計算結果が，帳簿価額を大差で上回っていたこと
> (c) 直近の回収可能価額の計算時点以降に発生した事象及び変化のあった状況を分析した結果，当該CGU又はCGUグループの現在の回収可能価額が現在の帳簿価額を下回る可能性が極めて低いこと

172

⑥ 減損の戻入れ

我が国の会計基準では減損損失の戻入れは禁止されているが，IFRS には，減損の戻入れの概念があり，戻入れの兆候を各報告期間の末日において検討し，該当する場合は，償却分を調整した当初の帳簿価額を超えないように新たに見積もった回収可能価額を上限として，減損損失を戻し入れる必要がある（のれんの戻入れは減損損失の戻入れというよりは，自己創設のれんの増加であることが多いと考えられることから禁止されている）（IAS36.109）。

戻入れの兆候があるかどうかを検討する際に，企業は最低限，図表 2-37 に示されるような兆候を考慮しなければならない（IAS36.111）。

図表 2-37　IFRS における戻入れの兆候

外部の情報源	内部の情報源
当期中に，資産の価値が著しく増加しているという観察可能な兆候がある。	企業にとって有利な影響のある著しい変化が，当該資産が使用されているか又は使用されると見込まれる程度又は方法に関して，当期中に発生したか又は近い将来において発生すると予想される。こうした変化には，当期中に，当該資産の性能の改善若しくは拡張，又は当該資産が属する事業のリストラクチャリングのために発生したコストが含まれる。
企業にとって有利な影響のある著しい変化が，企業が営業している技術的，市場的，経済的若しくは法的環境，又は資産が利用されている市場において，当期中に発生したか又は近い将来において発生すると予想される。	当該資産の経済的成果が予想よりも良好であるか又は良好となるであろうことを示す証拠が内部報告から入手できる。
市場金利又は他の市場投資収益率が当期中に下落し，当該下落が，資産の使用価値の計算に用いられる割引率に影響して，資産の回収可能価額を著しく増加させる見込みである。	

主として先述した減損の兆候と逆の事象が発生している可能性がある場合に，減損の戻入れを検討する必要があると考えられる。

第2章　製薬業界の会計

　減損が存在しない，又は減少している可能性を示す兆候があると認められた場合には，当該資産の回収可能価額を再計算し，戻入れの金額を測定する。

　なお，戻入れ後の資産の帳簿価額は，減損が発生していなかった場合の減価償却控除後の帳簿価額を超えてはならない。

14 会計上の見積り

（1）偶発債務・引当金

① 製薬業における偶発債務の特徴

　製薬業界は他の業種に比べて訴訟リスクが高く，賠償金額も多額となる点が特徴的である。このため，大手製薬企業各社の有価証券報告書の「事業等のリスク」において，多くの場合，訴訟に関するリスクが記載されている。

　訴訟リスクには，大きく「副作用に関するリスク」と「知的財産侵害に関するリスク」があり，これらのリスクが顕在化することによって，損害賠償の負担の可能性が生じることとなる。損害賠償の発生可能性が高いなど引当金の要件が満たされた場合には，損害賠償負担の見積額を訴訟損失引当金等として計上することとなるが，発生可能性が低い場合や負担金額を合理的に見積もることができない間は，偶発債務として取り扱われ，重要な偶発債務は注記の対象となる（財規第58条）。

　この点，訴訟損失引当金については，一般的に，負債が存在しているかどうかについて不確実性があると考えられており，事実関係や訴訟の進行状況等を考慮して，負債が存在しているかどうかの判断に基づき，引当金の計上の要否を決定することになると考えられるとされている（引当金の論点整理44項）。

② 副作用に関する偶発債務

　医薬品は様々な治験を重ねて安全性を高める努力を繰り返した結果として社会に供給されているものの，予期しえない副作用が発生し，製薬企業を被告とする係争案件まで発展することがある。医薬品は生命に関わるものであることから，仮に副作用の賠償が必要となった場合には賠償金額が多額となる可能性がある。

第2章　製薬業界の会計

　なお，製薬企業の製造過程に起因する副作用であると明らかになった場合であっても，現在又は将来の不特定多数の消費者が存在することによって，一定時点での賠償金額を確定することが困難である場合など，合理的な見積りが不可能である場合には（原則注解18），重要な偶発債務として，開示の対象になると考えられる。

③ 知的財産侵害に関する偶発債務

　製薬企業が開発した医薬品は，ほとんどの場合，様々な特許によって一定期間保護されている。各社は特許権侵害に留意しつつ開発を進めていくが，製品化される疾病領域は患者数の多い分野に集中するため，他社が保有する特許を侵害するリスクは常に存在する。一般に，物質や製法などの特許権を侵害しているか否かの特定は専門的見地からの長期間の検討を要する。損害が特定された場合には，製品の逸失利益の弁償が行われることから，賠償金額は多額となることが多い。

④ 会計上の見積開示との関係性

　偶発債務については，企業会計基準第31号「会計上の見積りの開示に関する会計基準」に基づき，独立の注記項目として，識別した会計上の見積りの内容を表す項目名を注記するかどうかを検討する（会計上の見積りの開示に関する会計基準6項）。その際に，計上した金額が会計上の見積りによるもののうち，翌年度の財務諸表に重要な影響を及ぼすリスクがある項目を識別し，開示する必要がある（会計上の見積りの開示に関する会計基準5項）。

(2) 会計上の見積りに影響を与える事象の発生

　会計上の見積りは，「資産及び負債や収益及び費用等の額に不確実性がある場合において，財務諸表作成時に入手可能な情報に基づいて，その合理的な金額を算出すること」（企業会計基準第24号「会計方針の開示，会計上の変更及び誤謬の訂正に関する会計基準」4項（3））と定義されている。2010

年度以降に発生した東日本震災や，新型コロナウイルス感染症，ウクライナ戦争など，企業の事業活動に多大な影響を及ぼす事象が発生した際には，会計上の見積りに大きな影響を与える。

　今回は2020年以降に発生した新型コロナウイルス感染症の感染拡大を例に，会計上の見積りの検討項目を記述する。

　2020年度の感染拡大を踏まえて，2020年4月9日にASBJから公表された第429回企業会計基準委員会議事概要「会計上の見積りを行う上での新型コロナウイルス感染症の影響の考え方」では，以下表の考え方が示された。その後，2021年2月10日に公表された第451回企業会計基準委員会議事概要「会計上の見積りを行う上での新型コロナウイルス感染症の影響の考え方（21年2月10日更新）」では，本感染症の今後の広がり方や収束時期等を予測することが困難な状況に変化はなく，会計上の見積りを行う上で，特にキャッシュ・フローの予測を行うことが極めて困難な状況に変わりはないとして，当該考え方が改めて周知された。

【ASBJ 議事概要】

「財務諸表作成時に入手可能な情報に基づいて，その合理的な金額を算出する」上では，新型コロナウイルス感染症の影響のように不確実性が高い事象についても，一定の仮定を置き最善の見積りを行う必要があるものと考えられる。

一定の仮定を置くにあたっては，外部の情報源に基づく客観性のある情報を用いることができる場合には，これを可能な限り用いることが望ましい。ただし，新型コロナウイルス感染症の影響については，会計上の見積りの参考となる前例がなく，今後の広がり方や収束時期等について統一的な見解がないため，外部の情報源に基づく客観性のある情報が入手できないことが多いと考えられる。この場合，新型コロナウイルス感染症の影響については，今後の広がり方や収束時期等も含め，企業自ら一定の仮定を置くことになる。

第2章　製薬業界の会計

　2020 年度及び 2021 年度については，当該考え方を踏まえて会計上の見積りが行われた。2022 年度以降は，本感染症が発生してから数年が経過し，感染症法上の位置づけが変更になったことに鑑みれば，企業の状況によっては，本感染症の発生から間もない時期と比べて，見積りの不確実性の程度が相対的に低くなっており，以前に比べて仮定の合理性を判断しやすい状況になった。

　企業自ら一定の仮定を置くにあたっては，それぞれの企業が置かれている現時点の状況に照らして，当該仮定が最善の見積りといえるかどうかを検討することが求められる。

　具体的な項目は以下のとおりとなる。

① 固定資産減損会計

　減損の兆候の判定においては，例えば，前期末時点では減損の兆候がないと判断していた場合でも，感染症が当初想定よりも長期化することや，本感染症による消費者の趣向の変化及び事業環境の変化等により，将来の売上高の著しい減少が続くことが見込まれる場合には，減損の兆候に該当する可能性があり，慎重に検討する必要がある。

　また，将来キャッシュ・フローの見積りにおいては，感染症に関連して生じている企業の経営環境の変化により将来の業績にどのような影響が生じるか等，本感染症の収束時期等を企業自らが合理的で説明可能な仮定を置いて見積もることが必要となる。

② 繰延税金資産の回収可能性

　感染症の影響により，企業の分類の見直しの要否や，翌期以降の事業計画等に基づく一時差異等加減算前課税所得の見直しの要否を検討する必要がある。一時差異等加減算前課税所得の見積りにあたっても，収束時期等を企業自らが合理的で説明可能な仮定を置いて見積もる必要がある。

15 IFRS 会計基準の動向

　国際会計基準審議会（International Accounting Standards Board：IASB）における基準開発の動向は，以下のとおりである。2018 年に，IFRS 第 15 号「収益認識」，同年 IFRS 第 9 号「金融商品」が適用された。その後，2019 年に IFRS 第 16 号「リース」，2020 年に概念フレームワーク改訂版が適用され，2023 年には，IFRS 第 17 号「保険契約」が適用された。直近では，IFRS 第 18 号「財務諸表における表示及び開示」，第 19 号「公的説明責任のない子会社：開示」が公表されている。

　IFRS の導入は様々な分野で影響を及ぼすが，製薬業界においてはこのような業界特徴の際立つ分野で特に会計上の影響を及ぼす。IFRS 導入が製薬企業に大きな影響を与えると考えられる，収益認識，棚卸資産，研究開発費，固定資産，企業結合については，各項目で解説している。本節では，2024 年に会計基準が公表されたことで，日本基準ともその多くの項目で整合性が図られることとなった IFRS 第 16 号「リース」について解説する。

（1）リースにおける論点

　製薬企業は他の企業同様，オフィスや倉庫，車両や機械等の賃貸借契約を締結している場合がある。IFRS 第 16 号「リース」では使用権モデルに基づきリースの会計処理がなされ，借手は，ほとんどのリースを貸借対照表に資産及び負債として認識することが求められることとなる。

　そのため，貸借対照表上，資産及び負債が増加し，損益計算書上では，これまで計上されていたリース料，リース資産にかかる賃借料は減少する一方で，使用権資産の減価償却費やリース負債にかかる利息費用が計上されることとなる（図表 2-38）。

第2章 製薬業界の会計

図表 2-38 リースに関する会計処理の検討フロー

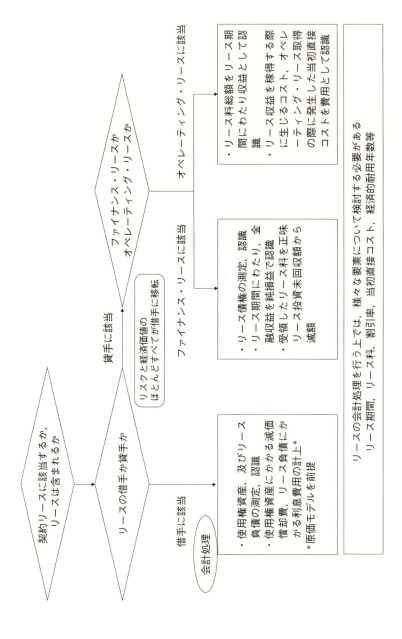

なお，大手製薬企業においてはIFRS適用会社も多く，すでにIFRS第16号を適用している会社も少なくない。今後，企業会計基準委員会では，すべてのリースについて資産及び負債を認識するリース会計基準（IFRS第16号と同様の考え方）の開発を進めていることにも留意する必要がある。

IFRS上，リースに関しては多くの論点が存在するが，以下の論点について解説する。

なお，詳細については，リースの解説書をご参照いただきたい。

(2) リースの識別

まず初めに，契約がリースに該当するか，リースを含んでいるかを識別する必要がある。

IFRS第16号では，リースとは，「資産（原資産）を使用する権利を一定期間にわたり対価と交換に移転する契約又は契約の一部分」と定義され，契約が特定された資産の使用を一定期間にわたり支配する権利を移転するのかどうかを評価するにあたっては，使用期間全体を通じて，顧客が下記の両方を有しているのかどうかを評価しなければならない（IFRS16.B9）。

(a) 特定された資産の使用からの経済的便益のほとんどすべてを得る権利
(b) 特定された資産の使用を指図する権利

このとおり，リースの識別については支配モデルが適用されており，顧客によって支配されている特定された資産があるかどうかに基づき，リースが識別される。

なお，典型的な社用車，複合機のリースといった明らかなリース契約だけでなく，オフィスや倉庫，借上社宅等の賃貸借契約，サービス供給契約，使用契約であってもリースに該当する可能性があることに留意が必要である。

(3) リース期間，リース料，割引率

リースの会計処理を行う上では，様々な要素について検討する必要があ

る。ここでは，借手の会計処理を検討する上で，特に重要な要素であるリース期間，リース料，割引率について解説する。

① リース期間

IFRS第16号では，リース期間とは次のように定義される（IFRS16付録A）。

> 借手が原資産を使用する権利を有する解約不能期間に，次の両方を加えた期間
> (a) リースを延長するオプションの対象期間（借手が当該オプションを行使することが合理的に確実である場合）
> (b) リースを解約するオプションの対象期間（借手が当該オプションを行使しないことが合理的に確実である場合）

リース期間は，契約書上に記載される契約期間と一致するケースも多いが，IFRS第16号では解約不能期間に，行使すること（又は，行使しないこと）が合理的に確実視されているオプションの対象期間を加えたものとされ（図表2-39），リース期間を決定するにあたってはオプションの行使可能性を評価する必要がある（IFRS16.19,B37）。

図表2-39　リース期間

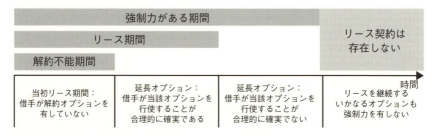

ここで合理的に確実かどうかは，企業の判断が求められることとなり，企業は，借手がオプションを行使すること又は行使しないことへの経済的インセンティブを創出するすべての関連性のある事実及び状況を考慮する必要がある。考慮すべき要因の例としては以下が列挙されているが限定されるものではない（IFRS16.B37）。

（a）市場レートと比較した場合のオプション期間に係る契約条件
　　（例えば，以下の内容を考慮する）
・オプション期間におけるリースに係る支払金額
・リースに係る変動支払い又は他の条件付支払いに係る金額
・当初のオプション期間後に行使可能なオプションの契約条件
（b）契約期間にわたり実施された（又は実施予定の）大幅な賃借設備改良で，リースの延長又は解約のオプション，あるいは原資産を購入するオプションが行使可能となる時点で借手にとって重大な経済的便益を有すると見込まれるもの
（c）リースの解約に係るコスト（交渉コスト，再設置コスト，借手のニーズに適合する他の原資産を特定することのコスト，新たな資産を借手の業務に組み込むコスト，解約ペナルティ及び類似のコストなど）。これには，原資産を契約に定められた状態で又は契約に定められた場所に返還することに関連するコストが含まれる。
（d）借手の業務に対しての当該原資産の重要度（例えば，原資産が特殊仕様の資産かどうか，原資産の所在地，適合する代替品の利用可能性を考慮）
（e）オプションの行使に関連した条件設定（すなわち，1つ又は複数の条件が満たされた場合にのみオプションが行使できる場合）及び当該条件が満たされる確率

なお，一般的に解約不能期間が短いほど，代替資産の入手に関連したコストが高くなる可能性が高いと考えられることから，借手がリースを延長するオプションを行使するか又はリースを解約するオプションを行使しない可能性が高くなると考えられる（IFRS16.B39）。

第2章　製薬業界の会計

② リース料

　借手が貸手にリース期間中に原資産を使用する権利に関して行う支払いであり，図表2-40に示されるもので構成される（IFRS16付録A）。

　なお，図表2-41に示されるものはリース料を構成しない。

図表2-40　リース料に含まれるもの

固定リース料	リース期間中に原資産を使用する権利に対して借手が貸手に行う支払いであり，リース料に含める。 なお，変動要素が含まれていても実質的に回避できず固定の支払いが発生する場合には，固定リース料として取り扱う
変動リース料（指数又はレートに応じて決まるもの）	例えば，消費者物価指数に連動した支払い，ベンチマーク金利に連動した支払い，市場の賃貸料率の変動を反映するように変動する支払いであり，リース料に含める
購入オプションの行使価格	借手が資産の購入オプションを行使することが合理的に確実な場合には，当該オプションの行使価格をリース料に含める
解約オプションのペナルティ	借手がリースを解約しないことが合理的に確実でない場合には，解約オプションのペナルティをリース料に含める
（借手）残価保証－支払いが見込まれる金額	借手が，貸手に対し，一定の残価保証を行う場合，残価保証に基づき支払いが見込まれる金額についてリース料に含める
（貸手）残価保証－貸手に支払われる残価保証	貸手は自身に支払われる残価保証をリース料に含める

図表2-41　リース料に含まれないもの

リース・インセンティブ	貸手が借手にリースに関連して行う支払い，又は貸手による借手のコストの弁済若しくは引受けと定義され，支払いを回避できる可能性があると考えられるためリース料には含まれない （借手への現金の前払い，移転費用などの補填といったものが該当する）
変動リース料（指数又はレートに応じて決まらないもの）	業績や，資産の使用状況に基づき金額が算出される場合のリースに係る支払いが考えられ，支払いを回避できる可能性があると考えられるためリース料には含まれない
非リース構成部分	リース契約に非リース構成部分（サービス提供に関する合意など）が含まれる場合，当該非リース構成部分に配分された支払いはリース料には含まれない

184

③ 割引率

リース料総額の現在価値を算定するために，割引率を使用する。当該リース料総額の現在価値は，借手においてはリース負債の測定，貸手においてはリースの分類判定や，正味リース投資未回収額の測定において使用される。

借手においては，リース負債を現在価値で測定するにあたりリースの計算利子率が容易に算定できる場合には，当該利子率を用いて割り引かなければならない。当該利子率が容易に算定できない場合には，借手は借手の追加借入利子率を使用しなければならない（IFRS16.26）。

実務上，借手はリースの計算利子率を把握することが困難な場合が多いことから追加借入利子率を用いてリース負債の測定を行うことが多い。追加借入利子率の算定にあたっては，国債や優良社債といったリスクフリーレートに信用スプレッドを調整する方法などが考えられる。

一方，貸手においては正味リース投資未回収額を現在価値で測定するためにリースの計算利子率を使用しなければならない（IFRS16.68）（図表2-42）。

図表 2-42　現在価値算定に使用する割引率

借手の追加借入利子率	借手が，同様の期間にわたり，同様の保証を付けて，使用権資産と同様の価値を有する資産を同様の経済環境において獲得するのに必要な資金を借り入れるために支払わなければならないであろう利率
リースの計算利子率	(a) リース料と (b) 無保証残存価値の現在価値を，(ⅰ) 原資産の公正価値と (ⅱ) 貸手の当初直接コストとの合計額と等しくする利率

（4）借手の会計処理

【当初認識及び当初測定】

借手はリース開始日において，使用権資産及びリース負債を認識する（IFRS16.22）。

使用権資産は取得原価で測定し（IFRS16.23），リース負債はリース開始日において支払われていないリース料総額の現在価値で測定する

第2章　製薬業界の会計

（IFRS16.26）。

　使用権資産の取得原価は，以下の項目で構成される（IFRS16.24）。

> ・リース負債の当初測定金額
> ・前払いリース料から，受領したリース・インセンティブを控除した金額
> ・借手の当初直接コスト
> ・原状回復に係る見積コスト

【事後測定】

〈使用権資産の事後測定〉

　リース開始日後において，借手は，使用権資産を原価モデルを適用して測定する。ただし，公正価値評価モデルや，再評価モデルのいずれかを適用する場合は除く（IFRS16.29）。

　原価モデルを適用する場合，使用権資産を取得原価に以下の項目を調整した金額で測定する（IFRS16.30）。

> （a）減価償却累計額及び減損損失累計額を控除
> （b）リース負債の再測定について調整

　減価償却や減損については，IAS 第 16 号「有形固定資産」や，IAS 第 36 号「資産の減損」の要求事項を適用しなければならない。

　なお，減損テストの流れについては，本章11（4）「②減損テストの実施」で解説しているとおりであるが，使用権資産の減損テストを実施する場合にリース負債をどう考慮すべきかといった議論がある。

　IAS36.78 によれば，CGU を処分する際に，買い手が負債を引き受けることが必要となる場合，CGU の処分コスト控除後の公正価値は，当該 CGU の資産と当該負債を一緒に売却するための価格から処分コストを控除した金額であるとされる。減損テストにおける回収可能価額は使用価値，処分コスト控除後の公正価値のいずれか大きい方とされるため，比較可能性を確保するため使用価値算定の際にも負債を考慮することとなる。その結果，当該

186

CGU の帳簿価額と回収可能価額との間の意味ある比較を行うため，当該 CGU の帳簿価額からも負債の帳簿価額を控除することとなる。

リース契約においては，CGU を処分する際に使用権資産とリース負債が一体として移転されると考えられるため，減損テストを実施する際には，リース負債を CGU の帳簿価額，回収可能価額から控除する必要があると考えられる。

〈リース負債の事後測定〉

リース開始日後において，借手は，リース負債を次のように測定する（IFRS16.36）。

> (a) リース負債に係る金利を反映するように帳簿価額を増額
> (b) 支払われたリース料を反映するように帳簿価額を減額
> (c) リース負債の見直し，リースの条件変更，改訂後の実質上の固定リース料を反映するように帳簿価額を再測定

図表 2-43　借手の会計処理

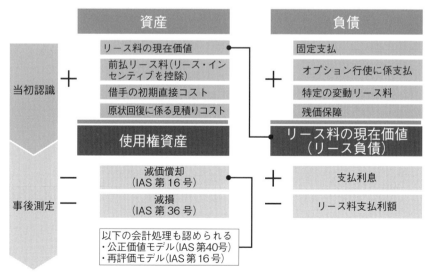

第2章　製薬業界の会計

　リース負債に係る利息費用については，リース負債の残高に利子率を乗じて算定され，純損益として認識される。

(5) 短期リース，少額リース

　上述したとおり，原則借手は，リース開始日において，使用権資産及びリース負債を認識するが，短期リース及び少額資産に係るリース（図表2-44）に関しては免除規定が設けられている。

図表2-44　短期リース・少額リースの分類

| 短期リース | リース開始日において，リース期間が12か月以内であるリース。なお，購入オプションを含んだリースは，短期リースには該当しない |
| 少額リース | 原資産が少額であるリース。タブレット及びPC，小型の事務所備品，電話などが該当する |

　免除規定を選択した場合，借手は使用権資産及びリース負債を貸借対照表上オンバランスせず，リースに関連するリース料をリース期間にわたって定額法，あるいはその他の規則的な方法で費用処理する。

　なお，当該免除規定を適用する場合には，その旨を開示する必要があり，キャッシュ・フロー計算書においては，短期リース料，少額資産のリース料を営業活動に含める。

　少額リースに該当するか否かの判断に際しては，原資産の価値を当該資産が新品である時点での価値に基づいて評価する必要があり，絶対値ベースで行われる（IFRS16.B3,B4）。

　また，原資産が少額かの具体的な判断基準は明示されていないものの，免除規定の導入に至る過程において，新品時に5千米ドル以下という規模の価値の原資産のリースを念頭に置かれていた（IFRS16.BC100）ことから，実務上は新品時に5千米ドル以下か否かを1つの指標として検討することが多いと考えられる。

188

（6）貸手の会計処理

　ここまで借手の処理についてみてきたが，企業においては自社で保有している建物や施設，倉庫等を他の企業に賃貸する場合がある。

　リースの貸手となる場合には，まずリースの分類を行い，分類に応じた会計処理をする必要がある。

① リースの分類

　貸手は，リースをオペレーティング・リース又はファイナンス・リースのいずれかに分類しなければならない（IFRS16.61）。

　リースは，原資産の所有に伴うリスクと経済価値のほとんどすべてを移転する場合には，ファイナンス・リース，原資産の所有に伴うリスクと経済価値のほとんどすべてを移転するものではない場合には，オペレーティング・リースに分類される（IFRS16.62）。

　なお，分類は契約の形式でなく取引の実質に応じて決まる。

　リースの分類によって，貸手のリース収益の認識方法や認識時期などが決定する。

② ファイナンス・リースに分類される場合

【当初認識及び当初測定】

　貸手は，リース開始日において，原資産の帳簿価額の認識を中止し，正味リース投資未回収額でリース債権を認識する（IFRS16.67）。

　正味リース投資未回収額は，リース料総額の現在価値（リース料はリースの計算利子率で割り引く）と無保証残存価値で当初測定される。

　なお，貸手が製造業者や販売業者である場合には，リース開始日において，売上，売上原価，IFRS第15号が適用される販売方針に従って販売損益（売上と売上原価の差額）を認識する必要がある（IFRS16.71）。

【事後測定】

貸手は，正味リース投資未回収額に係る利息収益を認識し，受領したリース料（利息収益控除後）を正味リース投資未回収額から減額する（IFRS16.75,76）。

ただし，正味リース投資未回収額に含まれない変動リース料（指数又はレートに応じて決まらないもの）がある場合には，当該変動リース料から生じる収益は，当該収益が発生する期間に別個に認識する。

また，正味リース投資未回収額には IFRS 第 9 号の認識の中止，及び減損の要求事項が適用されることに留意する必要がある。

図表 2-45　ファイナンス・リースに分類される場合の考え方

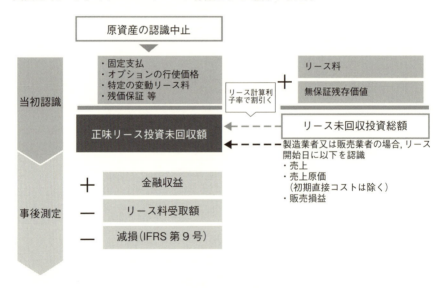

③ オペレーティング・リースに分類される場合

貸手は，原資産を継続して認識し，オペレーティング・リースによるリース料を，定額法又は他の規則的な基礎のいずれかで収益として認識する（IFRS16.81）。

ただし，変動リース料（指数又はレートに応じて決まらないもの）がある場合には，当該変動リース料から生じる収益は，当該リース料を獲得した時点で認識する。

なお，オペレーティング・リースに該当する場合，原資産はオフバランスされないことから，当該資産に係る減価償却の算定や減損しているかどうかの判定が必要となることに留意が必要である。

（7）サブリース

企業においては，借り上げ社宅やその他借り上げしているビルの一部を他社に転貸する取引を行うことがある。

サブリースとは，「原資産が借手（「中間的な貸手」）から第三者にさらにリースされ，当初の貸手と借手との間のリース（「ヘッドリース」）が依然として有効である取引」と定義される（図表2-46）。一般的には，ヘッドリースの契約とサブリースの契約は別個であり，サブリース，ヘッドリースの取引先は異なると考えられることから借手としてのヘッドリース及び貸手としてのサブリースを，それぞれ別のリースとして会計処理する必要がある。

図表2-46　サブリースのイメージ

ここでは，中間の貸手である転貸人の会計処理について記述する。
通常，中間の貸手は以下の会計処理を行う。

① サブリースの分類

（6）で記述しているとおり，貸手の会計処理に際して，リースをファイナ

第2章　製薬業界の会計

ンス・リースとオペレーティング・リースに分類する必要がある。なお，サブリースを分類するにあたっては，ヘッドリースである原資産ではなく，ヘッドリースから生じる使用権資産を参照する必要がある（IFRS16.B58）。

　また，ヘッドリースが短期リースに該当する場合，サブリースはオペレーティング・リースに分類しなければならない（IFRS16.B58）。

② サブリースの会計処理
　中間の貸手は，サブリース分類に応じて会計処理を行う必要がある。

【サブリースがファイナンス・リースに分類される場合】
　サブリースの開始日時点でヘッドリースに係る使用権資産の認識を中止し，転貸人として正味サブリース投資未回収額を認識する。

　なお，ヘッドリースの借手として，ヘッドリースに係るリース負債の会計処理は継続する。

【サブリースがオペレーティング・リースに分類される場合】
　ヘッドリースに係る使用権資産とリース負債の会計処理を継続し，サブリースから生じるリース料は，定額法又は他の規則的な基礎のいずれかで収益として認識する。

第3章

医薬品卸業界について

1. 医薬品卸業界の動向
2. 医薬品卸売業における
   主たる業務及び会計処理の特徴

1 医薬品卸業界の動向

（1）医薬品卸企業の概要

　医薬品卸企業は，主に製薬企業が製造した医薬品を仕入れ，医療機関や調剤薬局（以下，医療機関等）に販売することを事業としており，当該事業には薬機法に基づき各都道府県知事による「卸売販売業」（2009年6月以前は「卸売一般販売業」）の許可が必要とされる（薬機法第24条，第25条第3項）。医薬品卸企業は医薬品を安全かつ安定供給するために保管，配送，販売などについて各種の厳しい規制により管理される。医薬品卸企業の業界団体である一般社団法人日本医薬品卸業連合会（以下，医薬卸連）によると，医薬品卸企業は大きく次の4つの機能を担っているとされる（図表3-1）。

　医薬品は医療用医薬品と一般用医薬品の2つに区分されるが，我が国では国民皆保険が実施されており公的医療で用いられる医療用医薬品のシェアが

図表3-1　医薬品卸企業の機能

物的流通機能	仕入機能，保管機能，品揃機能，配送機能，品質管理機能 →温度変化や光の有無など，法的に厳重な管理が必要となる商品も含め，医薬品卸企業は全国の医療機関等から医薬品を受注し，定期及び至急配送など，ニーズに合わせて運搬を行う。
販売機能	販売促進機能，販売管理機能，適正使用推進機能，コンサルティング機能 →製薬企業のMRなどと協力を行い，医療機関等に対して医薬品の納入価格を個別に設定し，販売を行う。
情報機能	医薬品等に関する情報の収集及び提供機能，顧客カテゴリーに応じた情報提供機能 →医療機関に訪問するMSが中心となり，医薬品情報を医療機関等から収集し，製薬企業等に対して情報提供を行う。
金融機能	債権・債務の管理機能 →医療機関等は代金が保険請求後に入金されるため，回収に一定期間を必要とする。このため，医薬品卸企業は医療機関等に対して，代金回収期間の差異を調整する金融機能としての役割がある。

大きい。実際に医薬品卸企業が取り扱う商品は医療用医薬品が9割程度を占めていることから，本書では焦点を医療用医薬品に特化し，以下，医薬品は医療用医薬品を指すものとする。また，医薬卸連によると，商品としての医薬品は次の特性を持つとされている。

①社会・公共性が高いこと
②有効性・安全性及び品質の確保が必要であること
③外観だけで商品特性が明示できないこと
④疾病・治療の多様化に対応して，多品種・少量生産であること
⑤需要予測が困難で，使用には緊急を要すること

　ここでは，医薬品卸企業及び医薬品の特性を押さえた上で，医薬品卸企業のビジネスの特徴及び業界動向等についてみていきたい。

（2）薬価制度

　医薬品流通において最も特徴的なものは薬価制度の存在である。医療用医薬品には品目ごとに薬価と呼ばれる公定価格が存在しており，医療保険から医療機関等へ支払われる際の償還価格となる。すなわち，薬価は医療機関等が医薬品を患者へ受け渡すことにより得られる対価であり，医薬品の流通の観点からみると小売価格に該当するものである。よって医薬品流通において小売価格が公定されていることになる。
　詳細は第1章を参照のこととする。

（3）商慣行

　医薬品流通業界の商慣行を考えるに際しては，厚生労働省医政局の私的懇談会である「医療用医薬品の流通改善に関する懇談会」が2007（平成19）年9月28日に取りまとめた「医療用医薬品の流通改善について（緊急提言）」（以下，緊急提言）にその精髄が集約されているといえる。この緊急提言では「医療用医薬品の流通改善にあたって取引当事者が留意すべき事項」がま

第3章　医薬品卸業界について

とめられ，医薬品流通の当事者が取り組むべき課題として次のものが取り上げられている。

①メーカーと卸売業者の取引
⇒一次売差マイナスとリベート・アローアンスの拡大傾向の改善
②卸売業者と医療機関／薬局の取引
⇒長期にわたる未妥結・仮納入の改善と総価契約の改善

　その後も，緊急提言で取り上げられた留意事項の改善に向け議論を継続してきており，2015（平成27）年9月1日には「医療用医薬品の流通改善の促進について（提言）」が公表された。当該提言においては，緊急提言で指摘された事項について取引当事者の努力により一定程度の改善がみられてきたとしつつも，「医療用医薬品を取り巻く環境は，成長戦略に資する創薬に係るイノベーションの推進，後発医薬品の使用促進策，いわゆる『未妥結減算制度』の導入など，緊急提言当時から大きな変化が起こってきている」として，将来にわたって安定的に流通機能を持続可能なものとするために，これまでの取組みに加えて，単品単価取引の一層の推進や，後発医薬品のさらなる促進のための新バーコード表示の必須化，在庫管理や配送コストのあり方の早急な対応などが必要として，流通当事者が共通認識を持って取り組んでいくことが重要であるとまとめられている。こうした経緯を踏まえて，2018（平成30）年1月23日に厚生労働省より「医療用医薬品の流通改善に向けて流通関係者が遵守すべきガイドライン」（以下，流通改善ガイドライン）が公表され，同年4月1日から適用されるに至っている。

　2021（令和3）年には中間年改訂（毎年薬価改定）が導入されるなど，医薬品卸企業を取り巻く環境に大きな変化が起こっている一方で，緊急提言において提起された課題は引き続き継続した取組みがなされており，商慣行自体に大きな変化はない。そのため，本書では緊急提言で課題とされた商慣行の具体的な内容を中心に解説する。

196

① 一次売差マイナスとリベート・アローアンスの拡大傾向の改善

　この課題は製薬企業と医薬品卸企業との取引における商慣行を対象としたものである。そもそも一次売差とは医薬品卸企業における，製薬企業の仕切価格と医療機関等への納入価格との差額を指す。通常の物品の流通においては，販売価格は仕入価格より高く設定され商品の仕入れ・販売により利益を獲得できることが想定されている。しかし，医薬品卸企業においては，販売価格が仕入価格よりも低く設定されてしまうことがあり，結果として商品の仕入れ・販売により損失が発生する状態が起こりうる。製薬業界では，これを一次売差がマイナスである状況といい，これが一般的になっている背景にはリベート・アローアンスの存在がある。

　医薬品卸企業は製薬企業からリベート・アローアンスの支払いを受けており，これは多種多様である。ここでは，2006（平成18）年9月の公正取引委員会による「医療用医薬品の流通実態に関する調査報告書」の中で行われた製薬企業向けのアンケートの結果から，その多様性をみてみたい。なお，この図表3-2でいうアローアンスとは，あくまでアンケートの結果集計されたものを内容とするものである。

　このアンケート結果によれば，リベートは90％以上，アローアンスは85％以上の製薬企業が設けており，その種類は多岐にわたり，かつ1つの製薬企業が複数のリベート・アローアンスを採用していることがわかる。

　そもそもリベート・アローアンスが複雑化した理由には薬価制度が関わっていると考えられる。前述のとおり現行の薬価制度の下では医薬品卸企業から医療機関等への実際の納入価格に連動して薬価が調整される仕組みとなっており，この点，製薬企業の医薬品卸企業に対する値引きの許容幅が大きいほど納入価格が下落する可能性が高まるため，製薬企業はあらかじめ仕切価格を高めに設定することにより薬価の下落を抑制する傾向があるといわれる。医薬品卸企業は高めの仕切価格により発生した一次売差のマイナスを，様々なリベート・アローアンスを獲得することで補填し，利益を確保しているのである。なお，一次売差（一次差益）に対してリベートを二次差益，ア

第3章　医薬品卸業界について

図表 3-2　リベート・アローアンスの種類

【リベートの種類】

重点品目リベート（特定品目の販売等に応じて算出）	61.9%
支払額リベート（一定期間における支払総額等に応じて算出）	59.5%
金融リベート（販売から代金回収までの期間に応じて算出）	53.6%
物流リベート（一配送あたりの支払高等に応じて算出）	48.8%
地域貢献リベート（特定の地域における特定の販売先（診療所等）の占有率等に応じて算出）	14.3%
その他のリベート	21.4%
リベートは支払っていない	9.5%

【アローアンスの種類】

全品目又は特定品目を対象とする販売計画に基づき，販売金額，販売数量等の達成率に応じて算出	61.9%
特定品目を対象とする販売件数に応じて算出	59.5%
MR に代わり医師等に対して商品説明を行った件数等に応じて算出	53.6%
その他のアローアンス	48.8%
アローアンスは支払っていない	14.3%

※いずれも有効回答数 84，複数回答。
出所：公正取引委員会「医療用医薬品の流通実態に関する調査報告書」（2006 年 9 月）のアンケート結果をもとに作成

ローアンスを三次差益と呼ぶことがあり，医薬品卸企業の管理会計上もこれらを区分して把握し，利益の源泉を明らかにすることにより管理に役立てている。

　こうした多様なリベート・アローアンスが製薬企業と医薬品卸企業との取引を複雑にし，リベート・アローアンスへの依存が医薬品卸企業の収益構造に影響を与えているとも考えられる。したがって，緊急提言では可能な限りリベート・アローアンスを製薬企業の仕切価格にあらかじめ織り込んで価格体系を簡素化することが，医薬品流通の改善課題として提言されている。

　流通改善ガイドラインにおいては，メーカーと卸売業者との間における仕

198

切価格交渉のあり方として，「卸売業者と医療機関等との川下取引の妥結価格水準を踏まえた適切な一次仕切価格の提示に基づく適切な最終原価の設定」や，「割戻し（リベート）について流通経費を考慮した卸機能の適切な評価」を行うこと等を求めている。これを受けて，「医療用医薬品の流通改善に関する懇談会」の「日本製薬工業協会と日本医薬品卸売業連合会のワーキングチーム」により，関係者による流通改善ガイドラインに則した取組みの推進に資するべく，「医薬品卸売業の機能と割戻しの項目・内容」（以下，「割戻しの整理」）について図表3-3のとおり取りまとめられた。

図表3-3　医薬品卸売業の機能と割戻しの項目・内容

卸機能	割戻し項目	割戻し内容	
物的流通機能 →	物流割戻	仕入機能の評価	送品拠点数，元梱比率等，メーカーからの送品の効率化
		保管・品揃え機能の評価	ロット・期限管理，需給調整，欠品リスク回避の体制等
		配送機能の評価	受注・納品体制，製品回収時の協力体制等
		品質管理機能の評価	温度管理や遮光等，医薬品の特性に応じた品質管理
販売機能 →	販売割戻	販売管理機能の評価	医薬品の販売データ管理，トレーサビリティ確保等
		価格交渉機能の評価	価格交渉に係る業務・労務
情報機能 →	情報割戻	情報提供・収集機能の評価	医薬品の副作用情報，適正使用情報等の提供・収集
金融機能 →	金融割戻	債権債務管理機能の評価	メーカーや医療機関等に対する債権債務管理

出所：厚生労働省医政局経済課「適切な仕切価・割戻し等の設定について」（2018年10月3日）

「割戻しの整理」を公表した趣旨は，メーカーと卸売業者のそれぞれにおいて，現状の割戻しと「割戻しの整理」を比較し，「割戻しの整理」に記載

のない割戻し項目の確認と整理を行い，仕切価格修正的な割戻し項目を仕切価格に反映することを検討するとともに，今後の割戻し交渉にあたってどのような卸機能を評価したものか説明可能な割戻し等とすることで，適切な仕切価格・リベート等の設定に向けたさらなる取組みを推進することにある。

② 長期にわたる未妥結・仮納入の改善と総価契約の改善

　これらの課題は医薬品卸企業と医療機関等の取引を対象としたものであり，商慣行そのものの改善を対象としている。

　まず，未妥結・仮納入であるが，本題の前に薬価差について考えたい。

(a) 薬価差

　物品の流通という観点からみると医療機関等は小売段階に位置し，薬価制度によりその小売価格が公定されているのは前述のとおりである。ここで，通常の商品の流通においては，小売業者が仕入れの効率化等により商品を販売価格より仕入価格を安くして利益を得るのは当然のことと考えられる。しかし，医薬品流通においては医療機関等が医薬品卸企業からの納入価格（仕入価格）と薬価（販売価格）との差である薬価差と呼ばれる利益を得ることは本来想定されていない。これは，現行の薬価制度には使用薬剤の実費を償還することにより医療機関等における薬剤の取扱いを公平化するという考えがあるためである。また，医療用医薬品は医師の処方により供給されるものであり患者の購買における選択の余地は少ないことから，薬価差を獲得するあまり医師に過剰に処方を行う動機を与えるのは適切ではないという考え方もある。

　ところが，実際には薬価差は医療機関等にとって無視できないものとして存在しており，それは医療機関等の経営の原資になってきたともいえる。よって，薬価差を得ることを目的とした医療機関等からの納入価格の引き下げ要求は，医薬品卸企業にとってはその経営に大きく影響してきたと考えられる。1992年に現行の薬価制度となり，医薬品卸企業が医療機関等への販売

価格の決定権を製薬企業から得てからの期間でみても薬価改定のたびに薬価が引き下げられていることから薬価差は徐々に縮小しているといわれており，納入価格をめぐる医薬品卸企業と医療機関等の交渉は激しさを増しているといえる。

（b）未妥結・仮納入

医薬品卸企業と医療機関等の価格交渉は薬価改定ごとに行われ，一度妥結すると次の薬価改定までは同一の納入価格により取引されるのが通例であるが，前述のとおり価格交渉は難航するため妥結するまでに要する期間が長期化する傾向にあり，医薬品卸企業は収益に不安定な要因を抱えることになる。医薬品は生命関連商品であるため，医薬品卸企業は価格交渉が妥結していないことを理由に取引を行わないことは許されないため，納入価格が未妥結のまま「仮に定められた価格」で商品を納入することになる。これが，未妥結・仮納入と呼ばれるものである。

緊急提言では長期にわたる未妥結・仮納入を，原則として6か月を超える場合と定義し，金融商品取引法に基づく四半期決算に対応した時期での妥結が望ましいとして，価格交渉は早期妥結の観点から双方とも誠実に対応するよう提言している。

また，妥結率が低い場合は，医薬品価格調査の障害となるため，2014（平成26）年に未妥結減算制度が導入された。未妥結減算制度とは，200床以上の病院や保険薬局を対象として毎年9月末日までに妥結率が50％以下の場合には，病院であれば初診料・外来診療料・再診料の評価を，保険薬局であれば調剤基本料の評価を引き下げるという制度である。この制度の導入により，導入前である2013（平成25）年9月と比較すると早期妥結率は大幅に改善され，導入後は9割を超える水準で推移している（図表3-4）。

なお，妥結率が大幅に改善した一方で，妥結を急ぐあまり，単品単価交渉が進展しないケースや，特定の卸，特定の品目，特定の期間のみ妥結するケース（一部妥結）など，新たな課題も出てきている。

第3章　医薬品卸業界について

図表 3-4　9 月末時点の妥結率の推移

（単位：%）

2013 年 9 月	2014 年 9 月	2015 年 9 月	2016 年 9 月	2017 年 9 月	2018 年 9 月	2019 年 9 月	2020 年 9 月	2021 年 9 月
73.5%	92.6%	97.1%	93.1%	97.7%	91.7%	99.6%	95.0%	94.1%

出所：厚生労働省「流通改善の課題と進捗状況等」（2022 年 6 月 29 日）

（c）総価契約

　総価契約については，これは「総価山買い」とも呼ばれる取引形態を指すものである。これは，通常の商取引であれば商品の品目ごとに販売価格が決定され取引されるのに対し，一部の医療機関等への医薬品の販売においては製造元も種類もまったく異なる複数の品目を一括りにし，その商品全体の薬価の合計金額から一定の比率にて値引きを行った上で販売する方法である。総価契約の具体例は次のとおりである。

【総価契約の例 1】

〈設例〉
　A 薬局に対しては以下の商品を納入しており，総価契約により薬価から 15% 値引きした額を納入価格として妥結した。
① X 製薬 モエックス錠 5mg PTP　100 錠（薬価 1,000 円，最終原価 800 円）20 個
② Y 製薬 ワイナリン注 2ml　10 アンプル（薬価 3,000 円，最終原価 1,000 円）10 個
③ Z 製薬 ゼットン錠 10mg PTP　500 錠（薬価 500 円，最終原価 450 円）30 個
※最終原価は仕切価格からリベート・アローアンスをすべて控除したもの

〈納入価格の計算（消費税は考慮しない）〉
薬価の合計額：1,000 円 × 20 個 ＋ 3,000 円 × 10 個 ＋ 500 円 × 30 個 ＝ 65,000 円
納入価格合計：65,000 円 ×（100% － 15%）＝ 55,250 円
※値引率は説明の便宜のための仮の数字であり，実際の取引とは異なる。

　総価契約が行われるのは，医療機関等にとって一定の利点があるためといえる。例えば，一品ごとに価格交渉を行う場合と比較し，価格交渉に係るコストの削減や，事務処理の簡便化というようなことが考えられる。
　しかし，医薬品の販売価格は，本来的には個々の医薬品の価値を勘案して決定するものであり，現行の薬価制度において個別銘柄別に薬価が定められ

202

ていることと，多数の品目を一括りする総価契約とは本来的には整合しないといえる。

　また，医薬品卸企業にとって総価契約は仕入価格と関わりなく販売価格が決まるため，品目によっては損失が発生してしまう場合もあるといえる。

　この点，緊急提言では，総価契約に対し銘柄別薬価制度の趣旨を尊重して単品単価交渉を行うことが望ましいとし，総価契約を行うにしても可能な限り個々の医薬品の価値と価格を考慮して，場合によってはすべての品目を対象とせずに総価除外品目を設けることを提言している。実務的にも，医薬品卸企業は総価契約に基づく取引を行うにあたり，損失が見込まれる品目については除外を行い，また購入量や回収サイト等の取引に係るあらゆる要素を勘案して最終的に利益を計上できるかどうかを検討した上でその可否を決定している。

　なお，総価取引により損失が発生する例について，先の設例でみると次のようになる。

【総価契約の例2】

〈設例〉
　例1でA薬局に納入した商品の品目ごとの利益を算定する。
① X製薬　モエックス錠5mg PTP　100錠（薬価1,000円，最終原価800円）20個
　{1,000円×（100％－15％）－800円}　×20個＝1,000円
② Y製薬　ワイナリン注2ml　10アンプル（薬価3,000円，最終原価1,000円）10個
　{3,000円×（100％－15％）－1,000円}　×10個＝15,500円
③ Z製薬　ゼットン錠10mg PTP　500錠（薬価500円，最終原価450円）30個
　{500円×（100％－15％）－450円}　×30個＝△750円

(d) 単品単価契約

　上述したとおり，2007（平成19）年9月の緊急提言では，総価契約に対し銘柄別薬価制度の趣旨を尊重して単品単価交渉を行うことが望ましいとされ，2015（平成27）年9月の提言においても，医薬品の価値に基づく単品単価交渉のさらなる促進に引き続き取り組むべきと示されている。さらに，2018（平成30）年1月の流通改善ガイドラインでは，未妥結減算制度の趣

第 3 章　医薬品卸業界について

旨を踏まえ，原則としてすべての品目について単品単価契約（単品ごとの価格を明示した覚書を利用する等により行う）とすることが望ましく，価格交渉の段階から個々の医薬品の価値を踏まえた交渉を進めることが盛り込まれた。

　流通改善ガイドラインの適用が開始した 2018（平成 30）年度において，200 床以上の病院，20 店舗以上の調剤薬局チェーンにおける単品単価契約の割合は，流通改善ガイドライン適用前に比べて大幅に上昇・改善しており，その後も同水準で推移している（図表 3-5）。

図表 3-5　単品単価契約率の推移

（単位：％）

施設区分	2015 年度	2016 年度	2017 年度	2018 年度	2019 年度	2020 年度
200 床以上の病院	52.6	57.7	56.2	79.1	80.0	81.0
調剤薬局（20 店舗以上）	62.8	60.6	62.3	97.2	96.9	95.2

※ 5 卸売業者の売上高による加重平均値。
出所：厚生労働省「流通改善の課題と進捗状況等」（2022 年 6 月 29 日）

（4）医薬品卸企業の損益構造

　主な医薬品卸企業の業績から医薬品卸企業の損益構造とその特徴を明らかにし，そこから考えられるビジネスや業界再編の動向についてみていきたい。図表 3-6 は，売上高上位 4 社の医薬品卸企業を参考に他の卸業界における売上高上位企業の直近の決算実績に基づき，各種の指標を算出したものである。

　ここから，医薬品卸企業の損益構造には，①売上高が大きく，②利益率が低いという特徴がみられる。

① 売上高が大きいこと

　医薬品卸企業の売上規模は，他の卸企業と比較しても大きいと考えられ

1　医薬品卸業界の動向

図表 3-6　医薬品卸企業の業績

企業名	メディパルHD	アルフレッサHD	スズケン	東邦HD	（参考）三菱食品	（参考）あらた
業種	医薬品卸	医薬品卸	医薬品卸	医薬品卸	食品卸	日用・化粧品卸
決算期	2024年3月	2024年3月	2024年3月	2024年3月	2024年3月	2024年3月
売上高（百万円）	3,558,732	2,858,500	2,386,493	1,476,712	2,076,381	944,149
売上総利益率[1]	6.93%	7.22%	7.76%	8.07%	7.24%	9.79%
販管費率[2]	5.60%	5.87%	6.30%	6.76%	5.82%	8.25%
営業利益率[3]	1.33%	1.35%	1.46%	1.31%	1.42%	1.54%
経常利益率[4]	1.81%	1.40%	1.61%	1.48%	1.51%	1.62%
当期純利益率[5]	1.17%	1.03%	1.22%	1.40%	1.09%	1.09%

※1：売上総利益÷売上高
※2：販売費及び一般管理費÷売上高
※3：営業利益÷売上高
※4：経常利益÷売上高
※5：当期純利益÷売上高
出所：各社の有価証券報告書をもとに作成

る。日本経済新聞電子版の「売上ランキング」によると，2023年度の卸売業売上高上位10社において，医薬品卸企業であるメディパルHDが7位，アルフレッサHDは8位，スズケンは11位となっており，医薬品卸企業が上位にランクインしている。

　現在の医薬品卸業界においては，上位企業への売上高の集中が進んでおり，いわゆる寡占状態にあると考えられる。このことは，医薬品卸業界の歴史と深く関連している。医薬品卸企業の歴史と業界再編の動向について触れる。

　1961年に国民皆保険が開始された頃，医薬品卸企業は中小の地域卸がほとんどであった。その後，公的医療の拡大に伴い医療用医薬品の生産量が急

第3章　医薬品卸業界について

速に増えたことを背景に，市場におけるシェア拡大を図る製薬企業は，自社製品の安定した流通経路を確保するために医薬品卸企業の系列化を進めた。こうした系列化は武田薬品や三共といった主要な製薬企業の下で顕著に行われた。

　さらに，系列化の動きは医薬品卸企業が医療機関等からの激しい値引き要求により経営を圧迫されていたこととも呼応し，競争力強化を目的とした同系列下の医薬品卸企業同士の合併や提携を多く引き起こすこととなった。また，当時の特徴として，医薬品流通業界では製薬企業が医薬品卸企業から医療機関等への納入価格の決定に大きく関わっており，医薬品卸企業に対する製薬企業の影響力は大きいものであったことが挙げられる。特に「値引き補償制度」と呼ばれる制度の影響は大きく，これは仕切価格が医薬品卸企業の納入価格より高い場合に，その差額を製薬企業が医薬品卸企業に補填するものであった。

　次に医薬品卸企業に大きな影響を与えたのは，1981年から連続して実施された薬価の大幅な引き下げである（図表3-7）。これは医薬品卸企業の利益率の大幅な低下を招き，さらなる業界の再編を引き起こした。

　この業界再編により，1つの都道府県で営業する地域卸は他の地域卸と合併して，場合によっては複数の都道府県にまたがる広域卸となった。また，広い商圏を持つ大手卸は地方への進出を積極的に進めた。これらの医薬品卸企業の再編は当初は製薬企業の系列内に収まるものであったが，徐々に系列を超えた合併や提携もみられるようになった。

　そもそも，それまでの製薬企業主導による系列化は医薬品という商品の性質と相反する側面を持っていた。すなわち，医薬品は患者の症状に合わせて医師が多様に処方するものであるため，医薬品卸企業はその多様な処方に応じるべく幅広い品揃えを販売先から期待されるが，製薬企業主導による系列化では系列下の医薬品のみに品揃えの幅を制限されることとなっていたのである。

　この点，薬価の引き下げに対応するため系列を超えた合併を繰り返すこと

206

1　医薬品卸業界の動向

図表 3-7　1980 年以降の薬価改定における薬価引き下げ率（薬剤費ベース）

薬価改定年	改定率	薬価改定年	改定率	薬価改定年	改定率
1981 年	-18.6%	1996 年	-6.8%	2012 年	-6.00%
1983 年	-4.9%	1997 年	-4.4%	2014 年	-5.64%
1984 年	-16.6%	1998 年	-9.7%	2016 年	-5.57%
1985 年	-6.0%	2000 年	-7.0%	2018 年	-7.48%
1986 年	-5.1%	2002 年	-6.3%	2019 年	-4.35%
1988 年	-10.2%	2004 年	-4.2%	2020 年	-4.38%
1990 年	-9.2%	2006 年	-6.7%	2022 年	-6.69%
1992 年	-8.1%	2008 年	-5.2%		
1994 年	-6.6%	2010 年	-5.75%		

出所：厚生労働省　中央社会保険医療協議会（2021 年 8 月）資料「薬価改定の経緯」をもとに作成

により，医薬品卸企業は系列以外の医薬品の品揃えも充実させることとなり，結果として主力製薬企業のシェアと影響力は低下し，医薬品卸企業の自立化が促進されることとなった。

　こうした再編の動きは，1992 年からの新仕切価制及び新薬価制度への移行によって加速されることになる。新仕切価制の下では「値引き補償制度」は廃止され，医薬品卸企業の納入価格の決定に製薬企業は関与しないこととされた。これにより，価格決定権が製薬企業から医薬品卸企業に移り，製薬企業の影響力はさらに低下することとなった。

　また，新薬価制度の下では薬価は市場実勢価格を基礎として算定されることは前述のとおりであるが，当時，市場実勢価格が下落するのみならず，当初は 15% であった調整幅が現在の 2% まで徐々に縮小されたこともあり，結果として薬価改定の都度薬価は引き下げられることになった。このことは，医療機関等の値引き要求の激化を引き起こすとともに医薬品卸企業の利益率を一段と悪化させた。そこで，医薬品卸企業は利益率の悪化をリベートやア

第3章　医薬品卸業界について

図表 3-8　医薬品卸業界における再編の歴史のまとめ

年代	出来事	背景
1960～70年代	中小の地域卸が製薬企業の下に系列化が進む。	1961年の国民皆保険の実施による医薬品市場の急速な拡大と「値引き補償制度」を中心とした製薬企業の影響力の増大。
1980年代	地域卸から広域卸，大手卸へと製薬企業の系列を超えた再編が行われる。	1981年から始まる大幅な薬価の引き下げ。大手卸による営業エリアの広域展開。
1990年代	製薬企業から価格決定権が医薬品卸企業に移る。提携・合併の動きがさらに進む。	1992年からの新仕切価制及び新薬価制度への移行。
2000年代	過去から提携・合併が行われた結果，医薬品卸企業は概ね上位4社グループに集約される。	改正の都度薬価が引き下げられ，規模を拡大することによる利益の確保。

ローアンスで補填するようになり，より多くのリベート・アローアンスを獲得するために取引量を拡大する必要性から，大小問わず再編が行われたと考えられる。

　医薬卸連によると1989年には403社あった会員本社数は2012年には92社，2022年には70社まで減少しており，このことからも再編が急速に行われたことがうかがえる。こうした医薬品卸業界の再編は現在では概ね上位4社のグループに集中する形で収束してきており，その結果，医薬品卸業界上位企業の売上高は大きいものとなったと考えられる。

　以上の変遷をまとめると，図表3-8のようになる。

② 利益率が低いこと

　他業種の卸企業でも同様にみられることではあるが，医薬品卸企業の利益率は総じて低いといえる。前述のとおり過去における薬価の度重なる引き下げにより医薬品卸企業の利益率が低下してきたためと考えられる。また，利益率の低下に伴う医療機関等との価格交渉の難航が未妥結・仮納入や総価契

約といった商慣行を生んできたとも考えられる。

このように利益率が低いことは，医薬品卸企業のビジネスに次のような課題を与えていると考えられる。

(a) 付加価値創出

現在の医薬品卸業界は取引規模の大きな企業に再編されており，売上規模の拡大を目的とした価格競争が起こりやすい状況であるともいえる。しかし，価格競争はさらなる利益率の低下を招き体力を消耗させることにもつながる。

そこで，医薬品卸企業は医療機関等に対して医薬品の納入以外のサービスを提供することで，付加価値を向上させる取組みを行っている。具体的には病院向けのSPD（Supply Processing & Distribution，医薬品や医療消耗品等の在庫管理・購買・供給などを一元的に行うシステム）支援，医療関連の支援システムの展開，医薬品等を安定供給するための物流体制の整備や情報発信誌の提供などに取り組んでいる。また製薬企業に対しては，マーケティングに貢献するサービスを提供するほか，希少疾患向け医薬品や再生医療製品など，スペシャリティ医薬品の流通権を確保するために創薬ベンチャー企業等への投資や高品質な物流機能の整備に取り組んでいる。こうしたサービスにより顧客及び製薬企業の満足を高めることができれば付加価値創出による対価を得られるだけでなく，同時に医薬品の納入促進による売上高の増加も見込むことができる。このように，医薬品卸企業は価格以外の点で同業他社との差別化を図り，付加価値を創出して利益の確保に取り組んでいる。

(b) 経費節減

医薬品卸企業の経費は，過去においては高い薬価に支えられ概ね高水準であったといわれている。そこで，経費の発生は自社の内部要因によるものであることから，これを管理し利益率を改善することを目指し，各社は経費節減に取り組んでいる。

第3章　医薬品卸業界について

　医薬品卸企業の経費として主要なものには，人件費と物流費が挙げられる。

ⅰ．人件費の削減

　人件費は経費の大半を占めており，そのことから第一に削減の対象となると考えられ，その対象としてはMS（医薬品卸販売担当者）の人件費が挙げられる。

　我が国の医薬品卸企業には他の国にはみられないMSと呼ばれる営業担当者が存在する。医薬品の営業担当者は商品を販売するだけでなく，副作用等の防止・対処に備えて絶えず処方元と商品の安全性に関する情報交換を行う必要がある。MSは製薬企業の営業担当者であるMRが行き届かないような地域の診療所や中小病院等を訪問し，MRの代わりにその機能を果たしてきた。こうした細やかなサービスが医薬品の安全を守ってきたともいわれるが，一方で医薬品卸企業ではMSの人件費負担が課題となっている。そこで，単純にMSの人員を削減するのではなく，その業務を調整することにより対応することが考えられる。すなわち，従来は販売先への商品の配送をMSが行うこともあったが，商物分離を進め配送業務をMSの職務から分離するなどして生産性の向上に努め，人件費の削減に努めている。

ⅱ．物流費の削減

　流通を担う卸企業にとって物流の効率化と物流費の削減は事業の本質であると考えられ，それは医薬品流通においても同様である。特に医薬品卸企業から医療機関等への物流は，医薬品としての性質から多頻度少量配送が特徴的であり，また医療機関等から緊急配送を求める注文が入ることも珍しくはない。これは，医療機関等は患者の症状に合わせた多様な処方を行い，病状によっては一刻を争う場合があるためである。また，在庫の欠品は患者の生命を脅かすおそれがあるため，医療機関等の要請にすべて応じられる程度の在庫を，緊急で配送できる距離に確保することが求められる。こうした背景から，医薬品卸企業では物流費が増える傾向にある。

　物流費の削減について医薬品卸企業は特に2つの観点から取り組んでい

る。1つ目は物流センターの設置と物流経路の効率化である。従来は欠品リスクを回避するために各地の拠点が一定量の在庫を抱え製薬企業への発注も行っていたが，物流センターに在庫を備蓄し必要に応じて各地の拠点が物流センターから取り寄せる形にすることにより，各地での発注業務と在庫管理業務を削減できると考えられる。この点，他業種や異業種の物流と水平展開を行うことでさらなる削減を狙うことも考えられる。

2つ目は物流管理システムの構築である。これは物流センターの設置と併せて行うことでさらなる効率化が可能であると考えられる。全社の在庫をネットワークで結ぶことにより，各地の拠点はリアルタイムで全社の在庫数量を確認して物流センターから取り寄せたり，緊急性によっては近隣の他の拠点から取り寄せたりすることも可能になる。近年，医薬品卸企業はDX（デジタルトランスフォーメーション）への対応として，物流の自動化やAIを活用した配送の最適化，共同物流・共同配送など，物流の効率化に取り組んでおり，この動きは加速していくことが予想される。

また，物流管理システムの構築は医薬品のトレーサビリティを確保する観点からも取り組まれている。トレーサビリティとは，万が一にでも不良な医薬品が混在したり重大な副作用が発覚したりした場合に，すでに流通した当該医薬品がどこに存在するか追跡可能なことをいうが，欠陥品が使用される前に瞬時に識別して回収するためにはシステム化が不可欠である。2018（平成30）年12月に厚生労働省から公表された「医薬品の適正流通（GDP）ガイドライン」において，医薬品の回収を迅速に行う観点から製品のトレーサビリティを保証する手順書の整備が要請されており，医薬品卸企業はこれに対応することが求められている。

（5）医薬品卸業界の今後

新型コロナウイルスの感染症の流行により，感染リスクを警戒した患者の受診抑制，医療機関の手術抑制やクラスター発生による一時閉院などの影響を受けて，流行当初は医薬品卸企業の業績にマイナスの影響を与えたが，現

第3章　医薬品卸業界について

在は受診抑制や手術抑制も徐々に緩和され，コロナウイルス感染症の治療薬
が薬価収載されて通常の医薬品と同様に取り扱われることとなり，必ずしも
マイナス影響のみではなくなってきている。

　また，感染リスクを警戒した病院の訪問規制により，製薬企業のMRは
医師等の医療関係者と対面でコミュニケーションをとることが難しくなり，
大手製薬企業では早期退職や希望退職が実施されるなどMRの削減が進ん
でいる。医薬品卸企業のMSは医薬品を納入する役割から訪問規制を受けな
いため，MRが果たしてきた役割の一部をMSが発揮することが期待される
と考えられる。

　医療用医薬品市場は，長期収載品から後発医薬品への切り替えが進み，医
薬品卸企業は新たな収益源を確保するために，希少疾患向け医薬品や再生医
療等製品などのスペシャリティ医薬品やバイオ医薬品といった今後市場の拡
大が見込まれる領域に積極的な投資を行っている。薬価改定が毎年となり，
既存の医薬品の薬価が毎年引き下げられる環境のもとでは，市場が拡大する
領域における取組みの成否は業績に大きな影響を及ぼすことになりうる。

212

2 医薬品卸売業における主たる業務及び会計処理の特徴

（1）主たる業務

　医薬品卸企業は製薬企業等から商品を仕入れて医療機関や調剤薬局などへ販売するという事業の性質から，販売業務及び仕入れ・在庫管理業務が主たる業務になると考えられる。

　ここでは，それぞれの業務（以下，プロセス），それに関連する医薬品卸企業における会計処理及び内部統制上の特徴について解説する。

（2）仕入れ・在庫管理プロセス

　医薬品卸企業の仕入プロセスは，製薬企業等に商品を発注し物流センターや各地の営業所に入荷する過程であり，在庫管理プロセスは仕入プロセスにより入荷した商品が販売されるまで管理する過程である。

　一般的な仕入プロセスは，(a) 仕入先のマスター登録，(b) 発注，(c) 商品の検収・入荷，(d) 仕入債務の管理と支払いという流れとなり，在庫管理プロセスは，(a) 商品のマスター登録，(b) 商品の入荷，(c) 単価計算，(d) 実地棚卸，(e) 商品の出荷という流れとなる。ここでは，仕入れ・在庫管理プロセスにおける会計上の論点及び内部統制上の留意事項に触れる。

① リベート・アローアンスの会計処理

　第2章で述べたように，製薬業の会計においては，リベートとアローアンスとは実態に応じて明確に区別され，その会計処理が異なることとなるが，医薬品卸企業においては次のように会計処理を行うこととなる。

　医薬品卸企業にとってはリベートもアローアンスも計算の対象が異なるだけであり，双方とも自社の販売利益となることに相違なく，また販売先との

第3章 医薬品卸業界について

価格交渉においても仕切価格から獲得可能なリベートとアローアンスをすべて差し引いた最終原価を考慮しながら販売価格を決定する場合も多い。したがって，医薬品卸企業ではリベート・アローアンスは実質的に仕切価格の引き下げに相当するため，双方とも仕入高若しくは売上原価から直接控除する会計処理が一般的である。

（a）発生時の会計処理

前述のように，製薬企業等から医薬品卸企業に対するリベート・アローアンスの内容は多種多様にわたっているものの（図表3-2参照），通常は製薬企業等と医薬品卸企業との間で支払条件（算定根拠）について事前に契約に基づき約定されているため，医薬品卸企業は自社の仕入れ・販売実績等に基づいて金額を合理的に算定することが可能である。したがって，会計処理としては，まず発生時にリベート等として発生したと見込まれる金額を仕入高又は売上原価として貸方計上するとともに，未収入金などとして借方計上することになる。どの時点をもって発生したとするかについては通常，送品時，販売時，支払時など製薬企業等との契約条件を充足したと合理的に判断できる時点と考えられる。

【仕訳例】 リベート・アローアンスに関する発生時の処理

（借）仕入割戻等未収入金 ×× （貸）仕入高又は売上原価 ××

（b）受取時の会計処理

次に，製薬企業等からのリベート・アローアンスの受取りについては，製薬企業等との契約により支払方法が異なるため，その受取方法に応じて会計処理を行うことになる。

受取方法は（a）現金による受取り又は（b）買掛金との相殺が一般的であるが，（c）取引保証金（代替）の積立てとされる場合もある。

また，受取りまでの期間も製薬企業等との契約により異なり，例えば月ご

と，四半期ごと，半年ごとなどの期間が挙げられるが，金融商品取引法に基づく四半期決算が導入されてからはほとんどの製薬企業等及び医薬品卸企業が，その期間を四半期ごと以内とする契約を締結しているといえる。

なお，医薬品卸企業が未収入金として算定した金額と製薬企業等からの実際の受取額に差額が生じた場合には，その差額を調整する処理が行われる。

【仕訳例】リベート・アローアンスの受取時

（借）買掛金 ×× （貸）仕入割戻等未収入金 ××

【仕訳例】 受取額と未収入金に差が生じた場合

〈受取額が未収入金より多い場合〉 （借）買掛金 ×× （貸）仕入高又は売上原価×× 〈受取額が未収入金より少ない場合〉 （借）仕入高又は売上原価 ×× （貸）仕入割戻等未収入金 ××

（c）まとめ

リベート・アローアンスの会計処理について，その概要をまとめると，図表3-9のようになる。

図表3-9 リベート・アローアンスの会計処理のまとめ

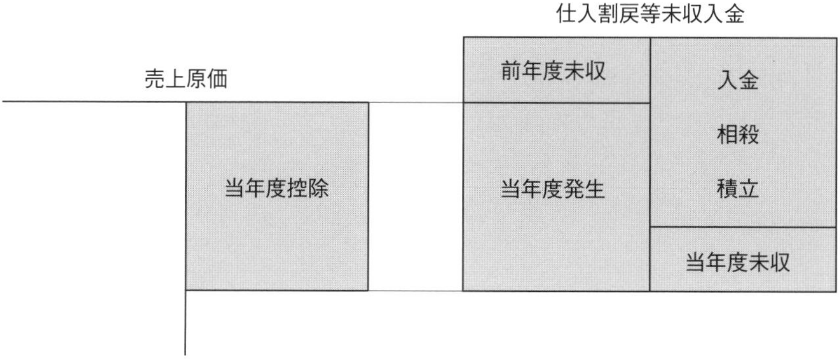

215

第3章　医薬品卸業界について

② 棚卸資産の評価

　医薬品卸企業は医薬品業界の物流を担っており，在庫管理プロセスを整備した上で運用を徹底し，在庫の圧縮に努めて効率化を図っている。医薬品卸企業の棚卸資産の特徴としては次のようなものが挙げられる。

・棚卸資産はほぼすべて製薬企業等から仕入れる医薬品等の商品である。
・一部返品できる場合はあるものの，原則として在庫リスクを負っている。
・取引高が多額となるため，棚卸資産の総額も多額となる傾向にある。
・医薬品は多品種少量生産であることから，棚卸資産の種類は多数となる。

　このような多種かつ多額な棚卸資産の評価を適切に行うことは，医薬品卸企業にとって重要である。

　販売目的（販売するための製造目的を含む。）で保有する棚卸資産は，取得原価をもって貸借対照表価額とし，期末における正味売却価額が取得原価よりも下落している場合には，当該正味売却価額をもって貸借対照表価額とする（棚卸資産基準7項）とされており，収益性の低下の事実を適切に反映するよう定められている。

　ここで，医薬品卸企業の棚卸資産の評価に影響を与える可能性のある事象には次のようなものがある。

（a）薬価改定

　第2章8「(3)　製薬業における棚卸資産評価時の論点」において，その評価にあたり薬価改定を一般的な収益性低下の要因として挙げているが，医薬品卸企業においても昨今のように薬価改定のたびに薬価が引き下げられる状況においては，薬価改定は医療機関等の販売先に対する販売価格（納入価格）の下落を引き起こす可能性があるため，結果として収益性低下の要因になりうる。

　ただし，薬価改定による新薬価は通常4月1日から適用となるが，医薬品卸企業における製薬企業等からの仕入取引では，交渉によって，薬価改定直

216

前の一定時点（例えば3月1日）から前倒しで改定後の新薬価に基づいた仕切価格にて行う場合もある。したがって，新納入価格で販売されることが予想される医薬品卸企業が保有する在庫については，新仕切価格にて仕入れることができるように製薬企業等と交渉がなされる場合もある。

　よって，このような場合には，特に3月決算の企業を想定すると棚卸資産の回転期間によっては薬価改定に伴う棚卸資産の評価に対する影響が大きくはならないこともある。

(b) リベート・アローアンス

　医薬品卸企業は製薬企業等から多種多様なリベート・アローアンスを受け取っており，これらの会計処理は仕入高若しくは売上原価から直接控除するのが一般的であることは前述のとおりである。

　この点，棚卸資産の評価の観点からすると，両者の処理には明らかな相違がある。すなわち，仕入高から控除する場合は棚卸資産からもリベート・アローアンスが控除されることになるが，売上原価から直接控除する場合には棚卸資産そのものからは控除されないこととなる。

　リベート・アローアンスの種類によってその算定基礎が様々であり，それぞれの種類に従って会計処理が求められることとなる。具体的には，リベート・アローアンスについて仕入金額が算定基礎となるほかに，仕入代金の支払額や商品の販売実績が算定基礎となるなど，商品の仕入時には発生の要件を満たさない場合や，性質として棚卸資産から控除することが適切ではない場合には，売上原価から直接控除する会計処理が必要となる。

　また，期末における正味売却価額が取得原価を下回る場合には貸借対照上その事実を反映する必要があるが，棚卸資産の評価を行う過程において，リベート・アローアンスの受取りを棚卸資産の取得原価に考慮すべきである場合もある。このような場合については，当該棚卸資産を販売等することなどにより受取りの発生要件を満たし，将来発生することが合理的に見込まれるリベート・アローアンスを取得原価に加味して評価することも考えられる。

第3章　医薬品卸業界について

（c）暫定の値引き

　前節で述べたとおり，医薬品卸企業と販売先との価格交渉は長期化する傾向にあり，医薬品を患者等へ販売する必要性から販売価格が未妥結のまま商品を仮納入することがある。その場合，会計上，医薬品卸企業は価格が妥結するまでは売上高について「暫定の値引き」を計上することが一般的である。暫定の値引きの会計処理については後述するが，棚卸資産の評価を行う過程において正味売却価額を見積もるにあたり，暫定の値引きを含めて正味売却価額を見積もる必要がある。

（d）滞留在庫・過剰在庫と返品

　第2章「8　製薬業における棚卸資産」において述べた製薬業の滞留在庫・過剰在庫の定義及び評価は各企業によって異なっているものの，棚卸資産の評価に関する会計基準に沿った会計処理が行われているが，医薬品卸企業においても同様に取り扱われると考えられる。

　すなわち，いわゆる滞留在庫・過剰在庫については，評価損相当額を算出した上で必要に応じて簿価切下げの処理が行われ，また返品がなされるような在庫については品質的に問題があることが想定されることから，同様の処理を行うことが考えられる。

　ただし，医薬品卸企業に特徴的な点は，製薬企業等に対する返品が事前の契約等により可能な場合があることである。将来販売される見込みがない棚卸資産であっても，製薬企業等に対して返品することが可能である場合には，その棚卸資産の評価にあたり返品可能性を考慮することも必要である。

③ 内部統制上の留意事項

　医薬品卸売企業の仕入れ・在庫管理プロセスの特徴は，多数の製薬企業等から多品種少量生産の商品を仕入れるため，取り扱う商品の種類が膨大となる点である。また，売上高が大きく，一方でその利幅は小さいため，仕入れの取引量や棚卸資産の金額も大きくなる点も特徴的である。さらには，多種

218

多様なリベート・アローアンスの存在がある。

こうした特徴が医薬品卸企業における仕入れ・在庫管理の事務作業を膨大にしているのである。これらの事務作業の大半はITを利用して自動化されていることが多いといえるが，これらに起因して内部統制上留意すべき事項は次のとおりである。

まず，仕入先との債権・債務については，検収ずれといった一般的企業で生じるような要因に加えて，医薬品卸企業に特有なリベート・アローアンスの未収計上や製薬企業等への仕入債務の相殺処理などにおいて差額が生じることもある。そこで，医薬品卸企業は内部統制において仕入先における債権残高と自社の債務残高を照合し，差額の内容を明らかにして適切な会計処理をする手続きを行うことが望ましいものと考えられる。

また，財務報告上の適正な在庫金額を計上する必要性に加え，物流の効率化による経費節減やトレーサビリティなどの法令遵守といった観点からも，適切な在庫状況の把握が必要である。そこで，医薬品卸企業においては年に数回の全社一斉実地棚卸に加え，日常的な循環での実地棚卸等を内部統制として行うことも有用である。

(3) 販売プロセス

医薬品卸企業の販売プロセスは，物流センターや各地の営業所に貯蔵する製薬企業等から仕入れた商品を医療機関等の注文に応じて販売する過程である。通常の販売プロセスは，(a) 得意先のマスター登録，(b) 受注，(c) 商品の出荷，(d) 納入・検収，(e) 売上債権の管理と回収という流れとなり，ほとんどの売上が同様又は類似するプロセスによることとなる。ここでは，販売プロセスにおける会計上の論点及び内部統制上の留意事項を解説する。

① 収益認識

医薬品卸企業の収益認識は収益認識基準に即した会計処理が求められるこ

第3章　医薬品卸業界について

ととなる。収益認識基準においては，約束した財又はサービスの顧客への移転を当該財又はサービスと交換に企業が権利を得ると見込む対価の額で描写するように，収益を認識することが基本原則とされている（収益認識基準16項）。

　医薬品卸企業の収益は医療機関等に対する医薬品の販売という物品の授受を伴う取引から得られるものであり，医薬品卸企業は医薬品を医療機関等に移転し，医療機関等が医薬品に対する支配を獲得した時点で履行義務を充足して，収益を認識することとなる。ただし，国内の販売において出荷時から医薬品の支配が医療機関等に移転されるときまでの期間が通常の期間である場合は，出荷時から医薬品の支配が顧客に移転されるときまでの間の一時点（例えば，出荷時や着荷時）に収益を認識することができる（収益認識適用指針98項）。ここでいう通常の期間である場合とは，当該期間が国内における出荷及び配送に要する日数に照らして取引慣行ごとに合理的と考えられる日数である場合とされているため，取引の実態に即した判断が求められる点に留意する必要がある。

　なお，一部の販売先に対しては一定の商品を販売先に納入するものの，販売代金の請求は販売先が処方に基づき使用した分に対してのみ行う商慣行も存在している。これは「消化払い」と呼ばれ製薬企業等の「落差回収」とほぼ同様のものであり，消化払いの対象となる商品の収益認識については，実現主義における収益認識要件の1つである「対価としての現金又は現金同等物の受領」を満たしているか否か，具体的には販売先に商品に対する支配が移転し，販売先が商品の対価を支払う義務を有しているかどうかについて留意する必要がある。

　また，医薬品卸企業は医薬品流通の中間に位置し，製薬企業等と医療機関等とを結びつける役割を担っているため，その収益を総額表示すべきか純額表示すべきかを収益認識適用指針の本人と代理人の区分に従い十分に検討する必要がある。本人と代理人のどちらに該当するかの検討にあたっては，医薬品卸企業が顧客に提供する商品に関して顧客に提供される前に支配してい

るかどうかにより判断する（収益認識適用指針42項）。この支配の有無の判定は，商品を提供するという約束の履行に対して主たる責任を有しているか，商品の在庫リスクを有しているか，価格の設定において裁量権を有しているかを総合的に勘案して行うこととなる（収益認識適用指針47項）。

　一般的に医薬品卸企業は取り扱う商品が直接生命に関連するものであるために，仕入れ・保管，配送及び販売に至るまで薬機法をはじめとする各種の法的規制のもとで当該商品に対して主たる責任を有しており，一連の営業過程における仕入れ及び販売に関して通常負担すべき様々なリスク（瑕疵担保，在庫リスクや信用リスクなど）を負っている。また，薬価という公定価格の範囲内での自由な価格競争が行われていることから医薬品卸企業は価格裁量権も有している。このようなことから，大部分の取引については商品を支配しており，本人に該当し総額で表示されると考えられるが，取引によっては代理人に該当する場合には純額で表示することとなるため，取引の実態を考慮して判断する必要がある。

② 暫定の値引きの会計処理

　医薬品卸企業の販売において最も特徴的な商慣行の1つが，販売先との長期にわたる価格交渉と，その価格が未妥結な間の商品の仮納入である。価格未妥結の状態で行われる販売取引であるため，収益認識基準における変動対価に該当し，商品の移転と交換に得られる対価の額を見積もって会計処理を行うこととなる。従来，定例の薬価改定は2年に1度の頻度で行われてきたが，2021年度から毎年薬価改定が行われることとなった。従来は次回の薬価改定までの期間にわたって年度を跨いで価格交渉を行う販売先もあったが，3月末までに概ねすべての販売先との価格交渉は妥結し，商品価格が確定する傾向にある。

（a）納入時の会計処理

　価格未妥結のまま商品を納入する場合には，納入の事実はあるためいった

第3章　医薬品卸業界について

ん仮単価（例えば薬価）によって売上を計上することになる。そして，適正に決算を行うために，決算までに妥結されればその価格を，されなければその時点における販売先との価格交渉の状況から将来最終的に妥結されるであろうと合理的に予測される価格を見積もり，仮単価との差額を「暫定の値引き」として計上することになる。これを仕訳例でみると次のとおりとなる。

【仕訳例】仮単価による売上計上及び暫定の値引きの計上

〈仮単価による売上計上〉
　　　　　　（借）売掛金　××　　（貸）売上高　××
〈暫定の値引きの計上〉
　　　　　　（借）売上高　××　　（貸）売掛金　××
　一般的に医薬品の販売価格は薬価から一定の比率の値引きを行う形で決定されるものであり，得意先との価格交渉はこの比率をどの程度とするかが交渉されるものである。
　収益認識基準においては，変動対価の額の見積りにあたって，発生しうると考えられる対価の額における最も可能性の高い単一の金額（最頻値）による方法又は発生しうると考えられる対価の額を確率で加重平均した金額（期待値）による方法のいずれかのうち，企業が権利を得ることとなる対価の額をより適切に予測できる方法を用いるとされている（収益認識基準51項）。また，変動対価の額に関する不確実性の影響を見積もるにあたっては，契約全体を通じて単一の方法を首尾一貫して適用すること，企業が合理的に入手できるすべての情報を考慮し，発生しうると考えられる対価の額について合理的な数のシナリオを識別することが求められる（収益認識基準52項）。
　例えば，薬価が100円の商品について販売先は12％の値引きを要求してきているのに対して，医薬品卸企業は10％で抑えたいが最終的には11％まではやむをえないと考えており，価格交渉の過程で販売先も11％なら受け入れる姿勢をみせているような状況において，最頻値を採用する場合は暫定の値引きを11円（＝100円×11％）と見積もり，期待値を採用する場合はそれぞれの確率を考慮して加重平均した金額を暫定値引きの額として見積

222

もり，会計処理することが考えられる。
※値引率は説明の便宜のための仮の数字であり，実際の取引とは異なる。

　仮単価による売上に対する暫定の値引きも，通常の売上値引きと同様に会計処理することになる。なお，価格が妥結するまでの支払いについては，販売先と合意の上，薬価を基礎に算定した暫定的な金額により仮払いがなされることが通例となっている。これについても通常の売掛金の回収と同様に会計処理することになる。

（b）見積りの修正

　次に，暫定の値引きはあくまで収益認識時点における合理的な予測であるので，その後の価格交渉によっては状況が変化することも考えられる。したがって，状況の変化が起こった場合には随時暫定の値引きの見直しを行い，現在の予測に基づいて改めて金額を合理的に見積もり，差額が生じた場合には暫定の値引きの追加若しくは減額処理を行うことになる。ここで，暫定の値引きの金額は，各販売先に対する売上の大きさ，過去の妥結状況，同種の経営形態をとる他の販売先の価格決定状況等，考慮しうるすべての要素を加味した上で合理的に見積もる必要があり，その見積りの合理性については十分に留意する必要がある。

（c）確定時の会計処理

　最後に，販売先との価格交渉が妥結し最終的な販売価格が決定した際には，それまで計上してきた暫定の値引きから確定した売上値引きに修正することになるが，両者に差額が生ずる場合は次のとおりに会計処理することとなる。

第3章　医薬品卸業界について

【仕訳例】　暫定の値引きと確定した売上値引きに差が生じた場合

〈暫定の値引きが確定した売上値引きより多い場合〉
　　　　　　（借）売掛金　××　　　（貸）売上高　××
〈暫定の値引きが確定した売上値引きより少ない場合〉
　　　　　　（借）売上高　××　　　（貸）売掛金　××

　ただし，暫定の値引きが合理的な予測に基づいて見積もられていれば，確定した売上値引きと大きく差額が生ずることは稀であると考えられる。

(d) まとめ

　以上について，医薬品卸企業における暫定の値引きについて，その概要をまとめると，図表3-10のようになる。

図表3-10　暫定の値引きの会計処理のまとめ

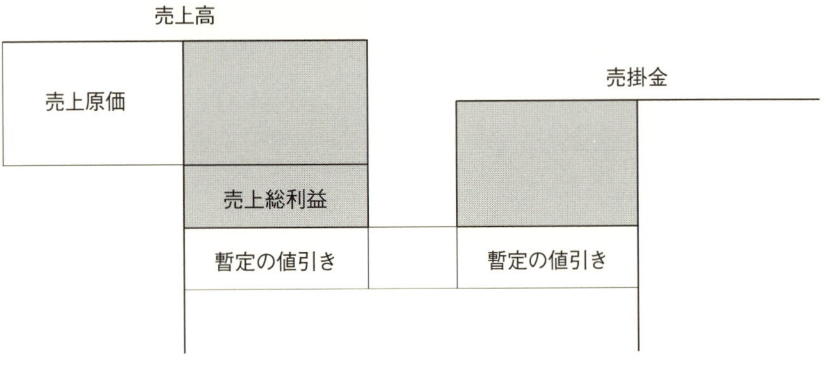

③ 総価山買い

　医薬品卸企業の販売において特徴的な商慣行の1つが総価山買いである。前述のとおり，総価山買いは医薬品卸企業の営業上は是正すべき課題であるが，会計処理については特段論点となることはないと考えられる。
　すなわち，総価山買いの場合であっても単なる値引き取引であることに変

224

わりなく，売上は通常の販売取引と同様に計上し，値引きが行われる場合も販売価格が未妥結であれば暫定の値引きとして，妥結しているのであれば確定した売上値引きとして売上高から控除することになる。

④ 返品調整引当金の廃止

　医薬品卸企業が医療機関等に販売した医薬品については，包装単位で未開封であれば返品できるのが一般的であることから，医薬品卸企業は返品による損失に備えるため将来の返品に伴う損失見込額を返品調整引当金の計上により対応してきた。また，医薬品の卸売業を営む内国法人において計上される返品調整引当金は，条件を満たせば法人税法における損金としても認められていた。しかし，収益認識基準が2021年4月1日以後に開始する事業年度の期首から適用され，返品が見込まれる部分は収益認識自体を行わないこととなり，返品調整引当金により損失見込額を手当する方法は認められなくなった。法人税法上も，2018年度税制改正により返品調整引当金が廃止され，経過措置が設けられることとなった。なお，経過措置は，2018年4月1日において返品調整引当金制度の対象事業を営む法人について，2021年3月31日までに開始する各事業年度については現行どおりの損金算入限度額による引当てを認めるものとされ，2021年4月1日から2031年3月31日までの間に開始する各事業年度については現行法による損金算入限度額に対して1年ごとに10分の1ずつ縮小した額の引当てを認める等の措置となっている（平成30年改正旧法第53条）。

⑤ 返金負債と返品資産

　上記のとおり，収益認識基準の適用により返品調整引当金の計上は認められないこととなり，返品権付の商品又は製品（及び返金条件付で提供される一部のサービス）を販売したときは，返品が見込まれる商品の対価を除いて収益を計上し，返品が見込まれる商品の対価については収益を認識せずに返金負債を認識，返金負債の決済時に顧客から回収する商品について返品資産

第3章　医薬品卸業界について

を認識する処理が求められることとなった（収益認識適用指針85項）。

【仕訳例】返品権付販売の会計処理

> 製品50個を500,000円（@10,000円）で顧客に販売し，その原価は
> @6,000円である。顧客が未使用の製品を返品した場合，全額の返金が認
> められており，製品3個（30,000円）が返金負債として見積もられ，対応
> する原価18,000円が返品資産として見積もられたとする。
>
> 〈売上と返金負債の計上〉
>
> 　　（借）売掛金　　500,000　　（貸）売上　　　470,000
> 　　　　　　　　　　　　　　　　　　　返金負債　30,000
>
> 〈売上原価と返品資産の計上〉
>
> 　　（借）売上原価　282,000　　（貸）棚卸資産　300,000
> 　　　　　返品資産　 18,000
>
> 　この場合，会計上の収益の額は470,000円であるが，消費税法上の課税
> 資産の譲渡等の対価の額は500,000円とされることが考えられ，会計上の
> 取扱いと消費税法上の取扱いに不一致が生じうることに留意が必要である。

⑥ 内部統制上の留意事項

　医薬品卸企業の販売プロセスの特徴は，得意先数が非常に多いこと及び取
扱品目が多種多様であることから販売管理にかかる事務作業が膨大になるこ
とである。すなわち，得意先については，その規模も大病院から個人経営の
薬局まで様々であるが，比較的小口の得意先に対する売上割合が高いとい
え，また，商品である医薬品の品目が多種多様であり，さらに一般的に得意
先ごと品目ごとに価格が異なることから，販売管理にかかる事務作業は膨大
となる。

　このような多くの取引先に対する膨大な取引を管理するために，ITを利
用した内部統制の仕組みに依拠していることが多く，医薬品卸企業において

226

はJD-NETを利用し，JD-NETと自社の基幹業務システムを連動させることで受注から出荷までをシステム管理して，会計上も売上の自動計上を行うという仕組みを構築していることが多い。

このような特徴の下，内部統制上留意すべき事項は次のとおりである。

まず，売上の認識にあたっては，医薬品流通の中間に位置し製薬企業等と医療機関等とを結びつける役割を担う医薬品卸企業は，得意先に商品が納入されたことを自ら確認する必要がある。そこで，医薬品卸企業は内部統制上，得意先から物品受領書等を入手することが望ましいと考えられる。

また，得意先数が非常に多いことから，売上とともに発生した売上債権の回収についても留意する必要がある。特に医薬品業界の債権回収期間は比較的長い傾向にあり，定期的な滞留調査や得意先に対する残高確認等を内部統制として行うことが望ましい。

さらに，医薬品卸企業に特有の取引である暫定の値引きに関しては，内部統制の観点から特別な留意が必要と考えられる。暫定の値引きは社内における見積りにより計上されるものであり，場合によっては恣意的な見積りが行われる可能性があるためである。そこで，社内で合理的な見積りを行い適切な承認を受けた上で暫定の値引きを計上する仕組みを作り，適時の検証機能を備えることが必要となる。

第4章 バイオ業界

1. バイオ業界の動向
2. バイオ企業におけるプロセス及び
   会計処理の特徴

1 バイオ業界の動向

（1）業界（産業）の概要

① バイオ業界

　バイオ業界とは，遺伝子等の生物学に関する知識をもとに製品，サービスを提供する産業である。代表的なものは医療分野であり，大学や研究所における遺伝子や細胞の研究，分子生物学の成果などをもとに医薬品又は治療法を開発する。近年，新たな創薬基盤技術を用いた研究開発により，医薬品のモダリティ（創薬技術・手法）の多様化が進んでおり，従来の低分子医薬だけでなく，抗体医薬をはじめ核酸医薬，遺伝子治療薬，細胞治療などの様々な医薬品が実用化に向けて開発されている。

　なお，2022 年のバイオ関連製品・サービスの国内市場規模は 6 兆円と推定されている。2008 年の 2 兆 8 千億円から 2 倍以上となっており，国内市場規模は堅調に推移している（日経バイオテク編『日経バイオ年鑑 2023』）。ここには，医薬品のほか，食品，研究用機器，試薬などが含まれている。

② 医療関連のバイオ産業

　バイオ産業について医療に限ってみた場合，最も代表的な業務は新薬の研究開発を行う業務やいわゆる再生医療に関わる業務である。また，周辺産業の裾野は広く，バイオ関連としての遺伝子等の情報を処理・提供する企業，研究開発又は検査のツールとしての機器・試薬等を製造する企業，臨床試験の支援企業などが含まれる。

　我が国では 2000 年前後，「バイオベンチャーブーム」で大学発ベンチャーをはじめバイオ分野での起業が急増した。その後 2002 年から 2004 年にかけてバイオ企業の上場が相次ぎ，時価総額が 1,000 億円を超えるものも続出した。その後も着実にバイオベンチャー企業の起業及び上場は続いており，我

が国でこの分野が産業として発展し，さらに成長していくことが期待される。

大学や研究所の研究成果である有望なシーズ（医薬品候補物質）や画期的技術を事業化し，実際の医薬品や治療法として確立するためには，産学連携が重要な役割を担う。なお，産学連携とは，企業（産業界）と大学や研究所（学）が協力して新しい価値を生み出すことをいうが，特にバイオに関しては，大学等における基礎的研究の中から，例えば医薬品として実際に活用できそうなものを産業界が受け継いで開発を進めることを指すことが多い。

③ バイオベンチャー企業の分類及び損益の状況

主な上場バイオベンチャー企業の損益の状況は図表 4-1 のとおりである。

（a）バイオベンチャー企業の分類

バイオベンチャー企業を大きく分類すれば，ⅰ．創薬型企業，ⅱ．ツール提供型企業，ⅲ．混合型企業に分類できる。

ⅰ．創薬型企業

医薬品を開発する企業である。アンジェス MG，ネクセラファーマなどがこの型にあてはまる。創薬型バイオベンチャーは，さらにパイプライン型とプラットフォーム型に分類される。パイプライン型は，いわゆる「創薬ベンチャー」で有望な新薬のパイプライン（製品候補）を持ち大手製薬企業との提携契約を締結し，製品の上市（医薬品が国の承認を経て販売開始されること）を目指す企業である。製品が上市されるまでは研究開発が先行するため，通常赤字経営が続くが，赤字のまま上場することも多い。

一方，プラットフォーム型は，自社が有する画期的な技術基盤，又はその技術を用いて創製した化合物等をアーリーステージで大手製薬企業に提供し，早期に収益を獲得するビジネスモデルであり，ペプチドリーム，モダリスなどがその例である。

第4章　バイオ業界

図表 4-1　我が国における上場バイオベンチャー企業の損益の状況

（単位：百万円）

企業名	時価総額（億円）	対象期	会計基準	売上高	経常損益（※）	当期純損益	主な事業内容
アンジェス株式会社	142	2023年12月期	日本基準	152	△5,651	△7,437	遺伝子医薬品の研究開発
株式会社メディネット	116	2023年9月期	日本基準	661	△1,419	△1,437	細胞加工及び再生医療等製品の研究開発
オンコセラピー・サイエンス株式会社	43	2024年3月期	日本基準	610	△1,136	△1,288	医薬品、がん免疫療法の研究開発
ネクセラファーマ株式会社	1,271	2023年12月期	IFRS基準	12,766	△10,680	△7,193	神経系、免疫系、消化器系、炎症性疾患の治療薬の研究開発
タカラバイオ株式会社	1,168	2024年3月期	日本基準	43,505	3,405	1,480	バイオ産業支援（試薬・機器等の販売）、遺伝子治療薬の開発
株式会社ジーエヌアイグループ	1,410	2023年12月期	IFRS基準	26,010	12,612	9,504	医薬品、医療機器の開発・製造・販売
株式会社ジャパン・ティッシュエンジニアリング	277	2024年3月期	日本基準	2,514	147	143	再生医療製品の開発、再生医療受託事業、研究開発支援事業
NANO MRNA 株式会社	130	2024年3月期	日本基準	135	△749	△780	がん治療薬、再生医薬の研究開発
シンバイオ製薬株式会社	104	2023年12月期	日本基準	5,589	△736	△1,962	がん及び血液領域における希少疾病分野の新薬開発
ラクオリア創薬株式会社	148	2023年12月期	日本基準	1,901	△293	△323	医薬品の研究開発、知的財産の販売及び使用許諾
オンコリスバイオファーマ株式会社	111	2023年12月期	日本基準	976	△1,163	△1,148	がん治療薬、重症感染症治療薬、がん検査薬などの開発
ペプチドリーム株式会社	1,927	2023年12月期	日本基準	28,712	4,353	3,035	創薬開発基盤技術を活用した医薬品候補化合物の研究開発
ブライトパス・バイオ株式会社	47	2024年3月期	日本基準	0	△1,158	△1,168	がん免疫治療薬の開発
株式会社ヘリオス	122	2023年12月期	IFRS基準	121	△3,626	△3,823	再生医療等製品の研究開発、製造
サンバイオ株式会社	384	2024年1月期	日本基準	-	△2,824	△2,644	再生細胞医薬品の研究開発、製造販売
株式会社ステムリム	276	2024年7月期	日本基準	-	△2,077	△2,022	医薬品・医療機器の加工受託等及び医療機器等製品の開発
セルソース株式会社	352	2023年10月期	日本基準	4,510	1,194	923	組織・細胞の加工受託及び遺伝子治療等及び医療機器・化粧品の販売
株式会社ファンペップ	32	2023年12月期	日本基準	0	△940	△933	機能性ペプチドの研究開発及び医薬品等の開発
クリングルファーマ株式会社	43	2023年9月期	日本基準	69	△852	△854	難治性疾患の治療薬の開発
株式会社モダリス	41	2023年12月期	日本基準	-	△2,351	△2,391	希少疾患の治療薬の開発
ステラファーマ株式会社	90	2024年3月期	日本基準	269	△760	△763	ホウ素医薬品の開発及び製造販売
サスメド株式会社	100	2024年6月期	日本基準	342	△357	△357	治療用アプリ開発及び臨床試験システム等の提供

※ IFRS基準の会社については税引前当期損益を記載。
出所：各社の有価証券報告書をもとに作成

ⅱ．ツール提供型企業

ⅰの創薬型企業や大学，研究所などが実施する研究開発のためのツール，例えば機器，材料，試薬，ソフトウェアなどを供給する企業である。プレシジョンシステムサイエンス，トランスジェニックなどがこの型の企業である。

ⅲ．混合型企業

ⅰ，ⅱの両方の機能を有する企業もある。我が国で初めて上場した再生医療企業であるジャパン・ティッシュエンジニアリングはその例となる企業である。

なお，支援サービス型企業を加えたものが医療系のバイオベンチャー企業であると考えることもあるが，本書ではこれはバイオ「関連」であるものの，「バイオベンチャー企業」とは捉えないこととする。この支援サービス型企業とは創薬型企業などが行う研究開発をサービスの提供で支援する企業であり，CRO（開発業務受託機関，臨床試験など開発業務を受託する企業）が代表的である。

また，近年では，IT技術を活用した創薬研究や治療法が開発されつつあり，不眠障害等の治療用アプリを開発しているサスメドや，高血圧症や禁煙の治療用アプリを開発しているCureAppがその例である。治療用アプリは，国の承認を経て医療現場で処方されるので，創薬ベンチャー企業が開発する医薬品に似ているが，実際の治療はスマートフォンを利用して行われるなど，デジタル技術を駆使している点に特徴がある。

（b）バイオベンチャー企業の損益の状況

図表4-1に掲げた上場企業は，売上高が10億円未満の企業も少なくなく，また，経常損益及び当期損益とも赤字の企業も多い。これは，将来の収益獲得に向けて研究開発費の支出が先行しているためである。赤字であっても時価総額500億円を超える企業があり，有望な新薬候補の有無とその開発進捗状況が企業価値に影響する。

第4章　バイオ業界

　なお，バイオベンチャー企業への投資を行う際は，医薬品開発がリスクを伴い，かつ長期間を要するものであることを忘れてはならない。それと同時に新薬により病気を治療するという夢のある産業であり，国家として支援していかなければならない産業でもあると考えられる。

④ バイオ業界におけるベンチャー企業の優位性

　医薬品開発関連のバイオ企業というと，特にベンチャー企業が注目されている。これは，ベンチャー企業が，次の点から医薬品開発に向く形態であるからである。

・大手製薬企業は，特に開発の初期段階の大きなリスクの負担を避ける傾向にあること
・数少ないプロジェクトを迅速に進め，変化の多い開発業務を機動的に遂行するために意思決定の迅速さが求められること

　もちろん大手製薬企業も自らバイオテクノロジーの開発に取り組んではいる。特に近年はバイオベンチャー企業を買収し，子会社化することにより，大手製薬企業が自社の企業グループにベンチャー企業を取り込むことが多い。なお，キリンホールディングスはビールで有名であるが，今や最先端のバイオテクノロジーを用いた医薬品事業が，酒類と食品・飲料と並ぶ事業となっている。

（2）企業活動の特徴

① 創薬ベンチャー企業の社会における位置づけ

　創薬（新しい医薬品を生み出す）ベンチャー企業については，図表4-2のようなビジネスの流れであるのが典型的である。

　多くの場合，大学や研究所における成果をもとにバイオベンチャー企業において医薬品開発が行われる。開発された医薬品は大手製薬企業によってグローバルに販売され，患者の治療に使用されるというビジネスの流れとなる。

234

図表 4-2　創薬ベンチャー企業をめぐる経済の仕組み

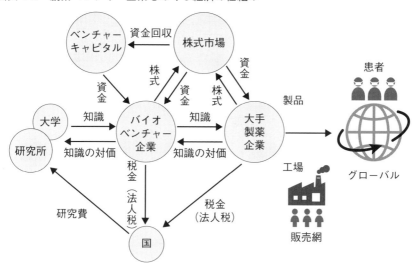

　また，資金面からみると，バイオベンチャー企業にはベンチャーキャピタルなどから出資（株式）の形で資金の供給がなされ，バイオベンチャー企業が上場するとベンチャーキャピタルはその株式を株式市場で売却して利得を得ることとなる。また，大手製薬企業等が医薬品の販売で得た利益には法人税が課されるが，大きな流れとしてその税収が，国を通じて研究費として大学等に供給還元されることとなる。

　大学，バイオベンチャー企業，製薬企業の各位置づけの概要は次のようになる。

(a) 医薬品のもととなる発見（例えばある物質がある病気に効きそうだということ）は大学，研究所などで行われる研究に基づくことが多いが，大学，研究所は企業ではないので，自ら医薬品の商業化に結びつく開発を行わない。ここで行われる研究は知識，情報であり，財産的価値を持つ場合は，知的財産と呼ばれる。これは通常模倣などから保護するため特許等として申請されることが多い。

第4章　バイオ業界

（b）商業化に結びつく開発はバイオベンチャー企業が行う。特に初期の開発
　　段階においては，失敗するリスクが高いので，ベンチャー企業が最も担い
　　手としてふさわしいと考えられる。
（c）開発に成功した医薬品はグローバルに販売されることが多い。しかし，
　　バイオベンチャー企業には大規模な生産設備と販売網がない。多くの場
　　合，生産と販売は大手製薬企業が行い，バイオベンチャー企業は大手製薬
　　企業からライセンス料を受け取る。

　以上のとおり，大学等，ベンチャー企業，大手製薬企業がそれぞれ役割分
担をしていることが読み取れる。この役割分担は医薬品開発のリスク分担そ
のものともいえる。基礎的な研究をもとにした医薬品の種となる物質の発見
から，動物実験，臨床試験（人間に投与して有効性と安全性を測定する）を
経て，厚生労働省の承認を得るまでの期間は10年以上かかることが多い
（第1章「2　医薬品業界の特色」参照）。その期間の各ステージを大学，ベ
ンチャー企業，大手製薬企業がそれぞれ担っているといえる。

② バイオベンチャー企業の資産と資金調達手段

　純粋な創薬企業にとっては，真の資産とは貸借対照表上には計上されない
知的財産（研究開発の成果，ノウハウなど）であるといえる。会計上，研究
開発費はすべて期間費用（発生した期の費用）になるため，研究成果は貸借
対照表上に資産として計上されないこととなる。

　しかし，実際には研究成果は会社の価値として累積されていくものであ
る。一般的に，時間が経過するほど医薬品というゴールに近づくためその価
値は急増すると考えられる。しかし，いずれの段階においてもその知的財産
が医薬品として結実するかは通常不確実であり，そのため知的財産は担保資
産となりにくく，金融機関等からの多額の融資は通常見込めない。したがっ
て，ベンチャーキャピタル等からの出資がバイオベンチャー企業の資金の源
泉となる。また，研究内容によっては，公的助成金などを得られるケースも

ある。

さらに，自社の開発パイプラインの導出（ライセンスアウト）から得られる資金もある。導出とは，自社が保有する特許やノウハウ等を用いた医薬品（候補）の開発及び販売権の使用許諾を他社に供与することをいう。導出により大手製薬企業等と提携関係を結び研究開発活動を進めていくことができるとともに，バイオベンチャー企業にとっては，重要な資金調達の手段の1つになるという側面もある。

また，金融機関等からの融資を受けにくいことは財務戦略上の制約にはなるが，同時にそれは負債がないということを意味するため，他の債務者からの破産申立て等で倒産することはあまり考えられない。

③ バイオベンチャー企業の「パイプライン」

バイオベンチャー企業にとって，開発中の医薬品の効果が期待どおりに得られない，重大な副作用があることが判明した，他社が強力な競合薬を開発したなどの事態に陥ることは致命的な打撃となりうる。しかし，通常，開発進捗度の異なる複数のパイプライン（製品候補）を持つケースが多いため，1つが失敗ならすべての事業が終わりというような単純なものではない。

なお，パイプラインは自前で増やすほか，他から購入したり，パイプラインを持っている企業ごと買収したりすることで増やすことが考えられる。この買収の対象は国内のバイオ企業に限らない。そーせい（現 ネクセラファーマ）のように，パイプラインを多数保有する海外のバイオベンチャー企業を買収し子会社化した例もある（そーせいによるヘプタレス・セラピューティクス社（英国）の買収　2015年）。

（3）業界特有のリスク環境と戦略，対応策

① 創薬のビジネスリスク

創薬のビジネスリスクは，研究開発が成功するか否かである。その際，医薬品としての有効性，安全性（副作用の有無，程度），競合する医薬品や治

療法，薬価など，考慮すべきファクターは多い。

　財務的には，研究開発のための現金や預金（キャッシュ残高）を持っており，その一方でこれまでの研究開発費の計上による累積損失が多いが，すでに述べたように財務諸表は構造的には比較的シンプルである。有利子負債は僅少で，外部からの申立てにより倒産するリスクは低いと考えられる。

② 業界でみられる資金計画

　バイオベンチャー企業にとっては，損失の多寡よりも，研究開発とそれを支えるキャッシュ・フロー及びキャッシュ残高が企業の生命線である。

　良好なキャッシュ・フローを維持するためには綿密な資金計画が必要である。株式上場に向けて，株主構成を含む資本構成を考慮しながら作成する資金計画を「資本政策」と呼ぶが，優れた資本政策を作成することがバイオベンチャー企業にとって不可欠である。

　この資本政策の前提となるのは事業計画である。事業計画では医薬品の完成までの研究開発のプランを数値で示す。そして，それに必要な資金の調達方法を記載したものが資本政策である。

　したがって，事業計画に比較して実際の研究開発に遅れが生じると，資本政策を変更しなければならない事態が生じる。医薬品の開発の失敗は致命的であるが，開発の遅れもまた，多額の追加コストが生じるため，会社にとって取り返しのつかないダメージを与える可能性がある。

③ 業界特有の経営管理体制

（a）経営陣（マネジメントチーム）

　研究開発の進捗管理は，バイオ企業のマネジメントの重要な要素である。それと同時に，その進捗状況を適時に株主や投資家に説明していく能力が求められる。仮に研究開発に遅れが生じても，それがやむをえない理由に基づくものであれば投資家の納得を得られる。

　ゆえに，その理由の説明は適切になされなければならない。さらに，大幅

な研究開発の計画変更も起こりうるため，そのような場合には機密を守りながら軌道修正のあらましを投資家に説明することが必要である。

バイオ企業の経営陣が適切な研究開発の進捗管理とその説明責任を果たすためには，少なくとも自社の開発品をめぐる事業環境について，学術的あるいは技術的なものを含む深い知識を持っていることが必要である。したがって，バイオ企業の経営陣は多くの場合，生物学などのバックグラウンドや製薬企業への従事経験などを持っている。

バイオベンチャー企業の核となる資産は知的財産であり，それを蓄積する過程が研究開発であるが，それを支えるのは人である。人材こそバイオ企業の唯一といっていい資源である。

現在，バイオ産業において，専門性を有するこのような人材が豊富であるとはいえない。優れた人材を育成するための教育制度，製薬企業などで経験を積んだ人材の流動化の仕組みなど，課題は多いと考える。具体的にいえば，バイオベンチャー企業は，経営者として，例えば大手製薬企業などで医薬品開発にリーダーとして主体的に関わった経験のある人材を求める場合がある。しかし，今のところ，我が国の製薬企業からバイオベンチャー企業へ流出してくる人材は十分ではないのが現状である。

一方，米国ではジェネンテックなど成功を収めたバイオベンチャー企業から，他のバイオベンチャー企業へ優れた人材が輩出されそのマネジメントを行うという流れがある。我が国でも将来的にはこのような動きが顕著になる可能性もある。

（b）バイオベンチャー企業の内部統制

上場企業等においては，金商法に基づき，財務報告に関する内部統制について経営者が自社の評価を行い，それについて監査人が監査を実施する制度設計になっている（内部統制報告制度）。

この点，バイオベンチャー企業は財務的にも組織的にもシンプルである。したがってシンプルな内部統制を整備することが必要となる。通常，バイオ

第4章　バイオ業界

ベンチャー企業はCEOをはじめとする経営陣がトップダウンで会社を運営していることが多いと考えられる。もちろん，トップだけでは目の行き届かない箇所もあるであろうが，そのような自社の持つ弱点をリスクと捉え防止する統制，すなわちリスクから統制を想起するアプローチをとるべきである。過去に起こった不正・誤謬，監査法人による会社の経営管理体制についての指摘事項などに注意を払い，同じ間違いを繰り返さないシステムを作ることで，企業の持つ財務リスクの多くを防止できる。

　また，バイオベンチャー企業では管理人員が不足しがちある。経理スタッフの人員不足が原因で会計処理が後手にまわってしまい，損益計算が遅れることの多い企業については，人員の補充，教育，他部門からの協力体制を含め，処理の遅れを生じさせない内部統制を整備することが必要である。

④　業界特有のコンプライアンス

　業界として，「生命」を扱うことから，人権や安全性について，最高度の倫理を求められるといえる。また，動物実験についても倫理的な配慮が求められる。特にバイオ企業の扱う遺伝子そのものが究極の個人情報であることから，その管理について，特段の注意を払うべきである。また，治験（臨床試験）においては，患者の人権への配慮，試験の信頼性の確保が必要である。具体的には，薬機法，「医薬品の臨床試験の実施の基準」（GCP）に定められたルールに沿って進めることが必要である。

　治験のルールのうち重要なものは次のとおりである（日本製薬工業協会「治験のルール」より）。

（a）治験の内容を国に届け出る
（b）治験審査委員会で治験の内容をあらかじめ審査する
（c）同意が得られた患者さんのみを治験に参加させる
（d）重大な副作用は国に報告する
（e）製薬会社は，治験が適正に行われていることを確認する

240

また，非臨床試験（臨床試験の前の動物による試験などを行う段階）については，「医薬品の安全性に関する非臨床試験の実施の基準」（GLP）があり，ここで試験データの信頼性を確保するための試験担当者等の責任が定められている。

バイオ企業で注意すべきことは，法令を遵守するだけではコンプライアンスにはならないことである。法令は最低限のラインであり，またその解釈については個々の事業によって異なるものである。したがって，社会がバイオ企業に何を求めているか，企業自らが考えると同時に，第三者の意見も取り入れることが必要である。よってバイオ企業としては，次のようなことが求められると考える。

(a) 行動指針などで，企業としての基本的な倫理の考え方を明文化する（行動指針等は社会に公表し，同時に研修等を通じ社内での徹底を図ることが有効な方法と考えられる）。
(b) 法令の解釈は，(a) に従い，必要があれば規程など，社内規則で補う。
(c) 法令の想定しない事項で重要なものは規程など社内の規則で明示する。
(d) 倫理的に重要かつ社会的に議論になりそうな行為を行う場合は，社外の専門家など，第三者の見解を聞く（社外取締役を選任して，日常的にモニタリングしてもらうことは有効な方法と考えられる）。

また，企業活動すべてを規制することがコンプライアンスであると捉えることも問題である。バイオベンチャー企業には企業が患者と直接向き合うという特徴があり，また企業と大学が近い存在であるという特徴もある。これらの連携がうまくいかないと医薬品はできない。

ここで，例えば，業務上のすべての利害対立関係（いわゆるコンフリクト）を絶つべきだなどとすると，患者も研究者も批判を恐れて開発に協力しなくなってしまうこととなる。最初からリスクのある行為をすべて禁じておくのがコンプライアンスではない。社会は，医薬品の開発促進を求めており，その際に安全性や人権を最大限考慮することを要請している。したがっ

第4章　バイオ業界

て，それらのバランスをどうするかというのがコンプライアンスの重要なテーマである。大切なことは，包括的なルールを明確にし，個々の事案は法令や行動指針などに照らして判断し，重要な事項は第三者の意見を聞くということである。

⑤ 出口戦略

　バイオベンチャー企業における事業の達成とは，新薬を次々に生み出して患者に提供したときである。しかし，この提供時点以前に投資の回収を達成したと捉えられる時点があり，それを「出口」と呼ぶことがある。

　すなわち，IPO（証券取引所への上場，株式公開ともいう）により，ベンチャーキャピタル企業は，多くの場合，株式市場で保有株式を売却し投資資金を回収する。IPOはこの意味でバイオベンチャー企業にとって「出口」である。ただし，IPOだけがバイオベンチャー企業の唯一の出口ということではない。他社との合併や，大手製薬企業に買収されるなど，M&Aによる結果も出口と考えられる。合併の場合であれば，投資した株式は合併の相手先の株式に変わり，買収される場合であれば，株式を相手先に買い取ってもらうことにより，投資資金が回収される。

　我が国の大手製薬企業も，例えば武田薬品工業が米国の創薬ベンチャー企業であるニンバス・セラピューティクスからその子会社のニンバス・ラクシュミを買収するなど，国境を越えて多数のM&Aを行っている。

　また，我が国のバイオベンチャー企業の出口はIPOが多いが，新型コロナウイルスワクチンを供給している米国モデルナが日本のバイオベンチャー企業であるオリシロジェノミクスを買収した例もある。

⑥ 知的財産管理と知的財産戦略

　研究開発の結果は知的財産として蓄積され，そのうち重要なものは模倣等から守るため特許等で保護されていることが必要である。

　多数の特許が組み合わさり，それが製品に組み込まれているIT産業など

と比較すると，医薬品業においては比較的少数の主要な特許が企業の命運を決める傾向が強い。

　したがって，会社設立時など，研究開発のごく初期段階に取得する基本的な特許は特に重要で，特許の取得のため，この産業に詳しい弁理士の支援を受けることも必要である。この点，バイオ業界は，他の業種よりも，主要な特許を確保するための初期費用が比較的多くかかる傾向にある。さらに，保有する特許が増えてくると，その維持費用が多額となることが多い。

　また，主要な特許であっても，すでに他社に押さえられていることもある。この場合，例えばある物質の特許を他社が保有している場合であっても，それについて金銭を支払ってライセンス供与してもらう又は特許そのものを買い取ることで，その用途を自社で独自に特許化して開発を進めることができると考えられる。このような「特許戦略」を工夫することで，一見進出することが不可能にみえる事業に関して，むしろ可能性が広がることも考えられる。

第4章

243

2 バイオ企業における プロセス及び会計処理の特徴

（1）創薬バイオベンチャー企業の財務的特色

　ここでは，バイオ企業のうち，純粋な創薬バイオベンチャー企業をモデルとして想定し，その経営行動とともに財務的特色を例示により解説する。資金の出し手，出資時期などあくまで一例であるとする。ここでの純粋な創薬バイオベンチャー企業とは，1つの医薬品を研究開発する企業であり，それ以外の事業を持たない企業をいうこととする（実際は複数の製品候補がある企業がほとんどであるため，このモデルほど単純ではない）。

① 設立

　会社の設立は，例えば，大学関係者が中心となって，数名で資本金を集めて行う。1千万円の出資を募るとすると，現金預金1千万円，資本1千万円の貸借対照表の企業となる。

貸借対照表

現金預金	資本
1千万円	1千万円

② 支出と出資受入れ

人員を何人か雇用し，設備を購入して研究開発に着手する（研究開発費1千万円）。手持ちの1千万円以外に，ベンチャーキャピタルなどから3億円の出資を受け入れる。

ベンチャーキャピタルの出資を受け入れるときは，1株あたりの払込額を当初より高めに設定することにより，設立当初の出資者は持分比率をある程度減少させないことが可能となる。

③ 研究開発へ支出

ベンチャーキャピタルからの出資金を研究開発に費やす結果（研究開発費2億4千万円），研究は進捗するが財務上赤字が累積する。

第4章　バイオ業界

貸借対照表		損益計算書	
現金預金 6千万円	資本 3億1千万円	研究開発費　　2億4千万円	
	累積損失 △2億5千万円	損失　　　　△2億4千万円	

④ 製薬企業との提携

　大手製薬企業と提携関係を結ぶことができると，契約一時金が入る。入金したキャッシュはすべて研究開発に費やす。

　また，増資（2億円）を行い，キャッシュが入るが，研究開発に費やす（研究開発費1億5千万円）。

　順調に研究開発が進み，製薬企業と設定した研究の過程を次々にクリアする。マイルストン収入（1億円）が入るがすべて研究開発に費やす。

貸借対照表		損益計算書	
現金預金 2億1千万円	資本 5億1千万円	契約一時金収入　　　1億円	
		マイルストン収入　　1億円	
		研究開発費　　2億5千万円	
	累積損失 △3億円	損失　　　　△5千万円	

246

⑤ 医薬品の完成

　医薬品が完成し，厚生労働省の承認を得て大手製薬企業から販売される。この販売の一定割合がロイヤリティとして入金される。この金額は巨額かつ継続的である一方，ベンチャー企業の研究開発活動はほぼ終了しており，新たな研究開発の費用の発生はわずかである。したがって，短期間のうちに，多額の利益が計上されるため，累積損失が解消され財政状態が改善するとともに，現金預金残高も大幅に増加することとなる。

(2) 具体的な会計処理の特徴

　前述のように，バイオベンチャー企業，とりわけ創薬バイオベンチャー企業においては，貸借対照表及び損益計算書は比較的シンプルである。特に，新薬を開発中の純粋な新興創薬バイオベンチャー企業の場合は，貸借対照表の資産の部は現金預金がほとんどであり，負債はなく，純資産の部は出資者から得た資本と累積損失である。したがって，ここでは損益計算書項目を中心に解説する。

第4章　バイオ業界

① 収益の認識

バイオベンチャー企業における主たる収益項目には（a）助成金収入，（b）受託研究収入，（c）提携に係る収入が挙げられる。

収益のうち，「顧客との契約から生じる収益」は，収益認識基準等を適用する。また，「その他の収益」は，企業会計原則に基づき実現主義による。

（a）助成金収入

バイオベンチャー企業の多くが，公的な助成を受けている。この収入は助成の対象により，次のように会計処理することが一般的である。

ⅰ．特定の開発費の補填として助成される場合

特定の開発費の補填として助成される場合，通常，特定の発生期間に対応する費用金額等に対して補填がなされるため，費用の発生と対応させて収益認識することとなる。

表示項目としては，営業外収益とすることが一般的である。また，助成金と研究開発費の関連性が明確であり，実質的に立替えと判断できる場合には，販売費及び一般管理費の研究開発費から控除することも考えられる。

ⅱ．ⅰ以外の場合（例えば開発全般に対する助成）

表示項目としては，営業外収益とすることが一般的である。

（b）受託研究収入

受託研究収入については，履行義務の充足パターンに従って収益を一時点又は一定期間にわたって認識する。次の要件のいずれかを満たす場合，財又はサービスに対する支配が顧客に一定の期間にわたり移転すると認められるため，一定の期間にわたり履行義務を充足し収益を認識する。

履行義務が一定の期間にわたり充足されるのか，一時点で充足されるかの判定（収益認識基準38項）

(1) 企業が顧客との契約における義務を履行するにつれて，顧客が便益を享受すること

(2) 企業が顧客との契約における義務を履行することにより，資産が生じる又は資産の価値が増加し，当該資産が生じる又は当該資産の価値が増加するにつれて，顧客が当該資産を支配すること

(3) 企業が顧客との契約における義務を履行することにより，別の用途に転用することができない資産が生じ，かつ義務の履行を完了した部分について，対価を収受する強制力のある権利を有していること

　例えば，バイオベンチャー企業が研究支援サービスに関する義務を履行するにつれて顧客がその便益を享受する場合には，一定の期間にわたり履行義務を充足し収益を認識する。

　一方，上記のいずれも満たさない場合には，一時点で充足される履行義務として，資産に対する支配を顧客に移転することにより履行義務が充足されるとき（例えば，研究成果のレポートを顧客が検収したとき）に収益を認識する。

(c) 大手製薬企業との提携に係る収入

ⅰ. 基本的な考え方

　バイオベンチャー企業が新薬の開発に成功しても，それを自ら製造販売するわけではない。バイオベンチャー企業は大手製薬企業と提携関係を結び，大手製薬企業に製造及び販売を実施してもらうことになる。両者の提携関係とは契約を締結することで発生するものであり，通常，医薬品ごとに個々に締結する。

　提携契約の締結時としては，医薬品が完成に近づいた時点でのケースもあるが，開発の途上で情報を提供し合いながら関係を構築するケースが多い。実際の提携契約では，共同開発契約，共同事業契約など様々な名称が用いら

第4章　バイオ業界

れるが，以下では「ライセンス契約」という名称を用いることとする。

　このライセンス契約を締結するケースにおいては，①契約一時金，②マイルストン・ペイメント，③ロイヤリティ収入（ランニング・ロイヤリティ）などが計上されることが考えられ，具体的には次のように大手製薬企業からバイオベンチャー企業へ金銭の提供が行われることとなる（第2章「3　製薬業における収益認識」参照）。

---

①契約一時金

　大手製薬企業がバイオベンチャー企業と提携を開始する際に支払われる，開発を共同で進めていくための契約金を契約一時金と呼ぶ。通常，大手製薬企業が，バイオベンチャー企業の研究成果（知的財産）の開示を受け，内容を精査した上で契約，支払いが行われる。

②マイルストン・ペイメント

　バイオベンチャー企業の研究開発が一定の段階に達した場合に大手製薬企業から支払われる成功報酬型の支払いを，マイルストン・ペイメントという。

③ロイヤリティ収入（ランニング・ロイヤリティ）

　ライセンス契約により，医薬品の完成後，大手製薬企業が市場でそれを販売した代金の一部をバイオベンチャー企業が受け取ることとなるが，このように自社の特許権やノウハウを他社へ使用許諾することで受け取る対価をロイヤリティ収入という。その算定基礎は一般的に売上の一定割合であることが多い。

ⅱ. 契約一時金の会計処理

　収益認識基準は5つのステップを適用し，収益を認識することを定めている。会計処理の検討にあたっては，ライセンス契約の内容を正確に理解することが必要となるが，契約の文言など形式的な情報だけでなく，契約当事者の意図などを背景にした実質的な取引内容を吟味することに留意すべきである。

250

2 バイオ企業におけるプロセス及び会計処理の特徴

【ステップ 1】顧客との契約の識別

ライセンス契約が「顧客との契約」に該当するかどうかを判断する。契約の相手先である大手製薬企業が「バイオベンチャー企業の通常の営業活動により生じたアウトプットである財又はサービス」を獲得するために契約を締結する場合には,「顧客との契約」に該当し,収益認識基準を適用する。

一方,大手製薬企業が「リスクと便益を契約当事者で共有する活動又はプロセス（例えば,契約当事者全員が意思決定に参加して,等しく利益又は損失を分担する共同研究開発）」に参加するために契約を締結する場合には,大手製薬企業は「顧客」には該当しないため収益認識基準を適用しない。この場合には企業会計原則に従い,実現主義に基づき収益認識を行い,その他の売上収益又は営業外収益として表示することが考えられる。

また,研究開発の主体が契約当事者の双方にあり,当社が立て替えた研究開発費のうち契約の相手方のリスク負担相応分を受領したと判断できる場合には,研究開発費と相殺表示することも考えられる。

【ステップ 2】履行義務の識別

ライセンス契約には,契約当事者間の様々な契約上の約束が含まれているため,まずは履行義務の識別を行う。契約の主要な構成要素であるライセンス（企業の知的財産に対する顧客の権利を定めるもの）の供与のほか,研究開発支援,治験薬等の提供,製品供給義務などの履行義務が含まれている場合がある。

次に,これらの履行義務がライセンス供与と別個の履行義務なのか,単一の履行義務なのかを判定する。収益認識基準 34 項によれば,次の①及び②の要件のいずれも満たす場合には,別個の履行義務となる。

第4章　バイオ業界

> ①当該財又はサービスから単独で顧客が便益を享受することができること，あるいは，当該財又はサービスと顧客が容易に利用できる他の資源を組み合わせて顧客が便益を享受することができること
> ②当該財又はサービスを顧客に移転する約束が，契約に含まれる他の約束と区分して識別できること

　例えば，バイオベンチャー企業が大手製薬企業に治験薬を提供する約束がライセンス契約に含まれている場合に，治験薬の製造サービスを他の企業が提供可能であれば，別個の履行義務として識別することが考えられる（収益認識適用指針設例24-2参照）。

【ステップ3，4】取引価格の算定と各履行義務への配分

　財又はサービスの独立販売価格の比率に基づき，契約において識別したそれぞれの履行義務に契約一時金の金額を配分する。ただし，ライセンスの独立販売価格を直接観察できない場合には，残余アプローチ（契約における取引価格の総額から契約において約束した他の財又はサービスについて観察可能な独立販売価格の合計額を控除して見積もる方法）などの方法を用いて算定することが考えられる（収益認識適用指針31項参照）。

【ステップ5】履行義務の充足

　ライセンスの供与については，「使用権」に該当するのか，「アクセス権」に該当するのかを判定する。特定の化合物等の製法特許を有するバイオベンチャー企業においては，ライセンスの供与は「使用権」と判断されるケースが多い。これは，顧客は対象化合物から得られる便益の大部分をバイオベンチャー企業による継続的な活動からではなく，重要な独立した機能（特定の疾患を治療する医薬品としての機能）から獲得するためである。「使用権」と判断される場合には，一時点で充足される履行義務として，契約時（＝ライセンス供与時）に一時点で収益認識する。

252

ただし，ライセンス契約の形態は様々であり治療法も多様化してきており，ライセンスの内容や性質を踏まえた判断が必要となる。例えば，IT 技術を活用した治療法などで，知的財産の価値を補強する又は維持するためにその機能が継続的に変化する場合には「アクセス権」と判断される可能性もある。「アクセス権」と判断される場合には，一定の期間にわたり充足される履行義務として会計処理する。

また，ステップ 2 で，ライセンス供与と別個の履行義務が識別された場合には，それぞれの履行義務の内容に応じた収益認識を行う。例えば，「研究開発サービス」の履行義務が別個に識別された場合には，研究開発期間にわたり一定期間で収益認識することが考えられる。

iii. マイルストン・ペイメントの会計処理

マイルストン・ペイメントについても，契約一時金と同様に識別された履行義務の対価となるが，契約で定められた条件を達成しなければ支払いを受けることができず不確実性が存在する。そのため，収益認識基準における変動対価（顧客と約束した対価のうち変動する可能性のある部分）として，取引価格の算定（ステップ 3）で見積りを行うべきものであるが，変動対価の見積りはその不確実性が事後的に解消される際に収益の著しい減額が発生しない可能性が高い部分に限り取引価格に含めるとされている（収益認識基準 54 項）。

したがって，マイルストン・ペイメントは開発中止となった場合に収益の著しい減額が生じ変動対価の見積りが制限されるため，契約一時金の収益認識時には取引価格に含めず，不確実性が事後的に解消される時点，すなわちマイルストン達成時に収益認識することになる。

iv. ロイヤリティ収入の会計処理

ライセンス供与に対して受け取る売上高又は使用量に基づくロイヤリティ収入については，以下のいずれか遅い方で収益を認識する（収益認識適用指

第4章　バイオ業界

針67項)。

①顧客である大手製薬企業が売上高を計上するとき又はライセンスを使用するとき
②ロイヤリティ収入の一部又は全部が配分されている履行義務が充足（あるいは部分的に充足）されるとき

② 研究開発費の会計処理

研究開発費は発生時に費用処理することとされている（研究開発費基準三）。これは，自社で研究開発を行うほか，他社に委託し研究開発をさせる場合に発生する費用も同様である。

しかし，他から特許権を購入した場合の会計処理には注意が必要である。例えば，自社で研究開発するより，他社の技術を導入する方が早く安価であるとの理由により特許を購入する場合において，その特許権が比較的基礎的な研究に関わるものであれば，自社の研究開発の代替的費用であるため当該支出は研究開発費として即時費用化すべきであろう。

なお，詳細については第2章「10　製薬業における研究開発費」を参照。

③ 減損会計

（a）基本的な考え方

減損会計とは企業の固定資産について，その収益性が低下し投資額の回収が見込めなくなった場合には，回収可能価額まで帳簿価額を減額する会計処理である。減損会計にあたっては，適切なグルーピングを行い，各グループを構成する資産が生み出す収益性を検討し，継続的に赤字をもたらすような資産について，回収可能価額，すなわち将来的な収益予測値である使用価値と処分価額である正味売却価額のいずれか低い方で評価する。

ただし，通常，バイオベンチャー企業の場合，多額の固定資産を保有する企業は少ない。すでに述べたように，純粋な創薬ベンチャー企業は現金預金以外の資産は多額に保有しない傾向にあること，また知的財産は過去に発生

254

した研究開発費としてすべて費用化されており，貸借対照表に計上されないことには留意すべきである。

例えば，研究開発用資産を購入した場合，それが，特定の新薬の開発用の実験施設であれば，研究開発費として取得時に費用化することになると考えられる。

(b) 減損会計適用における留意点

バイオベンチャー企業においては，資産を多額に保有しない傾向にあるものの，やはり汎用的な実験施設・器具，パソコン，他の者から購入した諸権利など資産計上がなされているものは，減損会計の適用を受ける資産である。

減損会計においては，継続的な赤字事業に関わる資産又は資産グループについて，減損の兆候があると考えるのが通常である。したがって，創薬事業などでは兆候ありと考えられる場合が多いといえる。

減損の兆候ありと判定された場合は，固定資産又は資産グループの使用期間（20年以内）に事業から得られる収益を検討し，その合計額（割引前将来キャッシュ・フロー）を測定して固定資産の帳簿価額と比較する。比較の結果，事業から得られる収益の合計額が帳簿価額を下回っている場合は，収益の合計額に割引率を加味した価額（使用価値）まで減損し，減損損失を特別損失に計上する。

ただし，当該資産又は資産グループの正味売却価額が，帳簿価額を下回っていない場合は減損の必要はない。

このように，減損会計の適用の過程においては，資産がもたらす将来の収益予想が大きな役割を果たす。したがって，減損の兆候があらわれやすい創薬事業においては，事業計画における収益計画が特に重要になる。

第4章　バイオ業界

（3）その他

① 損益計算書上の表示項目：売上高か事業収益か

　一般事業会社の場合，損益計算書上，売上と売上原価の差額を売上総利益とし，そこから販売費及び一般管理費を差し引いて営業利益を算定する。

　しかし，バイオベンチャー企業，特に創薬バイオベンチャー企業の場合には，売上の主要部分は，開発した医薬品の販売によるロイヤリティ収入であり，それに対応するコストのほとんどは過去に発生した研究開発費であり，発生時に費用処理されている。したがって，結果として収益と費用の計上時期がまったく異なることとなる。この点，例えばある医薬品についての売上が10億円計上されても，その会計期間の当該医薬品に関するコストはほぼゼロということになる。

　当然に売上の計上される期の損益計算書上は研究開発費が計上されるが，それは別の開発中の製品（又は製品候補）にかかるものである。

　したがって，一般事業会社の損益計算書にみられるような売上－売上原価＝売上総利益という算式が単純に成立しない。このため，しばしば，事業収益，事業費用といった括り方で損益計算書の表示を行っている。

② 継続企業の前提に関する注記

　我が国における現行の企業会計は，企業が将来にわたって事業活動を継続することを前提に作成される。例えば，減価償却などは，今後の使用状況を見込んで，規則的に費用化し残高を帳簿価額とする。

　これは，企業が今後も継続的に存続し，事業を継続していくことを前提にした処理である。仮に，存続が今年度までという前提に立てば，規則的償却はできず，例えば，会社財産を処分することを念頭に置いて，処分可能価額を期末の帳簿価額とすることが考えられる。

256

(a) 継続企業の前提に重要な疑義を生じさせるような事象又は状況

継続企業の前提に疑義を生じさせるような事項は多数挙げられているが（監保委第74号），バイオベンチャー企業で特に論点となるのは，「継続的な営業損失の発生又は営業キャッシュ・フローのマイナス」である。これらの事実がある場合，継続企業の前提に関する注記の要否を検討すべきである。

ただし，主に現金預金の残高が1年にわたり潤沢にあると予想される場合には，たとえ赤字の金額が大きくとも注記は不要の場合もあると考えられる。

(b) 当該事象又は状況を解消改善するための対応策

前述のような重要な疑義を生じさせる事象又は状況がある場合，企業はその対応策を講じることとなる。当該事象又は状況を解消し，又は改善するための対応をしてもなお，継続企業の前提に関する重要な不確実性が認められるときは，次に掲げる事項の注記を行うこととされている（財規第8条の27）。

①当該事象又は状況が存在する旨及びその内容
②当該事象又は状況を解消し，又は改善するための対応策
③当該重要な不確実性が認められる旨及びその理由
④当該重要な不確実性の影響を財務諸表に反映しているか否かの別

(4) バイオベンチャー企業の財務諸表の特徴

以上より，バイオベンチャー企業における財務諸表の特徴をまとめると，図表4-3のようになる。

第4章 バイオ業界

図表 4-3 バイオベンチャー企業の財務諸表の特徴

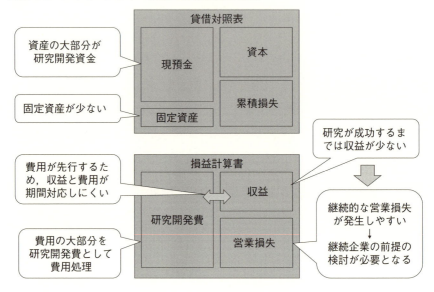

第5章

医薬品業界におけるM&A

1. M&A の動向
2. M&A の概要及び会計処理
3. M&A の実施プロセス
4. 財務 DD
5. 税務 DD
6. その他の DD
7. ポスト M&A・フェーズ

1 M&Aの動向

（1）市場環境の変化

　国内製薬企業は，1980年から1990年代に開発されそれまで事業の基盤となっていた売上規模の大きい生活習慣病などの大型新薬の特許切れが集中した，いわゆる「2010年問題」を経て，現在では中国やインドをはじめとした新興国へ市場が拡大し，堅調な拡大を続けている。

　一方，バイオテクノロジーを活用した新たなモダリティの登場・新薬開発の高額化などを背景として，各製薬企業は事業の存続と成長を確保するため，M&Aや経営統合，新薬候補となるシーズを確保するためのベンチャー企業との協働に，その活路を見出している。

　特に，国内市場では，薬価の引き下げ圧力が強くなっており，以前のような高収益を上げることが難しくなってきた。そのため製薬企業各社は，事業ポートフォリオを見直し，一部事業の売却，ポストコロナ時代の新業態を見越しての事業拠点の削減，早期退職者の募集等の人員整理など，選択と集中のための事業再編を進めている。

　医薬品卸企業の経営環境は，引き続き苦しい状況である。医療機関との価格交渉は厳しい状況が続いており，医薬品卸企業の売上総利益率は，一貫して低下傾向にある。それでも人命に関わる医薬品の安定供給は医薬品卸業界の使命であり，各社規模の拡大と物流合理化により生き残りを図っている。昨今では，ビッグデータやAI（人工知能）を活用して，得意先ごとに配送業務量を予測し，配送の効率化を図る取組みもみられる。

（2）経営戦略としてのM&A

　医薬品業を取り巻く市場環境の変化を簡単に述べたが，海外企業であれ日本企業であれ，メーカーも卸も小売も，すべて市場環境の変化から逃れるこ

1 M&Aの動向

図表 5-1 主な国内製薬企業の再編図

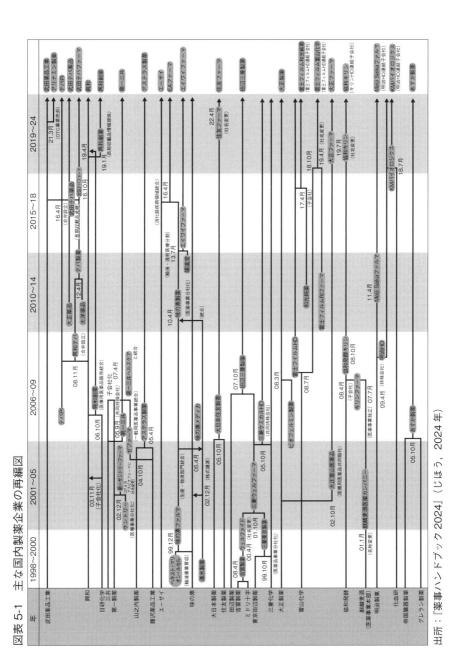

出所：『薬事ハンドブック 2024』（じほう、2024年）

第5章

第5章　医薬品業界におけるM＆A

とはできない。変化のスピードは速く，従来どおり自前の投資のみで規模拡大や，海外や新業態への進出，新たな技術の獲得を試みるのは時間がかかり，変化のスピードの速さに対応できない。

　このような課題を解決するために，製薬業界においても過去において様々なM&Aが行われてきた（図表5-1）。昨今の大型企業買収としては2019年に武田薬品工業が欧州のシャイアーを約6兆円で買収した案件が挙げられる。世界的な製薬競争の中で，ファイザーやロシュといった巨大企業に研究開発投資で対峙できる規模を確保すること，将来的な成長の基盤となる新薬候補を確保することにある。その他，新薬候補のラインナップを拡充するため有望な新薬候補を持つバイオベンチャーを吸収するといった動きや，一般用医薬品事業や後発医薬品事業を切り離し，医療用医薬品や主要研究領域に特化する動きもみられる。

262

2 M&A の概要及び会計処理

（1）M&A の概要

　M&A とは Mergers（合併）and Acquisitions（買収）の略であり，その手法としては通常の合併や株式買収のほかにも，株式交換・株式移転，事業譲受等，様々な手法が存在する。また，資本・業務提携等も，広義の意味では一種の M&A であるといえる。

　これらの手法と会計処理とは必ずしも一対一で対応するものではなく，具体的な会計処理は用いられた手法に関係なく，実施された M&A の性質を捉えた上で決定されることになる。以下では企業結合会計について解説する。

（2）企業結合基準の基本的な考え方

　企業結合とは，ある企業又はある企業を構成する事業と，他の企業又は他の企業を構成する事業とが1つの報告単位に統合されることをいうものである。なお，複数の取引が1つの企業結合を構成している場合には，それらを一体として取り扱うこととなる（企業結合基準5項）。

　具体的には，企業結合基準では，企業結合取引を次の3種類に分けて会計処理を行うことになる（図表5-2）。

　企業結合の手法に関しては，合併，会社分割，株式譲渡・取得，株式交換・株式移転等が挙げられるが，いずれの手法を採用した場合であっても，この3種類のいずれかにあてはめて会計処理を検討することとなる。

　製薬業においては，他社を株式取得などにより買収するケースが特に重要と考えられることから，以下，「取得」の処理に関して解説を行う。

263

第5章　医薬品業界におけるM＆A

図表 5-2　企業結合の種類と会計処理

企業結合の種類	定義	会計処理
取得	ある企業が他の企業又は企業を構成する事業に対する支配を獲得すること（企業結合基準9項）。共同支配企業の形成及び共通支配下の取引以外の企業結合が取得となる（企業結合基準17項）。	パーチェス法
共同支配企業の形成	複数の独立した企業が契約等に基づき，共同支配企業を形成する企業結合（企業結合基準8項，11項）。共同支配企業とは，複数の独立した企業により共同で支配される企業をいう（企業結合基準10項）	簿価移転
共通支配下の取引	結合当事企業のすべてが，企業結合の前後で同一の株主に最終的に支配され，かつ，その支配が一時的ではない場合の企業結合（企業結合基準16項）。	簿価移転

（3）取得の会計処理の流れ

　取得の場合，ある企業が他の企業の支配を獲得することになる経済的実態を重視し，パーチェス法を採用することとなる（企業結合基準67項）。

　ここで，パーチェス法とは，原則として，被取得企業から受け入れる資産及び負債の取得原価を，対価として交付する現金及び株式等の「時価」とする会計処理方法であると定められている（企業結合基準63項，企業結合適用指針29項）。

　以下，次の流れに従ってパーチェス法の会計処理について解説を行う。

①取得企業の決定
②取得原価の算定
③取得原価の配分
④のれん又は負ののれんの会計処理

264

① 取得企業の決定方法

　パーチェス法を適用するにあたっては，取得企業を決定する必要があり，その決定にあたっては，次のように定められている。

（企業結合基準18項）
被取得企業の支配を獲得することとなる取得企業を決定するために，企業会計基準第22号「連結財務諸表に関する会計基準」の考え方を用いる。

　この連結会計基準の考え方によっても取得企業が明確とならない場合には，図表5-3に挙げる要素を考慮し，取得企業を決定することになる（企業結合基準19項～22項）。

図表5-3　取得企業決定時に考慮すべき要素

対価の種類等	考え方
現金若しくは他の資産を引き渡す又は負債を引き受ける場合	通常，現金若しくは他の資産を引き渡す又は負債を引き受ける企業が取得企業となる。
株式（出資）の場合	通常，株式を交付する企業が取得企業であるが，次の要素を総合的に勘案し決定する。 ・総体としての株主が占める相対的な議決権比率の大きさ ・最も大きな議決権比率を有する株主の存在 ・取締役等を選解任できる株主の存在 ・取締役会等の構成 ・株式の交換条件
結合当事企業のうちいずれかの企業の相対的な規模が著しく大きい場合	通常，相対的な規模が著しく大きい企業が取得企業となる。
結合当事企業が3社以上の場合	上記企業の相対的な規模に加えて，いずれの企業がその企業結合を最初に提案したかについても考慮する。

第5章　医薬品業界におけるM＆A

② 取得原価の算定
（a）基本原則
　取得原価の算定については企業結合基準上，基本的に次のように考えることが定められている。

> （企業結合基準23項）
> 　被取得企業又は取得した事業の取得原価は，原則として，取得の対価（支払対価）となる財の企業結合日における時価で算定する。支払対価が現金以外の資産の引渡し，負債の引受け又は交付の場合には，支払対価となる財の時価と被取得企業又は取得した事業の時価のうち，より高い信頼性をもって測定可能な時価で算定する。

　取得原価の算定にあたっては，通常は支払対価と取得した資産の時価が等価であることを前提に，支払対価となる財の時価をベースにすることとなる。ただし，企業結合取引においては，株式を支払対価とする等，支払財貨となる財のケースは様々に考えられ，支払対価の財の時価の測定が困難な場合においては，取得原価の算定は取得した企業又は事業の時価に基づくことが考えられる。なお，支払対価が現金以外の資産の引渡し，負債の引受け又は株式の交付の場合には，支払対価となる財の時価と受け入れた資産の時価のうち，より高い信頼性をもって測定可能な時価で測定されるのが一般的である（企業結合基準84項）。

（b）段階取得の場合
　取得が複数の取引により達成される「段階取得」については，企業結合基準上，次のように取り扱うことが定められている。

> （企業結合基準25項）
> 　取得が複数の取引により達成された場合における被取得企業の取得原価の算定は，次のように行う。

> （1）個別財務諸表上，支配を獲得するに至った個々の取引ごとの原価の合計をもって，被取得企業の取得原価とする。
>
> （2）連結財務諸表上，支配を獲得するに至った個々の取引すべての企業結合日における時価をもって，被取得企業の取得原価を算定する。なお，当該被取得企業の取得原価と，支配を獲得するに至った個々の取引ごとの原価合計額（持分法適用関連会社と企業結合した場合には，持分法による評価額）との差額は，当期の段階取得に係る損益として処理する。

　なお，段階取得の場合には，個別財務諸表と連結財務諸表とで会計処理が異なることとなる。

　取得に相当する企業結合取引が行われた場合には，連結財務諸表上は支配を獲得したことにより，過去に所有していた投資の実態又は本質が変わったものとみなし，その時点でいったん投資が清算され，改めて投資を行ったと考え，企業結合時点での時価を新たな投資原価として差額を損益処理することとされている。

　一方，個別財務諸表上は，取得原価は個々の交換取引ごとに算定した原価の合計額とすることが経済的実態を適切に反映するとの考え方により，支配を獲得するに至った個々の取引ごとの原価の合計をもって，被取得企業の取得原価とするとされている。

　このことから，取得企業における個別財務諸表上の取扱いと連結財務諸表上の取扱いには差が生じると考えられる。この場合，当該個別財務諸表上の取得原価と連結財務諸表上の取得原価の差額は，連結財務諸表における当期の損益として処理することとされている（企業結合基準89項，90項）。

（c）取得に要した支出額の会計処理

　取得とされた企業結合取引の取得原価は，企業結合基準上，次のように取り扱うことが定められている。

第5章　医薬品業界におけるM＆A

（企業結合基準 26 項）
取得関連費用（外部のアドバイザー等に支払った特定の報酬・手数料等）
は，発生した事業年度の費用として処理する。

　個別財務諸表上は，取得の対価性が認められる外部のアドバイザリーに支払った報酬・手数料等は取得原価に含めることとなっている（金融商品実務指針 56 項）ため，個別財務諸表と連結財務諸表とで会計処理が異なることとなる。

（d）条件付取得対価の処理

　企業結合契約の締結にあたっては，結合当事者が買収額等に関して交渉を行い契約条件を決定していくが，そもそも交渉は将来の経済的効果を予測し仮定した上で行うため，いわゆるリスクを負担するものであるといえる。そのため企業結合契約において，このようなリスクを軽減する目的で，取得対価が企業結合契約締結後の将来の特定の事象又は取引の結果に依存して追加的に交付又は引き渡されるケースが存在する。このような対価を条件付取得対価といい，この会計処理については次のように定められている。

（企業結合基準 27 項）
（1）将来の業績に依存する条件付取得対価
　　条件付取得対価が企業結合契約締結後の将来の業績に依存する場合には，条件付取得対価の交付又は引渡しが確実となり，その時価が合理的に決定可能となった時点で，支払対価を取得原価として追加的に認識するとともに，のれん又は負ののれんを認識する。
（2）特定の株式又は社債の市場価格に依存する条件付取得対価
　　条件付取得対価が特定の株式又は社債の市場価格に依存する場合には，条件付取得対価の交付又は引渡しが確実となり，その時価が合理的に決定可能となった時点で，次の処理を行う。

268

> ①追加で交付可能となった条件付取得対価を，その時点の時価に基づき追加的に認識する。
>
> ②企業結合日現在で交付している株式又は社債をその時点の時価に修正し，当該修正により生じた社債プレミアムの減少額又はディスカウントの増加額を将来にわたって規則的に償却する。

　条件付取得対価には，基準に例示するように，例えば将来の業績に依存する場合，特定の株式又は社債の市場価格に依存する場合などが挙げられる。製薬業においては，例えばバイオベンチャー企業などの研究開発型企業を買収するケースでは，買収後の一定の期間内に研究開発活動が成功した際には，追加で買収金額を上乗せするような契約条件が付されることが少なくないことから，考慮すべき事項であるといえる。

　会計処理にあたっては，将来の交付又は引渡しが確実となり，その時価が合理的に決定可能となった時点で，支払対価を取得原価として追加認識するとともに，のれん又は負ののれんを認識すると定められている。

③ 取得原価の配分（仕掛中の研究開発の成果を含む）

（a）基本的な考え方

　企業結合取引により取得した企業又は事業の取得原価は，複数の資産及び負債を一括して受け入れたものであるため，具体的な資産・負債に配分を行う必要があり，企業結合基準上，次のように定められている。

> （企業結合基準28項〜31項）
>
> 28．取得原価は，被取得企業から受け入れた資産及び引き受けた負債のうち企業結合日時点において識別可能なもの（識別可能資産及び負債）の企業結合日時点の時価を基礎として，当該資産及び負債に対して企業結合日以後1年以内に配分する。

第5章　医薬品業界におけるM&A

> 29. 受け入れた資産に法律上の権利など分離して譲渡可能な無形資産が含まれる場合には，当該無形資産は識別可能なものとして取り扱う。
> 30. 取得後に発生することが予測される特定の事象に対応した費用又は損失であって，その発生の可能性が取得の対価の算定に反映されている場合には，負債として認識する。当該負債は，原則として，固定負債として表示し，その主な内容及び金額を連結貸借対照表及び個別貸借対照表に注記する。
> 31. 取得原価が，受け入れた資産及び引き受けた負債に配分された純額を上回る場合には，その超過額はのれんとして次項に従い会計処理し，下回る場合には，その不足額は負ののれんとして第33項に従い会計処理する。

　すなわち，取得原価は，識別可能資産及び負債の時価に基づき受け入れる資産及び引き受ける負債へ配分し，配分後の純額と取得原価との差額はのれん又は負ののれんとして取り扱う。

　この取得原価の配分については，図表5-4のようにイメージできる。

(b) 識別可能性要件

　受け入れた資産に法律上の権利など分離して譲渡可能な無形資産が含まれる場合には，当該無形資産は識別可能なものとして取り扱うこととされており（企業結合基準29項），すなわち，ⅰ．法律上の権利，及びⅱ．分離して譲渡可能な無形資産，が識別可能となり，その概要は次のようになる。

ⅰ．法律上の権利

　法律上の権利とは，特定の法律に基づく知的財産権（知的所有権）等の権利をいい，産業財産権（特許権，実用新案件，商標権，意匠権），著作権，半導体集積回路装置，商号，営業上の機密事項，植物の新品種等が含まれるとされている（企業結合適用指針58項）。

ⅱ．分離して譲渡可能な無形資産

　分離して譲渡可能な無形資産とは，受け入れた資産を譲渡する意思が取得

図表 5-4　取得原価配分のイメージ図

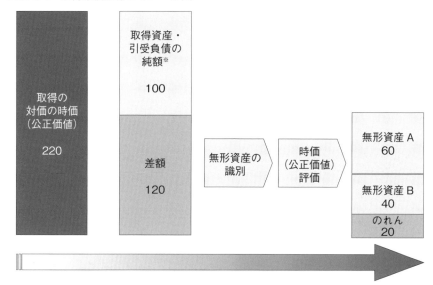

※新たに認識される無形資産に時価（公正価値）は含まない

企業にあるか否かに関わらず，企業又は事業と独立して売買可能なものをいい，そのためには，当該無形資産の独立した価格を合理的に算定できなければならないとされている（企業結合適用指針59項）。なお，特定の無形資産に着目して企業結合が行われた場合など，企業結合の目的の1つが特定の無形資産の受入れであり，その無形資産の金額が重要になると見込まれる場合には，当該無形資産は分離して譲渡可能なものとして取り扱い，識別可能資産として取得原価を配分することとなる（企業結合適用指針59-2項）。

分離して譲渡可能な無形資産であるか否かは，対象となる無形資産の実態に基づいて判断すべきであるが，例えば，ソフトウェア，特許で保護されていない技術，仕掛中の研究開発費についても分離して譲渡可能なものがある点に留意する（企業結合適用指針367項）。

第5章　医薬品業界におけるM＆A

　製薬業における企業結合取引は，通常は他社の有望な製品や開発状況に着目して行うケースが多いと考えられる。このように特定の無形資産に着目して企業結合が行われた場合には，「企業結合の目的の1つが特定の無形資産の受入れであり，その無形資産の金額が重要になると見込まれる場合」に該当する可能性も高く，当該ケースにおいては資産計上が必要となると考えられる。

（c）仕掛中の研究開発費

　仕掛中の研究開発費に関しても，企業結合により受け入れた場合においては，前述の識別可能性要件を満たすならば無形資産として資産計上が求められることとなる。

　製薬業における企業結合取引について，特に研究開発型企業の企業結合取引に際しては，被取得企業の持つパイプラインなどが仕掛中の研究開発の成果として識別されることが多く，これは非常に多額となりうる。ゆえに，この「インプロセスR&D」と呼ばれる仕掛中の研究開発費に関する取扱いは大きな論点となる。

　前述したその他の無形資産と同様，仕掛中の研究開発の成果が分離して譲渡可能である，すなわち，独立して売買可能かつ独立した価格を合理的に算定できる場合には，資産計上することとなる。

④　のれん又は負ののれんの会計処理

　取得原価と，受け入れた資産及び引き受けた負債の純額との差額はのれん又は負ののれんとされ（企業結合基準31項），次のように取り扱うことが定められている。

272

（企業結合基準 32 項，33 項）

32. のれんは，資産に計上し，20 年以内のその効果の及ぶ期間にわたって，定額法その他の合理的な方法により規則的に償却を行う。ただし，のれんの金額に重要性が乏しい場合には，当該のれんが生じた事業年度の費用として処理することができる。

33. 負ののれんが生じると見込まれる場合には，次の処理を行う。ただし，金額的に重要性が乏しい場合には，下記処理を行わずに，当期の利益として処理することができる。

(1) すべての識別可能資産及び負債が把握されているか，また，それらに対する取得原価の配分が適切に行われているか見直す。

(2) (1) の見直しを行っても，なお取得原価が受け入れた資産及び引き受けた負債に配分された純額を下回り，負ののれんが生じる場合には，当該負ののれんが生じた事業年度の利益として処理する。

のれんの会計処理に関しては，我が国の会計基準においては規則的な償却を行う方法を採用しており，20 年以内のその効果の及ぶ期間にわたって合理的な方法により規則的な償却を行うこととなる（企業結合基準 32 項）。なお，規則的な償却を行う場合であっても，減損基準に従って減損の判断は求められることとなる（減損基準一，減損適用指針 5 項，68 項）。

一方で，負ののれんに関しては，識別可能資産及び負債の把握，配分の見直しを行った上で，なお負ののれんが生じる場合に発生事業年度の利益として処理することとされている（企業結合基準 33 項）。

のれんの構成要素は，一般に企業結合によるシナジー効果や将来予測，また被取得企業の事業に存在する労働力の相乗効果のような，識別基準を満たさない無形資産等と考えられる（企業結合適用指針 368 項）。

第5章　医薬品業界におけるM＆A

（4）製薬業における近年の企業結合

① 買収事例

　前述のように製薬業を取り巻く環境は厳しさを増している。企業結合を行う目的としてはそれぞれの製薬企業の戦略に応じた事情があると想定されるが，大きく分けると次の要因にまとめることができる。

> ・製品のパイプラインの拡充や新たな製品領域を獲得する目的
> 　　特許期間の満了により既存製品の売上が減少するリスクへの対応として，有望な製品や開発力に着目して買収を行うケースが考えられる。
> ・事業展開にあたっての販売網を獲得する目的
> 　　グローバル展開を考えている会社や未開拓の新規分野へ進出する場合に，買収先の販売網に着目して買収を行うケースが考えられる。
> ・研究開発力の確保
> 　　スケールメリットの拡大により，研究開発に対して絶対額を増やすことに着目し，買収を行うケースが考えられる。

図表 5-5　近年の主な買収事例

完了日	買収企業	被買収企業	国	業態	買収金額
2015年2月23日	そーせいグループ	Heptares Therapeutics	英国	バイオテクノロジー	400百万英ポンド
2016年8月29日	日医工	Sagent Pharmaceuticals Inc	米国	医療用医薬品	734百万米ドル
2016年12月20日	アステラス製薬	Ganymed Pharmaceuticals GmbH	ドイツ	バイオテクノロジー	1,282百万ユーロ
2017年4月1日	アリナミン製薬	武田ヘルスケア	日本	医療用医薬品	非公開
2017年5月16日	アステラス製薬	Ogeda SA/NV	ベルギー	医療用医薬品	800百万ユーロ
2017年10月18日	田辺三菱製薬	NeuroDerm Ltd	イスラエル	バイオテクノロジー	1,100百万米ドル
2019年1月8日	武田薬品工業	Shire PLC	英国	バイオテクノロジー	46,000百万英ポンド

2019年 7月1日	大正製薬	UPSA SAS	フランス	医療用医薬品	1,600百万 米ドル
2019年 12月27日	住友ファーマ	Sumitovant	米国	バイオ テクノロジー	2,000百万 米ドル
2020年 1月15日	アステラス 製薬	Audentes Therapeutics Inc	米国	バイオ テクノロジー	3,000百万 米ドル
2020年 1月31日	東和薬品	Pensa Investments	スペイン	バイオ・ 医薬品製造	320百万 ユーロ
2022年 5月26日	塩野義製薬	Tetra Therapeutics	米国	バイオ テクノロジー	500百万 米ドル
2023年 7月11日	アステラス 製薬	Iveric Bio	米国	バイオテクノ ロジー	約59億 米ドル
2024年 6月11日	小野薬品工 業	Deciphera Pharmaceuticals	米国	バイオ・医薬 品製造	2,424百万 米ドル

出所：各社の適時開示情報をもとに作成

② アステラス製薬株式会社による Audentes Therapeutics Inc. の買収事例

　2020年1月にアステラス製薬株式会社が米国の Audentes Therapeutics Inc. を買収した際の会計処理の概要について，公表情報及び有価証券報告書をもとに紹介する。

Audentes Therapeutics, Inc. の取得

（1）企業結合の概要

　①被取得企業の名称及びその事業の内容

　　被取得企業の名称：Audentes Therapeutics, Inc.（以下「Audentes 社」）

　　事業の内容：遺伝子治療技術を活用した医薬品の研究開発

　②取得日

　　米国東部時間 2020年1月15日

　③取得した議決権付資本持分の割合

　　100％

275

④被取得企業の支配の獲得方法

現金による株式公開買付

⑤企業結合を行った主な理由

　　Audentes 社は，希少かつ重篤な神経筋疾患を対象に，アデノ随伴ウイルス（AAV）に基づく遺伝子治療薬の研究開発に注力する 2012 年に設立されたバイオテクノロジー企業であり，AAV を活用した独自の遺伝子治療薬の技術プラットフォームや治療薬を自前で製造することができる高い能力を有しています。また，有望な遺伝子治療プログラム群からなるパイプラインを構築しており，特に，X 染色体連鎖性ミオチュブラー・ミオパチー（XLMTM）を対象とする AT132 は，同社のリードプログラムとして現在，第Ⅰ／Ⅱ相臨床開発段階にあります。

　　本買収により，希少かつ重篤な疾患を有する患者さんのアンメットメディカルニーズに応えていくために，遺伝子治療の領域においてリーディングポジションを確立していきます。

（2）取得日現在における取得資産，引受負債及び支払対価の公正価値

有形固定資産	8,964
無形資産	284,944
FVTOCI の金融資産（負債性）	22,248
現金及び現金同等物	9,320
その他の資産	1,708
仕入債務及びその他の債務	△ 6,092
繰延税金負債	△ 41,517
その他の負債	△ 6,488
取得資産及び引受負債の公正価値（純額）	273,085
のれん	42,497
合計	315,582
支払対価の公正価値の合計	315,582

　　上記のうち，一部の金額については取得対価の配分が完了していないため，現時点で入手可能な合理的情報に基づき算定された暫定的な公正価値となっています。

のれんの主な内容は，個別に認識要件を満たさない，取得から生じることが期待される既存事業とのシナジー効果及び超過収益力です。

FVTOCI の金融資産（負債性）は，連結財政状態計算書の「その他の金融資産」に含まれています。

（3）キャッシュ・フロー情報

支払対価の公正価値の合計	315,582
被取得企業が保有する現金及び現金同等物	△ 9,320
子会社株式の取得による支出	306,262

上記のほか，Audentes 社の権利確定前のストック・オプション等の株式報酬に係る支払 7,744 百万円を企業結合とは別個に認識し，連結純損益計算書の「その他の費用」に計上しています。

（4）取得関連費用

1,687 百万円

取得関連費用は，連結純損益計算書の「販売費及び一般管理費」に含まれています。

（5）連結純損益計算書に与える影響

①当連結会計年度の連結純損益計算書で認識されている取得日以降の被取得企業の税引前利益

△ 5,895 百万円

②企業結合が期首に実施されたと仮定した場合の当連結会計年度の連結純損益計算書の税引前利益に与える影響額（非監査情報）

△ 25,723 百万円

（注）この影響額は，Audentes 社の 2019 年 4 月 1 日から取得日までの業績に基づいて算定しています。

（2020 年 3 月期有価証券報告書）

第5章　医薬品業界におけるM&A

(5) 企業結合会計における IFRS と日本基準の相違点

① 仕掛研究開発費

　製薬業界では，一般的に将来の新薬候補（パイプライン）の取得を目的として企業買収を行うことが多く，企業結合会計の取得価額を配分するパーチェス・プライス・アロケーション（PPA）において仕掛中の研究開発への配分が大きくなる傾向にある。識別された仕掛中の研究開発につき，国際財務報告基準（IFRS）特有の論点はないものの，企業結合日後も取得企業が当該研究開発を継続した場合に支出する金額について差異がある。IFRS では IAS 第 38 号「無形資産」の定義を満たす限り，取得した仕掛中の研究開発活動の開発費を帳簿価額に加える。日本基準上は開発費の無形資産としての追加計上は認められていない。

　企業結合に該当せず，仕掛中の研究開発を個別取得した場合も，IAS 第 38 号の定義を満たす限り，IFRS 上は無形資産計上が要求される。日本基準に準拠する場合には，研究開発費として発生時に費用処理することになる。

② のれん

　企業結合において，受け入れた資産及び負債に配分された金額を超過する額はのれんとして認識されることになる。のれんについて，IFRS 上は定期的な償却は行われず毎期減損テストを行う必要がある。日本基準上は計上後 20 年以内の効果の及ぶ期間に，定額法その他合理的な方法によって償却をし，減損の兆候があった場合にのみ減損テストを行う。

③ 偶発債務

　企業結合で引き受けた偶発負債は，取得日現在，過去の事象に起因する「現在の債務」であり，公正価値が信頼性をもって測定できる場合には，経済的便益を持つ資源の流出可能性に関わらず認識される。つまり，資源の流出可能性が 50％以下の場合であっても，企業結合時に限り，その他の認識

278

要件を満たす場合には負債として認識する必要がある。日本基準では，取得後に発生することが予想される特定の事象に対応した費用又は損失であって，その発生の可能性が取得の対価の算定に反映されている場合には，負債として認識する。

　例えば，企業結合に伴い，取得企業が主導する被取得企業のリストラクチャリングのように，両者の間の取り決めに基づいて取得後に実行される計画は，取得日時点においては通常被取得企業の負債ではない。そのため，IFRS では企業結合の会計処理に含めることができず，別個の取引として処理される。日本基準では企業結合の一環として負債計上される可能性がある（新日本有限責任監査法人『完全比較　国際会計基準と日本基準（第3版）』p.253-256）。

④ 条件付対価

　買収後，特定の目標を達成した場合に取得対価を追加的に支払うといったアーンアウト条項を付ける場合があり，企業結合会計では条件付対価として整理することが多い。製薬業では，例えばバイオベンチャー企業など研究開発型企業を買収し，買収後の一定の期間内に研究開発活動が成功した場合に，追加で買収金額を上乗せするようなケースが該当する。

　IFRS 上は取得日に取得日公正価値で評価し，支払対価の一部として認識する。期末日では公正価値での再測定が求められ，公正価値の変動額は純損益に認識する。のれんは，条件付対価を含む支払対価を基礎として，取得日時点で測定がなされ，期末日で事後測定により条件付対価の公正価値が変動してものれんの追加認識は行われない。

　日本基準上は条件付取得対価の交付又は引渡しが確実となり，その時価が合理的に決定可能となった時点で，支払対価を取得原価として追加認識する。当初認識時ののれんは条件付対価を含まない支払対価を基礎として，取得日時点で測定がなされ，取得日以後，条件付対価が認識された時点でのれんを追加認識する。

3 M&Aの実施プロセス

(1) M&Aの実施プロセスの概要

　製薬業界のM&Aにおいては株式買収の手法が用いられることが多いことから，以下，主に株式買収を前提として解説するものとする。

　M&Aには，様々な不確定要素や数多くの選択肢が伴う。例えば，世界中にある候補の中からどの企業を買収対象とするのか，M&A手法や買収後の組織形態はどうするのか，性質の異なる資金をどのように組み合わせて調達するのか，リスクやバリューアップ機会をどのように特定し買収価格に反映させるのか，統合時に発生する混乱をどのように予防・解決すればよいのか，などである。このような問題に対応するために，通常M&Aの実施には相応の時間を要し，また，自社リソースのみで対応することは困難であることから，フィナンシャル・アドバイザー（FA）や，法務・財務・税務等に関する専門家（アドバイザー）を起用し，各アドバイザーの力を利用しながら進めていくことが多い。

図表5-6　M&Aの実施プロセス

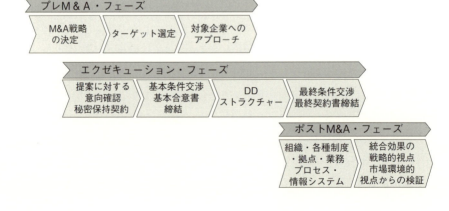

3 M&Aの実施プロセス

通常，M&Aの実施プロセスは準備段階（プレ M&A・フェーズ），実行段階（エグゼキューション・フェーズ），実行後（ポスト M&A・フェーズ）の3つのフェーズに大別される（図表5-6）。なお，フェーズの区分方法や各フェーズと各プロセスの対応関係・時間軸等は必ずしも画一的なものがあるわけではない。そのため，以下では一般的な区分方法を示すこととする。なお，本書の記載は以下，概要について記載した後，当該区分方法に基づいて解説をする。

① プレ M&A・フェーズ

プレ M&A フェーズはいわば，M&A を実行する準備段階である。M&A戦略の決定，ターゲット選定，対象企業へのアプローチの大きく3つの作業を行う。

まず，M&A 戦略の決定において，最も重要なことは M&A の狙い・目的を明確化することである。すなわち M&A によって獲得したい能力・資産は何なのか，また獲得することによってどのようなシナジーを生み，株式価値を増大することができるのかの青写真を描いておく。ターゲット選定はM&A の狙い・目的に合致するターゲットを選んでいくプロセスである。対象企業へのアプローチは，実際にターゲット企業に働きかけを行い，自社とのM&A に対する興味・感触を確認するプロセスとなる。

② エグゼキューション・フェーズ

アプローチの結果，好意的に反応した買収対象企業に対しては，秘密保持契約を締結の上，両社の間で意向確認と情報交換を進める。そして，数社と情報交換を行った上で最終的な買収候補先を特定し，基本合意書を締結し，本格的な交渉を開始する。基本合意書では，一般的に買収の対象範囲，検討している価格レンジ，買収のストラクチャー，その他の基本条件等について記載・合意することが多い。通常，基本合意は法的拘束力を有するものではないが，当該合意により両当事者に誠実な交渉義務が要求されることとなる。

281

第5章　医薬品業界におけるM&A

　基本合意書を締結後，具体的な作業としては，ストラクチャーの検討，バリュエーション（株式価値の算定）並びにデューデリジェンス（DD）が行われる。これらはそれぞれが独立して完結するものではなく，例えばDDの結果に基づきストラクチャーが変更されたり，バリュエーションが修正されるなど，相互に密接に関係したものであるといえる。そのため，案件によってその進め方や実施のタイミング等は様々である。

　DD及びバリュエーションが終了し，最終的なストラクチャーが確定した場合には，買収対象企業との最終契約書の締結に至ることとなる。

③ ポストM&A・フェーズ

　Corporate Executive Boardが実施した経営陣に対するアンケート調査 "HR's Role in Merger and Acquisition"（2006年）によれば，M&A失敗の最大の理由として，「誤った戦略」と「高すぎた買収価格」が各28％であるのに対し，「統合の失敗」が44％と，最も回答比率が高かった。

　M&Aの主な目的であるバリューアップやシナジー効果は，最終合意契約を締結し，会社登記や従業員の転籍など法的な要件が充足された段階で自動的に実現するものではなく，統合の障害を認識し克服するための施策を意識的に実施しなければ実現しないものである。例えば，M&Aの統合レベルが高くなるほど，慣れない業務知識や組織風土，新しい上司や同僚に順応する必要があり，その負担から従業員の抵抗が生じやすくなる。経営サイドからみれば合理的な計画も，心理的な不安等が絡むことで思いどおり進まなくなることもある。したがって，エクゼキューションの段階から統合後の組織のあり方や，当事者間の責任・費用分担を洗い出し，事前準備や必要に応じて契約書への明記を行うことが望まれる。

　また，これらの施策は，ビジネス，ITシステム，人事など様々な領域にまたがり，それぞれ単体でも複雑な内容を，両社の従業員が力を合わせ全体的な整合性や連動性を持って進めなければならない。そのため，統合委員会といったコーディネータや各分野のタスクフォースで構成されるプロジェク

トの推進体制を構築し，スケジュールに沿って当初期待された業績の達成状況を継続的にモニタリングしながら，柔軟かつ確実にやり切ることが重要である。

　この他，買い手はこのポストM&Aフェーズにおいて，当該M&Aの結果を財務諸表に反映させるべく会計処理を行う必要がある。前述のように，企業結合基準によれば，買い手が買収対象企業を取得する場合にはパーチェス法に基づくこととなり，その会計処理にあたっては取得原価の算定，配分（一般に，パーチェス・プライス・アロケーション（PPA）と呼ばれている）を行うこととなる。具体的にはM&A時点の時価を基礎として，M&Aに要した取得原価を買収対象企業の識別可能資産及び負債に配分することで，最終的なのれん（又は負ののれん）の額を算定する。

　製薬業界の場合，PPAにおいて買収対象企業が進めているパイプラインが重要な無形資産として識別されることが多く，その結果如何によっては最終的に算定されるのれんの額が大きく異なることがある。そのため，製薬業界におけるPPAは他の業界に比して極めて重要なインパクトを有する。

　なお，PPAとは本来は買収完了（クロージング）後に実施する作業であるが，近年，エグゼキューション・フェーズの段階で株価や事業価値の算定と同時並行して暫定的なPPAを実施するケースも増えている（以下，Pre-deal PPA）。これは，クロージング前に暫定的にPPAを実施することにより，無形資産及びのれんの額を概算的に把握し，将来損益への影響がどの程度生じるかを把握するためである。

（2）プレM&A・フェーズ

① M&A戦略の決定

　前述のように，事業環境の変化に伴い製薬企業各社は事業戦略の見直しを進めており，また製薬企業以外の医薬品関連企業においても同様の事態が起きている。その中で戦略期限を設けて自社のビジョンを描く場合，それを実現するための重要な施策について自前の展開で間に合わないようであれば，

第5章　医薬品業界におけるM＆A

企業は大胆な M&A に打って出ることになる。

　かつてブロックバスター時代には，市場シェアアップ（規模の拡大）や急増する研究開発費用の確保を狙いとして，大企業同士の水平展開型の M&A が多かった。しかし近年では我が国における国内市場の成熟化が明確となってきたことを契機として，海外市場展開や新たなパイプライン拡充のためのバイオベンチャーを狙いとした M&A が増加している。さらには，新規事業展開型の M&A として，新薬企業によるジェネリック医薬品企業の買収や，逆に異業種の新薬メーカーの買収が増えていることも非常に特徴的である。

　いずれにしても，本フェーズにおいて留意すべきは，M&A の目的・狙いを明確化しておくことである。この明確化により，後述するターゲット選定や最終的な買収意思決定の際にも，「M&A の目的」が買収により本当に達成されるのかという最も重要な視点に立ちかえり，検討することが可能となるのである。

　一般的に，M&A の類型には大きく次の３つある（図表5-7）。

図表 5-7　製薬業における M&A の類型と狙い

M&A の類型	狙い（例）
水平展開	市場シェア向上（規模の利益）・補完関係構築 パイプラインの拡充 海外営業チャネルの獲得
垂直展開	流通支配力の強化（卸の取引関係強化）
新規事業展開	ジェネリック医薬品進出 （食品メーカー等の）医薬品新規参入
その他	安定株主確保 異業種の能力（IT 能力）獲得

② ターゲット選定

　M&A 戦略の立案によって，企業が目ぼしい相手に手当たり次第に声をか

けたり，売り手からの持ち込み案件に安易に飛びついたりするようなことは
なくなる。

　次なる作業である M&A のターゲット選定にあたっては，まず，戦略に
定められた要件に従って，自社が補完したい経営資源を保有する企業のロン
グリスト（選定した M&A 相手先の候補企業リスト）を作成する。次に，
大株主の意向や企業の価値観，他社との資本・取引関係，買収による相手方
のメリット等を考慮して，買収対象企業の経営陣に売却の意思を持たせるこ
とが可能かどうか検討する。そして，買収金額や資金調達の目途を見極めて
ショートリスト（ロングリストからさらに基準を設定して絞り込んだ候補企
業のリスト）を作成し，優先順位に従ってコンタクトする。

　ここまでの情報収集は，買収対象企業に声をかけるわけにもいかず，公開
情報や社内の事業担当者による判断，外部アドバイザーとの意見交換等を通
して行う。合理的に買収対象企業を絞り込み，優先度の高いところから順に
声をかけていくことによって，より魅力的な相手を買収できる可能性が高ま
ることとなる。

③ M&A 手法の選択

　ここでの M&A 手法とは，企業や事業（人的・物的資産を含む）の移転
を伴う取引や組織法的な行為を指す。一口に M&A といっても，その手法
は株式譲渡，株式公開買付け，増資，合併，会社分割，株式交換・株式移
転，事業譲渡等様々である。また，資本提携によるマイノリティ出資や事業
提携，技術導出等も M&A の前段階としての位置づけで実施されることが
ある。

　M&A 手法の選択は，買収後の統合形態や資金調達の可能性と関連してお
り，これらと同時に検討することになる。例えば，両社の独自性を活かすた
め持株会社を新設あるいは分割する，買収対象企業の強みの発露を妨げる要
因を緩和するため，特定の経営資源を投入する，事業あるいはコストに関す
るシナジー効果を実現するため，特定領域を統合して分社化するなどが挙げ

第5章　医薬品業界におけるM＆A

られる。ここまでの事項について買収対象企業と基本合意を締結し，プレM&Aフェーズが終了することとなる。

(3) エクゼキューション・フェーズ

エクゼキューション・フェーズの概要については前述したとおりであるが，ここでは，①ストラクチャーの検討，②バリュエーションについて詳細な説明を加えることとし，DDについては次節にて解説をする。

① ストラクチャーの検討

M&Aの買収ストラクチャーを選択するにあたっては，売り手や買収対象企業・事業の状況のほか，税務上の影響，すなわちストラクチャー選択による税務面での有利，不利を検討することが重要である。選択するストラクチャーによって，買い手，買収対象企業・事業，さらには売り手（株主）の課税関係が大きく変わることがあるためである。

M&Aの手法及び内容によって税務上の取扱いは大きく変わることとなり，特に，国外に所在する買収対象企業を買収するクロスボーダー案件においては，複数か国の税制が関係してくること，及び我が国においてはいわゆる国際課税の対象となることから，国内案件に比してより慎重な検討が望まれる。すなわち，買収対象企業の所在地国の税制を把握し，その特徴を利用して効果的に買収プランニングを行うことにより，M&A後における税負担を大きく軽減できる可能性もあるからである。

よって，税務上有利な買収ストラクチャーを採用し，税務負担を軽減することができれば，買収金額の算定や売り手との交渉にその削減額を反映させることができ，交渉上優位な立場に立つことも可能であるため，M&Aにおける税務を検討することは非常に重要なのである。

ここでは，クロスボーダーM&Aの税務の概要について解説した上で，ストラクチャーの検討について触れることとする。

我が国の企業が海外でM&Aを行うに際し，買収ストラクチャーの類型

3　M&Aの実施プロセス

は，一般に「株式買収」（対象企業の株式を株主から取得するもの）と，「事業買収」（対象企業の資産の全部又は一部を営業譲渡等により対象企業から取得するもの）に大きく分類することができる。

　なお，M&Aが合併等によって行われる場合にも株式買収か事業買収のいずれかに該当することとなり，すなわち，当該合併が各国で定める非課税又は課税の繰延要件を充足すれば，ステップアップをしない株式買収の場合とほぼ同様の結果となる一方で，要件を充足しない場合にはステップアップをする事業買収とほぼ同様の結果になると考えることができる。

(a) 株式買収と事業買収の相違点

　株式買収と事業買収の税務上の相違点は，各国の税務によって異なる点もあるが，主に次の5点である。

(a) 譲渡益課税が生じる主体
　株式買収では売り手である株主において譲渡益が生じるが，事業買収では対象企業において生じる
(b) 対象企業・事業が保有する資産・負債の簿価のステップアップの有無
　株式買収では原則としてステップアップしないが，事業買収では原則としてステップアップする
(c) M&A後における繰越欠損金の引き継ぎの可否
　株式買収では原則として引き継がれるが，事業買収では引き継がれない
(d) 潜在的なものを含む租税債務の引き継ぎの有無
　株式買収では原則として引き継がれるが，事業買収では引き継がれない
(e) 消費税や登録免許税などの取引税の課税の違い
　一般に事業買収では課税されるが株式買収では課税されない

　それぞれの課税関係を表にまとめると，図表5-8のとおりとなる。

第5章　医薬品業界におけるM&A

図表 5-8　株式買収ストラクチャーと事業買収ストラクチャーの比較

	株式買収スキーム	事業買収スキーム
(売り手の) 譲渡益課税	買収対象企業の株主で生じる	買収対象企業で生じる
ステップアップ	原則不可能 (※1)	原則可能
繰越欠損金等の引き継ぎ	原則可能 (※2)	原則不可能 (※3)
潜在的税務リスクの承継	原則引き継ぐ	原則引き継がない (※4)
個別の契約/権利の承継	原則不要	原則必要

※1：国によっては，税法上ステップアップが認められる場合がある。
※2：国によっては，株主変更や事後の組織再編により繰越欠損金の利用が制限される可能性がある。
※3：事業買収の際に，繰越欠損金を譲渡益と相殺して，営業権として買い手が承継できれば実質的に繰越欠損金を引き継いだのと同様の効果を得られる場合がある。
※4：国や対象となる税目によっては，事業買収スキームでも租税債務を引き継ぐ場合がある。
出所：新日本アーンストアンドヤング税理士法人『クロスボーダー M&A の税務戦略』(中央経済社，2009 年)

(b) 株式買収と事業買収の設例

株式買収と事業買収について，設例を用いて解説を行う。

【設例】

■前提
買収対象企業の事業価値　100 (無形資産 80)
買収対象企業の簿価純資産 (＝資本等)　10
株主が有する買収対象企業株式の簿価　10
買収対象企業株式の時価　100

投資簿価　10
株式時価　100

株主

事業簿価　10
事業時価　100
(うち営業権　80)

買収対象企業

3　M&Aの実施プロセス

■事業買収の場合

　対象企業では，事業時価100と事業簿価10との差額90が譲渡益として課税対象となる。一方，買い手は事業資産を時価100までステップアップして取得する。そのうち80が無形資産（営業権）であるため，我が国のように無形資産が償却可能な国で取得すれば，その償却費を課税所得と相殺して，将来の課税所得を圧縮することができる。なお，対象企業の株主においては，対象企業が認識した譲渡益に対応する金額は受取配当として収受されるため，受取配当の益金不算入制度の適用により原則として課税は生じない。

■株式買収の場合

　一方，株式買収の場合は，対象企業の株主において株式の時価100と簿価10との差額90が譲渡益として課税対象となる。対象企業では各資産の簿価に変更はなく，ステップアップは生じない。

　したがって，本設例のようなケースでは，事業買収，株式買収ともに売り手側において90の譲渡益が課税対象となる一方で，事業買収を行えば買い手側で時価80にステップアップした無形資産の償却という税務メリットが得られるため，事業譲渡を選択した方が税務上有利である。

（c）ストラクチャーの判定

　事業買収と株式買収のいずれが有利，不利となるかについてはケースバイケースであるが，一般に，例えば対象企業が有する償却資産のステップアップと償却によるメリットが見込むことができる場合には事業買収が有利であり，他方，対象企業が有する繰越欠損金の利用を見込むことができる場合には株式買収が有利である。

　特に製薬業においては，対象企業が有する無形資産に価値があるケースが多いため，無形資産のステップアップと償却の可否が取得後の課税関係に大きな影響を及ぼすと考えられる。状況によっては，対象企業株式の取得と無

289

形資産の資産買収を組み合わせるなどのストラクチャーが有利になる例もあり，売り手における課税関係も併せて慎重に検討することが重要である。

なお，事業買収と株式買収とのその他の違いとして，前述の潜在的税務リスクの引き継ぎが挙げられる。例えばDDの結果，対象企業が多額の税務リスクを有するとみられる場合には，当該税務リスクから生じる潜在的租税債務の引き継ぎを回避するために，事業買収を選択することも対応策の1つである。

(d) 買収ストラクチャー検討の際のその他の留意事項

その他，ストラクチャーの検討に影響を与える主な事項としては，次のものが挙げられる。

> ・複数の企業が買収を行う場合，買収資金のファイナンスをどの法人が行い，返済資金をどの法人が手当てするか，借入金から生じる支払利息をどの法人で税務上の費用とするか
> ・持株会社を利用するか，利用した場合の税務や資金還流の観点からのメリット・デメリット
> ・買収した対象企業・事業を既存の買い手の事業といかに統合するか

買収後にグループ全体として実効税率を低減させる上で，こうした事項も考慮に入れつつストラクチャーの検討をしていくことが重要である。

② バリュエーション
(a) バリュエーションの概要

バリュエーション（株式や事業等の価値算定）は，買収価格やTOB価格等の決定に直結する情報を提供するものであり，M&Aを遂行する上で極めて重要な意義を持つプロセスである。

バリュエーションには，一般的にⅰ．マーケットアプローチ，ⅱ．インカムアプローチ，ⅲ．コストアプローチの3つの手法が用いられ，これは製薬

業界でも同様である。ただし，これらのうち，どの手法を用いるかは案件や買収対象企業・事業の性質等により異なり，また，製薬業界の特性を考慮して各手法をアレンジする場合もある。

ⅰ．マーケットアプローチ

マーケットアプローチとは，買収対象企業や類似企業の株価，財務諸表等の市場データに基づき株式や事業の価値を評価するアプローチである。代表的な手法として，市場株価法，類似会社比準法，類似取引比準法があるが，公開情報の入手が容易であるという観点から，実務上は前の二者が多く用いられている。

ⅱ．インカムアプローチ

インカムアプローチとは，継続的な企業活動から得られるフリー・キャッシュ・フローを適切な割引率で割り引くことで価値を評価するアプローチである。フリー・キャッシュ・フローとは一般的には，「税引後営業利益（NOPAT）＋減価償却費－運転資本増加－設備投資額」で計算されるものである。代表的な手法としては，ディスカウント・キャッシュ・フロー法（Discounted Cash Flows Method：DCF法）が実務上多く用いられている。

ⅲ．コストアプローチ

コストアプローチとは，買収対象企業や事業の資産及び負債の時価の差額を評価額とするアプローチである。代表的な手法として，純資産法が実務上多く用いられている。

これらの評価のアプローチ及び代表的な算定手法をまとめると，図表5-9のようになる。

図表 5-9　価値算定手法の種類

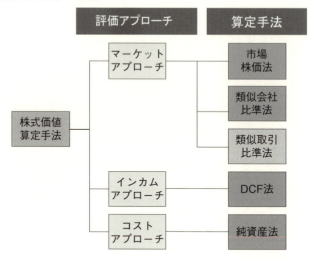

(b) M&Aにおける価値算定：市場株価法
ⅰ．市場株価法の概要
　市場株価法とは，評価対象企業の株価をもとに価値を判断する手法であり，上場企業の株式価値を評価する場合には適した手法といえる。
ⅱ．市場株価法による価値算定
　市場株価法においては，通常，ある一定期間の平均株価を評価額とする。算定期間は実務上，1か月，3か月，6か月とする場合が多いが，決算発表や特定のイベントの前後において株価変動の局面に大きな変化があったと判断される場合には，当該イベント以降の期間とすることも少なからずある。次の図表5-10に，市場株価法のイメージを示す。
ⅲ．市場株価法のメリット・デメリット
　株式市場で活発な取引がなされている場合は，市場株価法は最も客観的な評価結果といえる。ただし，特定の取引（イベント）実績及び見込み等によって市場株価が一時的に実態価値と乖離した結果となっている可能性を考慮

図表 5-10　市場株価法のイメージ

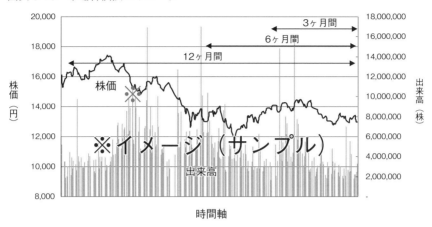

する必要がある。

製薬業界の株価は，代表的なディフェンシブ銘柄とされ，それほど極端な株価変動はないと考えられているが，特定のニュースなどにより思惑で反応することもあるため，その変動が実態価値を反映したものであるかどうかを十分に検討する必要がある。また，製薬業界では特定の事業や部門を対象とする売買も多くみられるが，事業や部門を評価するケースでは，そもそも市場株価が存在しないため適用できない。

(c) M&A における価値算定：類似会社比準法

ⅰ．類似会社比準法の概要

類似会社比準法とは，上場企業の中から，評価対象と事業内容，事業規模，収益の状況等が類似する企業を複数選定し，それらの類似会社の株式時価総額や事業価値に対する財務指標の倍率を算定し，当該倍率を評価対象の財務指標に乗じて価値の算定を行う手法である。

第5章　医薬品業界におけるM&A

ii．類似会社比準法による価値算定

　類似会社比準法による価値算定は，①類似会社の選定，②倍率の算定・使用倍率の選定，③事業価値の調整の3段階のプロセスを経て行われる。

　まず，①類似会社の選定のプロセスでは，事業内容の類似性を分析し，広範囲な選定を行った後，事業規模，収益性等の財務数値による分析を経て類似企業を選定する。

　続いて，②倍率の算定・使用倍率の選定のプロセスでは，各類似会社の売上高，利益，純資産等に対する事業価値（又は株式価値）の平均倍率を計算することで業界における水準を把握し，業界特性，財務特性等により，使用倍率を選定する。一般的には，PER（株式価値／当期利益倍率），PBR（株式価値／純資産倍率），あるいはEBITDA（Earnings Before Interest Taxes Depreciation and Amortization）倍率（事業価値／償却前・利払前・税引前利益倍率）といった倍率指標が多く用いられる。

　製薬業界においても伝統的なPERやPBR等が用いられる一方で，製薬業界における研究開発費は膨大であることから，研究開発に係るコストをどれだけ余裕を持って捻出できるかという観点で研究開発費控除前利益等も1つの収益尺度として使用されることがある。また，製薬業界では有利子負債の多寡（財務レバレッジの水準）が各企業で大きく異なるため，株式価値よりも事業価値を用いた倍率指標の方がより適切な評価ができると考えられる。

　最後に，③事業価値の調整のプロセスでは，評価対象の財務数値に上記の業界平均倍率を乗じて事業価値（又は株式価値）を算定する。次の図表5-11に，類似会社比準法のイメージを示す。

iii．類似会社比準法のメリット・デメリット

　市場株価法と異なり，特定の事業や部門，あるいは非上場企業の株式を評価する場合であっても，類似企業の市場株価に基づき評価するため，客観的な評価が可能であるといえる。

　ただし，評価対象と類似性の高い上場企業の選定が困難なケースがあること，評価対象企業と類似企業の相違点の調整や採用する倍率の選定等に適切

294

図表5-11 類似会社比準法のイメージ

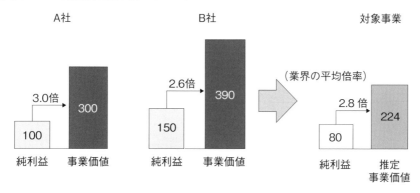

な判断が必要であることなどに留意する必要がある。製薬業界も，新薬，ジェネリック医薬，大衆薬，あるいは臨床検査薬といった大分類による選別は可能であるものの，各社とも規模や特化分野は当然異なり競争力も様々である。特に評価対象が，例えばガンなどの特定の領域に特化した企業の株式や事業である場合は，類似会社比準法による価値算定は非常に困難であり，当該手法の結果は価値の「目安」と位置づけざるをえないケースが多い。

(d) M&Aにおける価値算定：DCF法
ⅰ．DCF法の概要

DCF法とは，企業の事業活動によって生み出される将来のフリー・キャッシュ・フローを，割引率（資本コスト）を用いて現在価値に割り引き，価値を算定する手法である。DCF法は，評価対象が特定の事業や部門，株式のいずれであっても採用可能である。なお，株式価値を算定する際も，まず事業（複数事業の場合もある）の価値を算定した上で事業外資産等の価値を加算し，また有利子負債等の価値を控除することで株式価値を算定する。

第5章　医薬品業界におけるM&A

ⅱ．DCF 法による価値算定

DCF 法による価値算定は，①事業計画，継続価値の予測，②割引率（資本コスト）の推計と，これを用いた割引計算，③事業価値の調整の3段階のプロセスを経て行われる。

①事業計画は，どれだけ合理的なものを策定できるかが極めて重要である。通常は，売上高や営業費用あるいは必要投資などを重要性に応じて要因分解し，それぞれを過去実績や競争力に基づき推計していく。

製薬業界では，例えば売上高は既存薬・パイプラインごとの市場規模やマーケットシェア予測，薬価改定・実質単価等に依存するであろう。パイプラインの収益予測は，各研究開発段階の移行や上市のタイミング，特許期間，特許期間満了後の単価・シェア等，また，何よりも研究開発投資の金額や投資タイミング，その成功確率が重要なファクターとなるため，事業計画を策定する上では何通りものシナリオを想定する必要がある。そのため，一般的な業界の場合は，予測シナリオが1～2本程度，事業計画期間も3～5年程度であるケースがほとんどであるが，製薬業界の場合は極めて複雑かつ長期の事業計画になる。いずれにしてもこれらの事業計画及び予測をもとに，各期間に得られるフリー・キャッシュ・フローを推計していくこととなる。

なお，上場企業による M&A では，株主への説明を充実させる等の観点から，第三者算定機関に価値算定を依頼するケースがみられるが，そのような場合も買い手は，買収対象企業が策定した事業計画，あるいはそれをもとに買い手がシナジー効果を織り込んだ事業計画の内容を，当該算定機関に十分に説明し，また，それらの合理性を理解させることが重要である。

②割引計算については，①にて算定された各期間のフリー・キャッシュ・フローに対し，割引係数を用いて現在価値を算定する。割引率（資本コスト）は，市場金利や対象事業のリスク等を勘案して推計されるものであり，通常，すべての投資家に帰属する利払前のフリー・キャッシュ・フローを割り引く割引率として，株主資本コスト及び負債コストの加重平均資本コスト（WACC）を使用する。また，株主資本コストは資本資産価格モデル

296

（Capital Asset Pricing Model：CAPM）を用いて推計する。実務上は一般的に以下の公式が用いられている。

WACC ＝株主資本コスト×株主資本比率＋負債コスト×（1－実効税率）
　　　　×負債比率

株主資本コスト＝リスクフリーレート＋マーケット・リスクプレミアム×β

　また，実務上，CAPMにより算定された株主資本コストに，モデルでは説明できない算定対象の規模に応じたサイズ・リスクプレミアムを調整する場合が多い。

　なお，割引係数は，推計した割引率に，各期間のフリー・キャッシュ・フローが発生するまでの時間を考慮して計算される係数である。なお，これにより，割引現在価値の算定では，より遠い将来のフリー・キャッシュ・フローの方が大きくディスカウントされることになる。

　製薬業界の株式は，前述のようにディフェンシブ銘柄とされていることもあり，特に大手製薬企業のリスクプレミアムは比較的低水準であると考えられる。逆に，特定の事業やパイプラインに対する，又は創薬ベンチャー株式に対するリスク（すなわち資本コスト）は，研究開発の成功段階によるものの，極めて高い場合もある。

　ここで，企業の資本構成（負債・株主資本比率）は，負債の支払利息に基づく節税効果を通じて株式価値に影響を及ぼすが，この負債の節税効果を調整する主な資本コスト算定アプローチとしては上述の割引率を調整する手法であるWACC法のほか，負債の節税効果の現在価値を調整する手法である調整現在価値法（Adjusted Present Value Method：APV法）がある。APV法は，事業の価値と負債の節税価値を別々に算定することにより，資本構成の変化を価値算定に織り込むことが可能である。このことから，将来的負債の水準が不確定な企業の株式価値を算定するには，APV法が有効な手法といえる。図表5-12において，APV法のイメージを示す。

　③事業価値の調整は，①，②より算定された事業価値に，余剰資産，有利

第5章　医薬品業界におけるM&A

図表 5-12　APV 法のイメージ

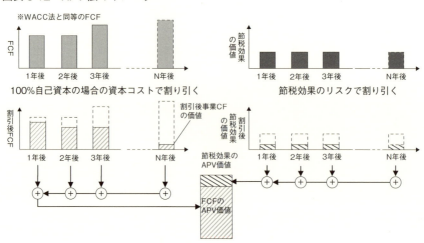

子負債等を調整することによって算定する。

ⅲ. DCF 法のメリット

DCF 法は，将来の収益力，リスク，時間的価値を考慮するため継続企業の評価に適しており，また評価結果が会計処理に左右されないことから，世界共通の評価尺度として広く用いられている。ただし，前提条件となる将来の事業計画，資本構成，割引率，成長率等により評価額が左右されるため，それらの設定を適切に行うことが重要となる。

製薬業界では，他社と共同開発で事業を推進するケースも多く，M&A における交渉は対象事業の価値のみならず開発条件にも及ぶ。DCF 法はこうした条件交渉を検討する上でもよく用いられる。例えば，あるパイプラインを他社と共同で開発する場合，両社が研究開発やプロモーションのためのリソースをどれだけ（どのように）負担するか，上市した場合の利益配分条件はどう設定するかなど，どの条件シナリオが自社にとって有利かを検討する上で DCF 法は有用な評価モデルとなる。なお，DCF 法のデメリットについては後述する。

(e) M&Aにおける株式価値算定：純資産法

ⅰ. 純資産法の概要

純資産法とは、貸借対照表上の純資産額を基礎に価値を算定する手法であり、資産及び負債を時価の判明するものについては時価に評価替えを行い、その評価替え後の資産と負債の差額である含み損益を反映させた純資産価額によって株式価値を評価する手法である。代表的な手法として、時価純資産法（修正簿価純資産法）が挙げられる。

ⅱ. 純資産法による株式価値算定

貸借対照表上の純資産額は、ある時点における対象事業の財政状況を反映している。しかし、貸借対照表上の資産・負債の多くは取得原価をベースとした金額で計上されているため、資産の含み損益を加味した時価ベースの純資産額を計算する必要がある。具体的には、評価時点における対象事業の資産・負債を時価評価し、資産から負債を控除することによって純資産額を求める。図表5-13に純資産法のイメージを示す。

図表5-13　純資産法のイメージ

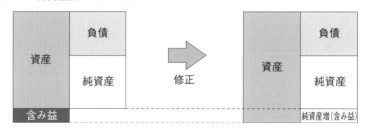

ⅲ. 純資産法のメリット・デメリット

純資産法による株式価値は、貸借対照表をもとに評価するため、その計算は理解されやすく、比較的客観的な評価結果が得られる。また、金融資産・不動産が主要資産である金融業界・不動産業界においては有用な評価手法の1つになりうる。一方で、純資産法は、将来の超過収益力が評価に反映されないという側面がある。

第5章　医薬品業界におけるM&A

　製薬業界をはじめ多くの業界における M&A では（少なくともゴーイングコンサーンを目的としている場合），対象事業や企業の価値の源泉は，その対象事業の収益力である。したがって，純資産法による価値は，1つの目安として，あるいは交渉上の最低（フロア）価格として位置づけられることが多い。

(f) M&A における株式価値算定の展望：DCF 法のデメリットとリアル・オプション法

i．DCF 法のデメリット

　(d) に記載のとおり，DCF 法とは，将来の各期間のフリー・キャッシュ・フローを予測し，一定の割引率を用いて現在価値を計算することで，企業の価値を評価する手法であり，現在最も一般的に用いられている価値算定手法である。しかしながら，DCF 法にも「経営の意思決定の柔軟性を評価できない」などのデメリットが指摘されている。

　実際の企業活動においては，様々な状況変化に応じて新規投資や事業の拡大，あるいは撤退・縮小等の意思決定が行われるが，DCF 法は，こうした柔軟な意思決定を考慮して価値を算定することには適していない。例えば，数年後に追加投資が必要なある事業を仮定した場合，実際に投資する時点で，仮に外部環境や当該事業の状況が悪化していれば，その投資を中止するという決断も十分に考えられるが，DCF 法では当該投資のキャッシュ・アウト・フローと事業のキャッシュ・イン・フローを定めて評価時点の価値として算定するために，事業価値を誤って（多くの場合過小に）評価してしまう可能性がある。もちろん，DCF 法においても複数シナリオを想定して価値のレンジを把握したり，シナリオに確率を設定して期待価値を推計したりする場合があるが，多くの場合，こうしたシナリオ DCF は，あくまで感応度を把握するのみ（シナリオの分かれ目で意思決定を変えるというは想定しない）にとどまっている。

ⅱ. リアル・オプション法の概要

DCF法が適さない場合などに経営の意思決定によるオプションを価値算定に反映させる「リアル・オプション法」と呼ばれる手法が，研究者，実務家等からの注目を集め，一部，活用されている。これは，金融オプションの価値算定法を応用することにより，経営上の意思決定権の価値を考慮して株式や事業の価値を評価するものであり，ⅰ．のDCF法のデメリットを解決する手法と理論的には考えられている。

先の例において，事業のフリー・キャッシュ・フローの現在価値を「S」，投資額を「K」とする。DCF法ではSがK（の現在価値）より小さい場合は投資採算が合わないとして，事業は却下されてしまう。DCF法はいってみれば「K」の投入を事前コミットした評価方法であるといえるからである。

一方，リアル・オプション法では，投資時点になってSがKより大きければ投資を実行し，そうでない場合は事業を中止することを想定して事業の価値を評価する。この場合，事業環境が悪化したときに投資をしないことにより損失発生が回避できるため，DCF法による評価に比べて価値が増加する。そしてこの増加は，経営陣が投資実行・中止の選択権を有すること，すなわち経営の柔軟性を有することの価値といえる。金融オプションにおいて原資産をS，権利行使価格をKとしてオプション価値を評価するのと同様，リアル・オプションも意思決定上のこうした選択権（オプション）の価値を評価する手法である。

こうした手法は，先に示したように不確実性が大きくかつ投資規模が大きい事業を評価するのに適している。ベンチャー事業，油田開発，インフラ開発事業などがその代表例であり，製薬業界もこれに該当すると考えられる。例えば，各パイプラインをDCF法で評価した場合には，各段階における成功の不確実性や上市までの期間によっては膨大な研究開発投資がなされることからもマイナス評価がなされてしまう可能性があるが，リアル・オプション法で評価した場合には，各段階が成功して初めて研究開発投資を実行する

第5章　医薬品業界におけるM&A

という点を考慮することによって，より正確な評価が可能になるといえる。

　すでに，製薬業界では，将来の各フェーズにおける研究開発の成功確率を設定し，失敗した場合は事業を中止するといったディシジョン・ツリー・モデルによる価値評価が一般的となっており，一種のリアル・オプション法が活用されている。ただし，「研究開発の成否」だけでなく，それ以外のイベント（例えば，対象マーケットの動向や競合企業の変化など）も想定し，それらの変化に応じて意思決定を変化させるモデル（研究開発の成否に関わらず事業を拡張したり変更したりするというモデル）を活用できれば，さらにプラス α の価値を評価できることになる。

　一方で，リアル・オプション法は，金融オプションと異なり，評価に必要なデータ（例えば，事業の不確実性を測るボラティリティ，事業の好転・悪化など各シナリオに基づく各時点の事業価値，あるいはそれらの発生確率など）を正確に測定することが困難である点など，評価実務において精緻に利用されるようになるまでの課題は多いといえる。

(4) DD

　最後に，エクゼキューション・フェーズにおけるDDについて解説を行う。DDとは，買い手側の課題認識に従って，買収対象企業が開示した情報を調査することをいう。DDの領域は，買い手側の観点・目的によって財務DD，税務DD，法務DD，コマーシャルDD，人事DD，ITDD，不動産DD，環境DDなど多岐にわたる。主なDDの概要は図表5-14のとおりである。

　実際にどの領域についてDDの実施を専門家に依頼するかは，買い手のニーズ，買収対象企業の規模及び潜在的なリスク領域，並びに費用対効果の観点等から決定される。ただし，財務DD，税務DD，法務DDについてはどのようなM&A案件であっても実施するのが通常である。また，製薬業界において，コマーシャルDDは買い手自らが実施するケースも少なくない。

　前述のとおり，DDの結果判明した重要事項に関しては，ストラクチャー

302

の変更やバリュエーションへの反映という形でフィードバックされる。また，極めて重大な事項が発見された場合には，案件そのものを中止するケースもあり，このように M&A の中止を検討すべき程の重大な発見事項をディール・ブレーカーと呼ぶ。

次節において，DD のうち，財務 DD，税務 DD，コマーシャル DD，ITDD，人事 DD についてその具体的な内容を解説する。

図表 5-14　主な DD の概要

種類	主な調査内容
財務 DD	収益性や資産性，資金繰りの状況等の定量的な調査や，会計処理，経理・決算体制等の定性的な調査を行う。また，事業計画について調査することもある。
税務 DD	税務申告書・過去の税務調査・関係会社間取引の現況・過去の組織再編行為等の分析を通じた税務リスクを調査する。
法務 DD	法的準拠性及び各契約がビジネスに与える影響など，対象企業・事業に関する法的側面を調査する。
コマーシャル DD	ビジネスモデル，市場の概況，製品・商品の特質や品質，取引先，技術力・開発力，過去の損益の状況及び将来の事業計画等，様々な観点から対象事業の将来性を調査する。
人事 DD	組織構造，意思決定プロセス，権限委譲，人事考課，報酬体系，トレーニングシステム等の人事全般を調査する。
ITDD	採用している IT システムの理解，IT の統合等によるリスクを調査する。
不動産 DD	不動産の時価の把握，不動産の状況調査，所有権・抵当権等の権利関係を調査する。
環境 DD	土壌汚染などの環境問題について調査する。

4 財務DD

(1) 財務DDの概要

① 財務DDの目的

　財務DDとは，M&Aに際して，M&A対象の株式価値や経営実態を把握するために実施される，財務及び会計の観点からの詳細調査である。一般的に買い手（厳密には買い手側の財務・会計のアドバイザー等）により実施されることから，ここでは買い手が実施する財務DDを前提に解説する。財務DDの目的は買い手のニーズにより異なるが，一般的には次の2つが主要な目的として挙げられる。

> (a) 買収対象企業に存在する財務及び会計の観点からリスクを特定すること
> (b) 買収対象企業の株式価値を適正に算定するために必要な情報を収集すること

（a）リスクの特定

　財務DDにより，買収対象企業に存在するリスクを特定するために，多面的に経営実態を把握し，買収対象企業にM&Aを取り止めるほど重要なリスク等（ディール・ブレーカー要素）が存在していないか確認する。

　また，基本合意締結時点で未合意となっていた項目，相手との価格交渉で取り上げるべき項目，株式譲渡契約書に記載しリスクを回避すべき項目を特定し，最終条件交渉における検討事項を確認する。

　さらに，買収後において想定される統合・実行計画立案のための情報収集・各種ファクターを特定することも併せて実施される。

（b）価値算定のための情報収集

　M&Aにおいて，買い手は買収対象企業の株式価値を算定し，それに基づ

き，売り手と価格交渉を行う。そのため，売り手と交渉を行うにあたり，買収対象企業の株式価値を適正に算定することが重要となる。

適正な株式価値を算定するためには，買収対象企業の株式価値算定を実施する前段階で財務DDを行い，財務DDの結果発見された重要な検出事項を株式価値算定に反映させることが必要である。

そこで，財務DDにおいては，特に次の4点に主眼を置いて調査を実施する。

・収益力の把握（経常的な収益力，コスト構造の把握）
・将来のキャッシュ・フロー又は損益に重大な影響を与える事項の把握
・運転資本，設備投資等の分析及びネット・デット項目の把握
・実態純資産の把握（資産の重大な過大計上・負債の重大な過少計上の把握，重大な簿外債務・偶発債務の把握等）

---

② 会計監査と財務DDの相違点

会計監査は，投資者及び債権者等の保護を目的として，不特定多数の利害関係者が企業を判断する際に参照する財務諸表に対して信頼性を付与するために実施されるものであるため，一定の基準に従い，定型的に実施される。

一方で，財務DDは特定の買い手がM&A取引に伴うリスクの把握や株式価値を評価する際の参考情報を収集するため，特定の買い手が必要であると考える範囲に絞って実施される。

このように，会計監査と財務DDとは調査目的や視点等が異なるため，会計監査において無限定適正意見が表明されていたとしても，M&Aを実施する際に財務DDは重要であると考えられ，多くの場合実施されている。

会計監査と買い手側の財務DDの主な相違点をまとめると，図表5-15のとおりである。

第5章　医薬品業界におけるM＆A

図表 5-15　会計監査と財務 DD の主な相違点

	会計監査	財務 DD
主な調査目的	財務諸表の信頼性を付与することによる投資者，債権者等の保護	買い手のために財務リスクの把握，株式価値算定に資する情報の収集
調査の視点	法令・会計基準への準拠等	買い手のニーズ
対象期間	過去	過去と未来
基準となる時点	期末	直近（必ずしも期末とは限らない）
調査範囲	法規等で規定	調査目的，スケジュール，予算等で変化
調査対象	財務諸表	財務諸表のみならず，特定事業の BS・PL・CF，特定のパイプラインに係る損益など買い手のニーズにより様々
調査の制限	ほとんど制限されない	制限のある場合が多い
実証性テスト	実施する	通常実施しない（提供された資料は正しいという前提を株式譲渡契約書の表明保証事項とすることが一般的）

③ 財務 DD と株式価値算定の関係

　前述のとおり，3 つの株式価値算定（バリュエーション）の手法はそれぞれに一長一短があり，それぞれの手法を総合的に勘案して株式価値算定を決定する。

　我が国において，従来は純資産法（コストアプローチの代表的手法）が広く利用されていたが，近年においてはその重要性は低下しており，DCF 法（インカムアプローチ）や乗数法（マーケットアプローチ）が重視されている。そこで，各 M&A で採用される株式価値算定手法との関連性が高い調査要点に焦点をあてることにより，効果的かつ効率的な財務 DD の実施が可能となる。

　各株式価値算定手法と財務 DD の関係に着目した際の，財務 DD で焦点をあてるべき主な事項は図表 5-16 のとおりである。

306

図表5-16 各アプローチと主な調査要点

株式価値算定手法	財務DDにおける主な調査要点
マーケットアプローチ	バリュエーションで用いられる指標（EBITDA等）に関する分析（経常的な収益力としてのEBITDA（調整後EBITDA）の把握）を行う。また，株式価値を算定する過程で必要なネット・デットの分析を行う。
インカムアプローチ	フリー・キャッシュ・フローを算定する過程で必要な各要素（EBITDA, 運転資本及び設備投資等）に関する過去実績等の分析を行うほか，主要製品ごとの収益力やコスト構造等について分析を行う。また，株式価値を算定する過程で必要なネット・デットの分析を行う。
コストアプローチ	実態純資産額を把握する。

(2) 財務DDのプロセス

一般的な財務DDのプロセスは次のとおりである。特定のスコープに絞って調査する場合や，ターゲット情報へのアクセスが制限される場合などには，異なるケースも想定されるが，基本的には次のプロセスが組み合わさって財務DDが実施される（図表5-17）。

図表5-17 一般的なDDのプロセス

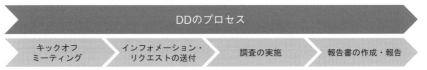

① キックオフミーティング

買い手は，一般的に基本合意を締結した後，プロジェクトチームを組成し，チームメンバーを招集してDDのためのキックオフミーティングを開催する。キックオフミーティングでは，DDのチームメンバーを紹介するとともに案件についての情報が共有され，調査範囲（スコープ）の決定，今後の

第5章　医薬品業界におけるM＆A

DDの進め方が話し合われる。なお，DDのスコープに関しては，調査の状況に応じて後のプロセスで臨機応変に変更されることが多い。

② インフォメーション・リクエストの送付

キックオフミーティングにおいて決定されたスコープに基づいて，調査手続を実施するために必要な資料の一覧（インフォメーション・リクエストリスト）を作成し，売り手又は買収対象企業に送付する。

③ 調査の実施

調査は，インフォメーション・リクエストに基づいて買収対象企業が集めた資料をインターネット上などで買い手に閲覧させる方法（バーチャルデータルーム方式）が一般的である。また，買収対象企業がインフォメーション・リクエストに基づいた資料一式を買い手に直接送付する場合もある。いずれにせよ，ターゲットへのアクセスがかなり制限された状況下での調査となることが多い。

また，資料を閲覧した上で，各分野のキーパーソンへのインタビューセッションの内容を検討する。キーパーソンへのインタビューセッションでは，資料から入手しえない情報やリスク事項が得られることがあり，DDにおいて非常に重要なプロセスである。しかしながら，スケジュールやキーパーソンの対応力には限界があり，セッション時間・頻度が限定されることが多いため，事前に資料を閲覧し，クライアントの関心事やリスクの高い領域に絞り込んだインタビューを実施する必要がある。

④ 報告書の作成・報告

最終的にDDの結果をまとめて報告書を作成し，報告会でクライアント（買い手）に報告する。ただし，財務DD以外のDDも同時に実施する場合，各DDチームのスコープは相互に関連又は重複している点があるため，各DDの調査を効率的に実施するためにも，調査の過程で発見された事項等に

308

ついては，タイムリーに各 DD チームで共有できるような体制を構築する必要がある。

（3）財務 DD における主な調査要点

① 損益計算書項目の調査

　通常，買い手にとって買収対象企業の利益の源泉は非常に関心の高い分野である。すなわち，どのような主力製品でどの程度の売上及び利益を獲得しているのか，製造・販売ルート及び研究開発等の契約形態はどのようになっているのか，主要顧客・地域はどこなのか，コスト構造はどのようになっているのか，M&A を実施することでどのようなシナジー効果が見込めるのか等といったことは，M&A 実施後の将来計画を策定するに際し大きく影響するものであり，M&A を実施するか否かの意思決定や，買収対象企業の価値算定（バリュエーション）を行うに際しても大きな影響を与えるものであるといえる。

　しかしながら，有価証券報告書やアニュアルレポート，あるいは会社ホームページ等に掲載されている IR 情報等の公開情報は，通常，かなり概括的なものであり，これらの情報だけで買収対象企業の経営状態を十分に把握し，適切な株式価値算定をすることは困難である。したがって，財務 DD においては，買収対象企業から入手した資料やインタビュー等を通じて公開情報では入手しえない様々な損益分析を実施することが重要となる。

（a）売上高，利益分析

　製薬業界は，他の業界に比べ製品の種類が少なく，また少数特許への依存度が高く，薬価基準の改定や特許期間満了等の影響により各製品の売上高や利益等が大きく変化し，企業全体の損益が大きな影響を受けることが少なくない。近年，製薬業界は新たな市場の開拓を目指し，既存の医薬品につき諸外国で承認申請をし，承認を受けた自社製品を諸外国へ販売し，海外市場での売上高を増加させるなど，その収益構造は複雑となる傾向にある。

第5章　医薬品業界におけるM＆A

そこで，売上高，粗利益，貢献利益等を主要製品群，主要販売国，主要顧客ごと等に分析することで，DD対象の収益構造を把握する必要がある。

(b) 薬価改定

我が国においては，医療用医薬品の公定価格である薬価は2年に1回改定されていたが，2021年度より「中間年改定」が行われることになった。薬価の改定は，製薬企業から医薬品卸企業等への販売価格，リベートの支払額に影響を与えることがある。そこで，売上高，粗利益，貢献利益を分析するにあたって製品群ごとに薬価改定による影響を分析する必要があり，また薬価改定が将来の事業計画にどのように反映されているか検討する必要がある。

(c) 売上高のマイナス（割戻し・販売奨励金・返品）

製薬企業は販売促進活動の一環として，売上割戻し（リベート）や販売奨励金（アローアンス）を設定している。リベートは，医薬品卸企業の特定品目の販売高に応じて一定の料率が定められるもの，情報提供件数，早期決済割引等，契約条件が多岐にわたる。アローアンスは，製薬企業が医薬品卸企業の販売目標の達成等に応じて，医薬品卸企業に支払うものである。財務DD上は，リベート及びアローアンスの契約条件，会計処理，及び見積方法や実績との差額の有無を把握し，適切な水準が将来の事業計画に反映されているか検討する必要がある。

また，製薬企業と医薬品卸企業との取引基本契約書において返品条件が定められている場合や，販売終了品について返品を受け入れる場合があるため，過去の返品実績の確認や契約条件の把握が必要である。

(d) ライセンス契約等

製薬業界では，自社が所有している特許権，ノウハウ等を他社が使用することを許諾すること（ライセンスアウト）や，また他社が所有するライセン

スを自社が使用することの許諾を受けること（ライセンスイン）がある。

　ライセンス契約を締結する場合，将来，ライセンス契約の契約期間が満了した際に契約の更新が不可能な場合や，そのロイヤリティ料率に変更がある場合には将来の損益構造に変動が生じるため，ライセンス契約の内容（対象，ロイヤリティ料率，契約期間，支払時期・方法）及び将来の変更予定などを把握する必要がある。

　また，ロイヤリティ（ライセンス料）の一般的な支払い（又は受取り）形態は一般的に，契約一時金，マイルストン・ペイメント，ランニング・ロイヤリティに区分される。そこで，それぞれの実態に応じた費用（収益）計上がなされているか及び将来におけるロイヤリティの支払い（受取り）時期・支払い（受取り）額が事業計画に反映されているか検討することが必要である。

　また，製薬業界では，ある製品の研究開発から販売までにおいて研究，開発，販売，販促等において様々な形態の提携が採用され，複数の企業によって業務が分担されている場合がある。そこで，主要製品ごとに買収対象企業と第三者がどのように業務を分担し，利益を獲得しているかを把握し，また業務の分担に係るそれぞれの契約内容に基づいて収益及び費用が過去実績及び将来計画に適切に計上されているかを把握する必要がある。

(e) チェンジ・オブ・コントロール

　ライセンス契約や研究開発の委受託契約など買収対象企業にとって重要な契約に，チェンジ・オブ・コントロール条項が付されている場合がある。チェンジ・オブ・コントロール条項とは，株主の変更，組織再編があった場合に何らかの制限を受ける条項をいい，例えばライセンス契約を解除される条項などがこれに該当する。

　このような条項が付された場合，将来において現在の条件で契約を継続できない可能性があり，その場合，将来の収益力の低下を招くおそれがある。そのため，事業上の重要な契約について，チェンジ・オブ・コントロールの

第5章　医薬品業界におけるM＆A

有無を把握する必要があり，特に財務DDにおいては，既存の条件で契約の
継続が不可能な契約や，継続が可能であっても条件の変更を余儀なくされる
契約などについて，将来期間における財務的なインパクトを把握することが
重要である。

（f）カーブ・アウト

M&A取引において，企業全体ではなく，ある企業の中の特定の事業部門
のみが売買の対象とされる場合，売り手側において譲渡対象事業の確定作業
が必要となる。このように事業を切り出すことをカーブ・アウトという。

譲渡対象事業の確定作業には，まず事業面での移管対象（対象製品，対象
契約，対象事業拠点，対象人員，対象固定資産等）の確定が必要となるが，
これに伴い，対応する財務数値の切り出しも必要となる。売り手側が事業別
の損益として通常使用している管理会計ベースの財務数値は，一般的に共通
費などの配賦費用などが含まれているため，買い手としては，事業別の損益
分析を実施するにあたり，まず配賦計算されている共通費等が計上されてい
る勘定科目，費用に対応して本社部門等より提供を受けている役務（サービ
ス）の内容，配賦方法（配賦基礎・料率）などを把握する必要がある。これ
は，M&Aによって売り手側から切り離される事業に配賦されている共通費
は，M&A実施後には配賦されず，発生しないこととなるためである。これ
に代わり，買い手側でM&A実施後に必要となるコストを別途個別に見積
もる必要がある。

また，譲渡企業が締結しているライセンスなどの契約を譲渡対象事業が承
継できない場合，譲渡対象事業の収益性が低下する可能性もあるため，契約
承継の可能性について確認する必要がある。

（g）スタンド・アローン

ある企業グループが事業又は子会社を売却する場合，スタンド・アローン
（売却した事業又は子会社の独り立ち）に伴う追加コストや取引条件の変更

が生じる可能性がある。

　例えば，売却される事業又は子会社が売却元の企業グループから受けていた経理，人事，総務，法務，システム等の全社的なサービスが受けられなくなり，買い手が人員の増加，業務委託，システム投資などをする必要がある場合，追加のコストが発生する。

　そのため，財務DDでは，全社的なサービスの内容，買収対象事業とそのグループ会社間の取引内容などを把握する必要がある。

(h) 人件費

　人件費の分析では，買収対象企業の就業規則，その他諸規程を調査し，研究開発部門，営業部門，間接部門等の部門別の人数，報酬制度（給与，賞与，退職給付，ストック・オプション，他）の概要を把握し，職能別・地域別等に分析する必要がある。

　また，特にIn-OutのM&A（我が国の企業が海外の企業を買収するケース）においては，海外の買収対象企業のマネジメント各人と個別に報酬に関する契約が締結されている場合がある。そのため，財務DDにおいては，当該契約の内容を把握し，契約条件どおりに過去実績や事業計画に反映されているかを確認する必要がある。

(i) バリュエーションで用いられる指標に関する分析

　バリュエーションにおいて，EBITDAを利用して株式価値を算定する場合，帳簿上の利益等から算出されるEBITDAは，採用されている会計処理により，本来EBITDAの計算に含めるべき項目が含められていない可能性もあり，また，臨時・非経常的な取引が含まれていることにより，買収対象企業の実態を表す収益力とは乖離している可能性もある。そのため，財務DDにおいては，帳簿上のEBITDA（調整前EBITDA）に対して，一定の調整を加えることで，買収対象企業の経常的な収益力としてのEBITDA（調整後EBITDA）を把握することが求められる。

第5章　医薬品業界におけるM&A

EBITDA の調整項目は 2 種類に大別される。

①営業利益の構成項目に会計処理上の誤りがある場合
②営業利益の構成項目に会計処理上の誤りはないものの，投資判断に資する
　情報として調整すべき場合

具体的に①には決算処理の誤り，損益区分の誤り，期間帰属の誤り，決算処理の誤り等の修正が含まれる。

また，②には次のような取引が含まれる。

ⅰ．非経常的な損益取引

調査対象期間においてのみ一時的に発生しており，今後発生の見込みがない取引の影響は，買収対象企業の実態の収益力を把握する観点からは排除する必要がある。一方で，営業外損益及び特別損益のうち経常的に発生している項目は，買収対象企業における業種の損益の特徴を把握した上で EBITDA に含めることを検討することが望ましい。

ⅱ．過去の一時点から発生しなくなった取引

ライセンス契約の満了，特定取引先の喪失，一部事業の撤退等により，今後損益が発生しなくなることが確実である場合には，経常的な収益力を検討するにあたり，過去に遡及して当該影響を排除する必要がある。

ⅲ．過去の一時点から新規に発生した取引

新製品開発による影響，特定事業の取得の場合のような，今後取引が継続的に発生することが確実であり，かつ当該影響が期中に発生しているような場合には，影響額を年間に引き直して調整することが経常的な収益力を検討する上で重要である。また，特許期間の満了，薬価改定により，今後の損益構造に変動がある場合には過去の損益を遡及して見積もり調整することも重要となる。

ⅳ．会計方針の変更による影響

調査対象期間の特定期間から，会計基準の変更により損益項目に変動がある場合，過去から変更後の会計基準を継続していたと仮定して遡及調整する

314

ことが経常的な収益力を検討する上で重要となる。例えば，IFRS 第 16 号
（新リース基準）はこれまで支払リース料等として損益処理されていたオペ
レーティング・リースについて，使用権資産の計上及びその償却を減価償却
費として処理することとなり，EBITDA の算定において基準適用による影
響を受けている場合がある。EBITDA の期間比較においては，基準適用前
か後か，どちらかに平仄を合わせた取扱いを行うことが望ましい。

ⅴ．各国の会計基準間の調整による影響

我が国の企業が海外の製薬企業を買収するような場合（In-Out），又はそ
の逆の場合（Out-In）の場合，それぞれの企業は各国の会計基準に準拠して
会計処理を行っているため，買収される側の会計処理が買収する側の会計処
理と著しく異なる場合には，企業間比較を可能にするために，調整が必要と
なる。

② 貸借対照表項目の調査

従来，我が国の財務 DD 実務では，貸借対照表項目の調査の目的は実態純
資産の把握にあった。これは恣意性が介入しづらい客観的な指標として，実
態純資産が株式価値の指標として重要視されたためである。現在においても
実態純資産は株式価値算定の参考指標として利用されることがあり，また財
務 DD によって実態純資産を把握しておくことで Pre-deal PPA においての
れんの概算値を算定する上でも参考となるものの，株式価値算定方法の変化
に伴い，製薬企業における株式価値算定において実態純資産を把握する重要
度は低下しているといえる。

むしろ貸借対照表項目の調査の目的は，その内容を詳細に調査することに
より，損益面の調査だけでは発見することが困難な事項を発見することにあ
り，特にネット・デット項目，簿外債務，運転資本を含む将来キャッシュ・
フローに影響を与える事項を発見することが重要である。

製薬企業又は医薬品卸企業を買収対象企業とした貸借対照表項目の調査に
おける主要な調査事項は次のとおりである。

第5章　医薬品業界におけるM&A

（a）売上債権

我が国の製薬企業の売上債権の回転期間は，他の製造業よりも長期となっていることがある。

財務DDでは，主要な販売先との取引条件を把握した上で，滞留債権の有無を把握し，将来の回収可能な額を検討する必要がある。

また，医薬品卸企業においては，医薬品としての必要性から，医薬品卸企業から医療機関等への納入価格が未決定のまま仮の納入価格により商品を納入するという商慣行が存在している。そして，納入価格が決定されていない期間は，いったん仮単価により売上を計上し，かつ妥結されると見込まれる新納入価格に調整するよう売上値引きの会計処理が実施される（暫定値引き）。

財務DDでは，見積計上された仮単価による売上高及び暫定値引きが調査時点ですでに確定されているか否か，及び調査時点での見積りについて検討し，見込計上されている売上債権と確定値との差額を把握する必要がある。

（b）リベート及びアローアンス

リベートについては売上債権を減額させる場合と売上割戻引当金・未払費用などの負債が計上される場合がある。また，アローアンスについては未払金又は販売促進引当金として負債計上される。

リベート及びアローアンスはその制度が複雑であるため，財務DDでは，まず，買収対象企業のリベート及びアローアンスの種類及び構造を把握した上で，負債計上額について見積額と確定額との差額（過不足額）を把握する必要がある。

（c）棚卸資産・返金負債（返品調整引当金）

製薬企業の棚卸資産の回転期間は他の製造業よりも長期化する傾向があり，棚卸資産を多く抱えていることがある。また，棚卸資産の評価について，収益性の低下を反映することとされているが（棚卸資産基準7項），買収対象企業の採用している収益性の低下に関する社内判断基準と，買い手の

316

社内判断基準に乖離があることが考えられる。このような場合，買い手の社内判断基準に照らして収益性の低下を認識すると含み損が存在することがあるため，留意が必要である。

　財務 DD では，各企業の採用する棚卸資産の管理方法，評価基準・評価方法を把握した上で，長期滞留品，販売終了品，損傷品等，実質的に販売可能性の乏しい棚卸資産について，簿価切下げの要否を検討する必要がある。

　また，医薬品はその性質上，製薬企業は契約などにより医薬品卸企業へ販売した商製品を無条件で販売価格により引き取ることがある。よって，財務 DD では，製薬企業において，医薬品卸企業が保有する流通在庫の数量や過去の返品実績により，返金負債（返品調整引当金）の計上不足がないか検討する必要がある。特に特許期間の満了した製品については返品率が高くなる傾向があるため，留意が必要である。返品された在庫は，損傷の程度や企業の方針等により廃棄せざるをえない場合もあるため，製品の状況・企業の方針を把握し，簿価切下げの要否を検討する必要がある。

(d) 前払金等

　我が国においては，製薬企業が CRO（開発業務受託機関）などに対して支払った研究開発委託費の会計処理は，基本的に発生時に費用処理するという考え方に基づきながら（研究開発基準三），「役務の提供を受けた」時点を（研究開発 Q&A：Q2）取引の実態により各企業が判断し，具体的には①支払い時に役務の提供を受けたとして費用処理する，②前払金，前払費用等として繰り延べた上で，研究開発委託期間にわたって費用処理する，又は③CRO からの成果物受領時に役務の提供を受けたとして費用処理する，など各企業によって異なった会計処理がなされていることがある。

　そこで，財務 DD では，資産計上されている前払金等及び資産に計上されていない研究開発委託契約，共同研究開発契約等の研究開発に関連する契約の内容を詳細に把握した上で，実態に応じた会計処理又は買い手企業の会計処理との統一の観点からの検討が必要となる。

第5章　医薬品業界におけるM＆A

（e）無形資産（特許権，販売権他）及びのれん

　我が国における会計基準上，研究開発費は発生時に費用処理されるため，製薬企業において自社研究又は自社開発にかかる支出が資産計上されることは基本的にないものの，他の製薬企業やバイオベンチャー企業等の買収により，他社の保有している特許及び仕掛中の研究開発，その他を取得することにより，特許権・販売権などの無形資産，又は買収時の差額としてののれんが計上されることがある。

　そこで，財務DDでは，無形資産及びのれんの内容及び会計処理方法を把握し，各資産の計上根拠や回収可能性等を詳細に検討する必要がある。また，買収実施後のPPAの観点から，買収前の財務DDにおいて，現時点では買収対象企業の無形資産に計上されていない研究開発品目についても，買収後にPPAを実施した場合に無形資産として計上されることもあるため，各研究開発品目の概要を詳細に把握しておく必要がある。

（f）バイオベンチャー企業への投融資（投資有価証券・貸付金）

　昨今，製薬企業は新薬開発のために創薬技術を持つバイオベンチャー企業への投融資を含む戦略的な事業提携を活発に進めている。そこで，どのようなバイオベンチャー企業にどのような目的で投融資しているかを把握した上で，株主間契約，成果の配分に関する協定の有無，内容を把握する必要がある。

　投融資に係る会計処理として，一般的に投資は投資有価証券，融資は貸付金として資産計上される。投資有価証券については，実態純資産の把握のために直近の時価と貸借対照表価額を比較して含み損益を把握する。ただし，非上場株式など時価を把握することが困難である場合には，原則として買収対象企業が保有する投資先の株式価値算定を行わないことから，便宜的に投資先の直近の簿価純資産等をベースとした評価額（いわゆる実質価額）により含み損益を把握する。

　ただし，研究開発の成果があらわれるのに長期間が必要であることから，創業後間もないバイオベンチャー企業では赤字であることが多いため，一律

318

4 財務 DD

に調査時点の純資産のみを実態把握のための基礎とするのではなく，バイオベンチャーごとに当初の事業計画と実績との対比，将来の事業計画などを考慮することが必要となる。また，貸付金については回収可能性を検討するため，バイオベンチャー企業の返済状況，財政状態，研究開発の進捗状況などの把握により回収条件どおりに回収可能であるか検討する必要がある。

　さらに，バイオベンチャー企業への投融資について，契約により追加の投融資が求められることもあるため，特に含み損のある投融資先については，買収対象企業に追加の投融資が求められる可能性や追加投融資額についても把握しておく必要がある。

（g）有形固定資産

　製薬企業においては，医薬品製造設備，研究開発設備などの大規模な設備投資が必要であり，有形固定資産が比較的多額に計上されているため，事業の状況が芳しくない場合，結果として多額の減損リスクを抱える場合もある。そこで，有形固定資産について，稼働状況，減損会計の適用状況を把握し，減損損失の計上不足や不動産鑑定評価などによる時価との差額を把握する必要がある。

　また，遊休資産については，DCF 法で買収対象企業の価値算定を実施する場合に事業外資産として考慮することもあることから，財務 DD において，遊休資産の時価を把握しておくことは重要である。

（h）退職給付に係る負債（又は資産）

　退職給付に係る負債（又は資産）は多くの見積要素に基づき計算されることから，多額の未認識債務（簿外債務）が存在していることがある。そこで，まず買収対象企業の退職給付制度を把握した上で，退職給付に係る負債（又は資産）の計算方法を把握する必要がある。

　退職給付に係る負債（又は資産）とは，退職給付債務に未認識過去勤務債務及び未認識数理計算上の差異を加減した額から年金資産の額を控除した額

319

第5章　医薬品業界におけるM＆A

を計上するものである（退職給付基準第13項）が，財務DDにあたっては，貸借対照表には計上されていない未認識の数理計算上の差異や未認識の過去勤務債務などを把握する必要がある。

これは調査対象基準日の実態純資産を把握するために退職給付債務と年金資産の差額そのものが重視されるということである。

また，退職給付債務の計算の前提となる基礎率のうち，特に割引率については，その設定水準により退職給付債務の金額が大きく影響を受けるため，買い手企業と買収対象企業の割引率の水準を比較検討し，両者に乖離が大きい場合，退職給付債務を再計算するか検討する必要がある。

加えて，複数の企業が加入する年金制度に買収対象企業が加入している場合，M＆Aの実施に伴い，当該年金制度からの脱退が必要となる可能性があり，脱退時に積立不足について追加負担が必要となることがあるので，その負担額を把握しておく必要がある。

（i）簿外債務・偶発債務

製薬企業においては，副作用や特許権の侵害などによる損害賠償請求を受けるリスクがある。また監督官庁等からの指摘や許認可の取消し，環境汚染などによって将来の収益の減少又は損失負担が発生するリスクがある。その他，債務保証，デリバティブ取引，リース取引，長期間解約不可能な取引などで簿外債務・偶発債務が存在する可能性がある。

そのため，財務DDでは，係争中の案件や係争となる見込みのある案件，監督官庁からの調査結果，その他簿外債務・偶発債務についてインタビューの実施，資料の閲覧等により損失負担の発生可能性及び予想される損失額を把握する必要がある。

③ 運転資本，設備投資及びネット・デット

貸借対照表項目の調査と併せて，株式価値算定に必要な情報を収集する観点から，株式価値算定手法としてインカムアプローチ等が採用される場合，

財務 DD では次の事項に関する分析を実施する。

（a）運転資本（Working Capital）及び設備投資（Capex）

DCF 法等のインカムアプローチによりバリュエーションを行う場合，将来の一定期間におけるフリー・キャッシュ・フローを割引計算することにより株式価値が算定される。フリー・キャッシュ・フローは一般的に以下のように算出される。

フリー・キャッシュ・フロー

　＝ EBITDA ×（1- 実効税率）－運転資本増減－設備投資額

又は

フリー・キャッシュ・フロー

　＝ NOPAT ＋減価償却費－運転資本増減－設備投資額

上記のとおり，フリー・キャッシュ・フローの算出過程において，運転資本の増減額及び設備投資額が用いられるが，そのためには将来期間における運転資本及び設備投資額を予測する必要がある。実際に生じる金額を現時点で正確に予測することは不可能ではあるが，過去の実績値を分析することで，実施可能な範囲で合理的な金額を予測することは可能となる。財務 DD では，過去の運転資本の水準及び設備投資の実施額を分析し，将来計画におけるこれらの金額を予測するための有用な情報を提供することが重要となる。

ｉ. 運転資本

運転資本の具体的な内容はキャッシュ・フロー計算書の営業キャッシュ・フローを計算する過程をイメージするとわかりやすい。ただし，財務 DD において分析対象とする運転資本は，将来計画における運転資本の予測に資するという観点から，売上高等に連動して増減すると想定される次の項目（狭義の運転資本）に限定して実施する場合がある。

（狭義の）運転資本＝売上債権＋棚卸資産－仕入債務

第5章　医薬品業界におけるM&A

　財務DDにおいては，上記の各項目について，異常な残高を除いた正常値を把握するとともに，それらが売上高（及び売上原価）等とどのような関係で推移しているかなどについて回転期間分析等により把握する。

　なお，バリュエーションの観点以外においても，株式譲渡契約書において，買収価格の調整に基準運転資本額とクロージング日における運転資本との差額を用いるケースがあり，このような場合には基準運転資本額の設定及びクロージング日における運転資本の増減額の見積りのため，運転資本項目の正常値やトレンドを把握することが重要である。

ⅱ. 設備投資額

　設備投資額については，まず過去の設備投資実績を把握し，設備の維持・更新のための投資であるか生産能力向上・事業拡大のための投資であるかについて，投資の目的別にその内容を把握する必要がある。維持・更新投資が経済情勢の悪化等を理由に抑制されている場合，将来的に多額の設備投資が必要になる可能性もある。そのため，財務DDにおいては，過去の設備投資の内容及びその水準を把握し，事業計画における設備投資額が妥当であるか否かを検討するための情報を収集する必要がある。また，調査時点における設備の使用状況及び今後設備の使用中止が検討されているかを把握し，設備投資計画との整合性を検証する必要がある。

(b) ネット・デット

　DCF法等のインカムアプローチやマルチプル法等のマーケットアプローチによりバリュエーションを実施する場合，各手法で算定された事業価値から次に定義するネット・デットを控除することで，最終的な株式価値が算定される。

ネット・デット＝有利子負債等－非事業資産等

　ここでいう有利子負債等には，買い手又は買い手の委託した評価者の意向により，借入金・社債等のほか，リース債務や設備投資に関連する未払金，

退職給付債務から年金資産を控除した未積立の退職給付債務や損害賠償債務などが幅広く含められる場合がある。

また，非事業資産等には，買い手又は株式価値算定者の意向により，余剰資金（事業で必要と考えられる水準を超過する現金預金残高），遊休の不動産，売却することに事業上の制約のない投資有価証券等が含められることが考えられる。

財務DDにおいては，買い手及び買い手の委託した評価者と協議の上，貸借対照表の調査を実施する際に上記に該当する可能性のある事項及びその金額等を把握する必要がある。

④ 会計方針等

買収対象企業の財務諸表に記載されている各財務数値を適切に把握するためには，当該財務諸表がどのような判断基準により作成されているか，すなわち買収対象企業の会計方針を把握することが必要不可欠である。

財務DDを実施する上では，買収対象企業の会計方針を理解するとともに，買い手と買収対象企業の会計処理の相違点を明確に把握することが極めて重要である。重要な会計方針は有価証券報告書等に開示されているものの，通常，有価証券報告書等に開示されている会計方針の内容は非常に概括的なものであるため，十分な情報とはいえない。

そのため，財務DDにおいては，経理規程の閲覧やインタビュー等を通じてより買収対象企業の詳細な会計処理方法を確認することが必要となる。特に，製薬業界においては，リベート及びアローアンスの会計処理，棚卸資産の評価基準及び評価方法，固定資産の減損会計の適用状況（グルーピングの方法等），バイオベンチャー企業等への投融資の会計処理方法，返品調整引当金の計算方法などに留意する必要がある。

また，買い手と買収対象企業の会計方針に相違がある場合，仮に買い手の会計方針で統一した場合に買収対象企業の財務数値にどのような影響が及ぶのかを財務DDで検討することは，バリュエーションの観点からも非常に有

第5章　医薬品業界におけるM＆A

益な情報となる。例えば，売上の認識基準や研究開発費，リースの会計処理方法等が異なる場合や，退職給付会計における会計方針が異なる場合等は，それらを調整した場合に算定される EBITDA が大きく影響を受ける可能性がある。さらに，買収対象企業が買い手の連結グループとなる場合，通常はグループ内で会計方針を統一することが必要となるため，買収実施後にどのような点に留意すべきであるかを把握するためにも，買収対象企業の会計方針を十分に理解・把握することは非常に重要である。

その他，財務 DD では，買収対象企業の経理・決算体制（経理人員，使用している会計システム，顧問関係等）や決算スケジュール，会計監査人による指摘事項，内部統制の整備・運用状況等を把握することが多い。このような情報もポスト M&A フェーズにおいて非常に有益な情報となる。

（4）財務 DD にて発見された事項への対処

財務 DD によって財務リスク又は事業リスクなどが発見された場合，買い手の意向により，売り手との価格交渉材料とすることのほか，株式譲渡契約書上への記載など，どのような方法によりリスクを回避するか検討する必要がある。

① 価格への反映

M&A の意思決定において買収価格の決定は重要な事項であり，財務 DD によって発見された事項について，株式価値算定上どのように反映させるかは重要なポイントである。前述のとおり，財務 DD で発見された事項と株式価値算定との関連性を踏まえて，発見事項を株式価値算定に織り込むこととなる。

また，財務 DD の調査対象基準日からクロージング日まで，半年から 1 年ほどの期間がかかることもあるため，その間に財務状況に通常変化が生じる。そこで，特に売り手（株主）が特定少数である場合，ネット・デットや運転資本の変動について買収価格の調整条項とする対処法が採用されることもある。

② 契約条件への反映

財務 DD で発見されたリスクに対しては買収価格に反映させることが効果的な場合もあるが，訴訟など偶発的な損失を定量的に把握できないリスクも存在する。このような株式価値に与える影響額を把握することが困難なリスクについては，価格によるリスク回避を行うことは困難である。

そこで，このようなリスクについて，株式譲渡契約書の「売り主の表明及び保証」条項に織り込み，併せて表明保証違反があったときの「補償」条項を定めることによって，一定程度のリスクを回避することができる。ただし，これらの表明及び保証条項や補償条項が実効的といえるのは，大企業による子会社又は事業の売却のケースなど，売り手に責任と資金の負担能力がある場合に限定される点に留意する必要がある。

また，買い手が不要と考える買収対象企業の資産の処分やシナジーを生まないグループ企業の整理などについて，契約書に織り込むことで将来のリスクを事前に回避する対処法もある。また，買収対象企業が管理業務や IT システムをグループ企業に依存している場合などには，管理業務の引き継ぎや一定期間の IT システムの利用などを売り主の義務とする場合がある。さらに，主要な契約にチェンジ・オブ・コントロール条項が存在する場合には，当該契約が従来と同じ条件にて継続されることをクロージングの条件とする場合がある。

③ その他

前述以外の対処法として，買収ストラクチャーを変更し，偶発債務の引き継ぎを避けるために，株式取得ではなく事業譲渡による取得を選択する方法もある。

なお，研究開発能力の獲得など M&A を実施する主要な目的を達成できない可能性がある場合や，前述した対処法で回避できないほど巨額な損失負担を負う可能性がある場合などには，M&A を中止せざるをえなくなることもある。

5 税務DD

税務DDは，買収対象企業の潜在的税務リスクを把握し，税務に関する情報を入手することを主な目的として行う。

買収対象企業が有する潜在的税務リスクがM&Aの実行後に顕在化し，課税当局に訴追されて追加税金を支払うとなると，買収後における連結実効税率の上昇とキャッシュ・フローの悪化につながる。M&Aの実行前に税務DDを実施し，潜在的税務リスクを事前に把握することができれば，このような潜在的リスクに対応することが可能になる。

また，本章「3 M&Aの実施プロセス」にて記載のように，買収対象企業の税務に関する情報入手は，買収ストラクチャーの検討や，買収後における買い手と買収対象企業の統合プランの策定のために重要である。当該情報を事前に入手することによって，各買収ストラクチャーを実施した場合の課税関係をより正確に把握することができ，ストラクチャーの選択に役立てることができる。

なお，税法は各国が独自のルールを定めているため，海外に所在する買収対象企業の税務DDでは，海外の税務専門家に依頼して作業を実施することが必要である。

買収対象企業が製薬業である場合の主な留意事項は次のとおりである。

（1）移転価格税制

移転価格税制とは，「特殊の関係」にあるグループ企業の間の取引を通じた所得の不適切な国外移転を防止する税制であり，買収対象企業が複数か国に所在し，各国のグループ企業間で取引を行っている場合には，移転価格税制が重要な調査項目となる。移転価格，すなわち，関係会社間の利益配分は，税務当局との間で議論の対象となりやすく，またひとたび更正がなされると追徴税額が多額になることが多い。

特に製薬業においては，重要な利益の源泉である医薬の製造・販売等に関する無形資産について，その所有形態が問題となることがある。例えばタックスプランニングとして，無形資産を税率の低い国で保有し，その低税率国においてより多くの収益を計上することによって，グループ全体としての実効税率を低減させているケースなどである。このような場合には，当該低税率国以外の国において，自国における利益計上が少なすぎる（低税率国への利益配分が多すぎる）という指摘を受け，追加税額が発生するリスクがある。

移転価格リスクを発見するため，税務 DD においては，買収対象企業が行っている関係会社取引の内容と，採用している移転価格ポリシーの内容を理解し，課税当局との見解が相違しそうな論点がないか確認する作業を行う。作業においては，移転価格の文書化の状況，過去の移転価格に関する税務調査の有無と指摘内容，事前確認制度（APA）その他の当局との協議，合意の有無などもリスクの査定に影響するため，併せて確認を行う。

APA とは，関係会社間の取引価格の算定方法等について，税務当局に申請して確認を受ける制度であり，比較的新しい制度ではあるが，製薬業界では取得が進んできている。APA がいったん取得されると，申請内容に基づいた取引価格の設定を行っている限り，移転価格の課税は行われない。つまり，買収対象企業が APA を取得している取引には，潜在的税務リスクはないと考えることができるため，移転価格リスクの査定に大きく影響する。したがって，このような税務当局との協議や内容の確認を行う。

なお，移転価格税制の詳細については，第6章を参照のこととする。

(2) タックスルーリング

タックスルーリングとは，納税者が特定の取引等に関する税務上の取扱いについて，事前に課税当局に照会し確認をとる制度である。例えば，欧州では特定の所得について，その国の法定税率よりも低い税率が適用できるなど，税制優遇的なルーリングが取得されることがあり，前述の無形資産の所

第5章　医薬品業界におけるM&A

有と組み合わせて，タックスプランニングのために取得されていることがある。

　タックスルーリングは，通常，課税当局に提示した前提条件をもとに確認がとれているものであるため，DD により課税当局に提示し合意した条件と，現在の状況が合致しているか，さらに，買収後に引き続き適用が可能であるかを検討する。

(3) タックスヘイブン対策税制

　タックスヘイブン対策税制とは，「内国法人の特定外国子会社等に係る所得の課税の特例」をいい，内国法人がその特定外国子会社等を用いて（タックスヘイブンを利用して）租税回避を行うことを防止する観点から定められたものであり，その概要は次のようになる。

> 　日本法人（又は日本居住者）が 50％超の株式を直接又は間接に所有する外国法人で，その本店又は主たる事務所の存在する国又は地域におけるその所得に対して課される租税負担割合（タックスヘイブン税制上の実効税率）が，日本において行われる税の負担に比して著しく低いもの，すなわち 20％以下であるものに対して，特定外国子会社等として適用され，その適用対象金額のうち内国法人の保有する株式等に対応する部分の金額をその内国法人の収益の額とみなし，内国法人の所得金額に合算して課税するものである（租法 66 の 6 等，措令 39 の 14 等）。

　日本法人に買収された外国法人がこの要件に該当すると，我が国のタックスヘイブン対策税制の適用対象となり，買収対象企業の所得が日本の親会社において合算課税されることになる。この場合，税率の低い国で獲得した所得であっても，すべて我が国の実効税率で課税されるため，実効税率とキャッシュ・フローが悪化する。したがって，買収後に買収対象企業が合算課税の適用を受けるか否かを，税務 DD において確認する。

　また，税率 20％の判定は，我が国のタックスヘイブン税制の基準に従って計算した租税負担割合が 20％以下になるか否かによって行われるため，

328

税務 DD の作業でこの計算も行う。20%以下となる場合には，買収対象企業の事業内容や，事業運営状況を確認し，適用除外基準を充足できるかを確認するが，事業内容が無形資産の保有管理，グループ内持株，グループ内金融などである場合には，適用除外要件を充足しない。

　特に製薬業の場合，買収対象企業が前述の無形資産を低税率国で保有するタックスプランニングを行っているなど，タックスヘイブン税制の適用対象となるようなグループ会社を有している可能性が他の業界に比して高い。したがって，タックスヘイブン対策税制については十分な注意が必要である。

(4) 試験研究費に対する優遇などのタックスインセンティブ

　我が国における試験研究を行った場合の法人税額の特別控除（措法42の4等）のように，製薬業の行う研究開発に対しては，税制優遇が設けられている国が多い。またこれに限らず，買収対象企業が業種やその他の条件で何らかのタックスインセンティブを適用していることがある。

　こうしたタックスインセンティブの適用には，何らかの要件が付されていることが多いため，税務 DD では，過年度における要件の充足状況を確認し，すでに適用された課税の減免が否認されることがないかを検証する。また，要件充足のために買収後の事業展開が拘束されないか，買収による株主変更（や事業内容の変更）が今後のタックスインセンティブの適用に影響を与えないかを確認することも必要である。タックスインセンティブには有効期間が定められていることがあるため，その経過状況を確認し，期間終了後に見込まれる税額の増加をバリュエーションに反映するか否かを検討する。

(5) PE 課税

　我が国において，外国法人は，国内における恒久的施設の有無によって課税関係は異なることとなる。すなわち恒久的施設を有しない外国法人は国内にある資産の運用等によって生じる所得についてしか納税義務を負わない一方で，恒久的施設を有する場合には，すべての国内源泉所得について納税義

務を負うことになる（法法141，法令185，186）。

　この点，他国も同様の課税制度となっており，買収対象企業が税務申告をしていない国において一定の事業活動を行っていると，その国で恒久的施設（事業を行う一定の場所，PE）を有していると認定される。現地の税務当局からPE認定を受けると，そのPEに帰属する所得（あるいはその国で生じた所得）につき，税務申告・納税の義務が生じ，買収対象企業に追加の税負担が生じることがある。特に製薬業の場合には，買収対象企業が他社と研究開発や販売活動などに関して業務提携を行っている場合，その状況によって相手先がPE（代理人PE）とみなされる可能性がある。

　税務DDでは，買収対象企業の海外での活動状況，業務提携の状況，現地国におけるPEの定義やPE認定に関する税務執行の状況などを調査し，買収対象企業がPE認定を受けるリスクを検証する。

（6）買収対象企業の保有資産

　製薬業の買収においては，買収対象企業が保有する資産のうち，無形資産に高い価値がつくことが多い一方で，当該無形資産は貸借対照表上，オフバランスとなっていることが多い。

　このような場合，ケースバイケースでの検討が必要ではあるが，買収対象企業が保有する無形資産をステップアップさせることによって，税務上のメリットが得られることがある。例えば，買収対象企業が近い将来に期限切れとなるなどの理由により使用が見込めない繰越欠損金を有していて，無形資産のステップアップから生じる譲渡益を繰越欠損金と相殺できる場合などである。このような場合には，買収後にステップアップした無形資産の減価償却費を課税所得と相殺していくことによって，買収後の課税額が減少する可能性がある。

　税務DDにおいては，買収対象企業の繰越欠損金，保有資産の税務上の簿価などの情報を入手し，買収ストラクチャーの検討を行うこととなる。

6 その他の DD

（1）コマーシャル DD

コマーシャル DD とは，適正な株式価値算定の基礎となる情報を収集するために，主として次のような作業を実施するものである。

①買収対象企業単独の事業計画の精査及び修正事業計画の分析
②買収後のシナジー効果の定量化
③カーブ・アウトに伴うスタンド・アローン・コストの把握

通常，①はコマーシャル DD として必須となる項目であり，②③に関しては，買収検討時にどこまで踏み込んで検討，数値化するのかは買収を検討している企業により検討決定される。また，①及び③は主に買収価格の増額又は減額要因となり，②は増額要因として反映されることが多い。これらの作業に関しては，型にはまった分析項目があるのではなく，業界や買収対象企業の特性，買い手の事業戦略に合わせてリスクとシナジーに関する仮説を設定し，集めたデータや情報を検証しつつ仮説の精度を上げていくことになる。

① 買収対象企業単独の事業計画の精査及び修正事業計画の分析

事業計画精査及び修正事業計画の検討においては，①事業環境分析（外部環境分析），②事業構造分析（内部環境分析），③修正事業計画の分析を実施する。①及び②は，プレ M&A フェーズで行った事業戦略の明確化と同様の作業を買収対象企業の事業計画に基づいて実施する。

①事業環境分析は，事業計画の背景を成すマクロ経済や製薬業界，競合他社の動向に関する認識などの外部環境について確認する。具体的には，外部環境分析を踏まえて医療費の抑制傾向や治験に対する規制の厳格化，薬効

群・製品別市場動向等が事業計画に的確に反映されているかなどの確認，分析を行う。

②事業構造分析は，買い手が関心を抱くビジネスプロセス上の機能について，買収対象企業がどのような強みを有しているかどうかを調査する。

例えば強みを図る指標としては，アンメットメディカルニーズへの挑戦数，特許申請数と物質特許割合，領域別・フェーズ別R&D成功率などがある。また，パイプラインの資産価値やMR（医薬情報担当者）のスキル，医療機関や薬事当局との関係等を確認する必要がある。さらに，管理部門やITインフラ等について，コスト削減余地や逆にリソース不足や課題などがないか評価する。

さらに，法務DDの領域ではあるが，周辺業務のアウトソーシングや緩やかな業務提携の傾向に鑑み，チェンジ・オブ・コントロール条項がないか確認する必要がある。チェンジ・オブ・コントロール条項の存在によりビジネスプロセス上の強みの中核をなすライセンシング契約等の業務提携が見直される場合，当該条項がディール・ブレーカーになることもある。

③修正事業計画の分析は，①及び②で実施した各分析を踏まえて，重要な事業計画指標について，事業計画上の前提条件，買収対象企業の過去のトレンド及び業界標準などとの比較を行い，計画が妥当か適正な計画となっているのか等の検証を行う。それによって，事業計画上の施策が収益性，コスト構造，資本効率等に与えるインパクトが過大評価や過小評価になっていないか，効果の発生時期が適切かどうか，修正すべき点がどの項目となるのか等を確認，検討し，最終的に買収価格に反映すべき修正事業計画を策定する。

② 買収後のシナジー効果の定量化

前述の事業計画の精査及び修正事業計画の検討を通して，買収対象企業の強みや弱みをより正確に把握することができる。それらを踏まえ，買い手がプレM&Aで検討した事業戦略やM&A戦略を適用したときに，どの分野でどの程度のシナジー効果の創出が可能なのかを算定する。

シナジー効果が発現するには，買い手と買収対象企業との間での商品・サービスのクロスセールスや資産・ノウハウの共有等について組織や業務の変更を伴うため，ある程度時間がかかるものである。事業計画の調査結果を踏まえて，再度シナジー効果の期待領域や，定量的・定性的効果の発生時期及び規模を特定し，実現の優先順位を付けていく。最後に，これらの効果を全部加味して事業計画に反映すべき事項として特定する。

③ カーブ・アウトに伴うスタンド・アローン・コストの把握

買収対象企業の一部門を分社化して買収する M&A 手法（吸収分割等）を採用する場合，買収対象企業の他部門と共用するインフラ（IT システム等）が買収対象に含まれないことがある。その含まれない部分に買収対象企業のコアとなる強みがある場合には，コスト増の要因となることがある。共用機能の重要性がそれほど高くなくとも，対象部門を維持するために当該機能の維持が不可欠となることは少なくないからである。

そのような場合，買い手がゼロから当該機能を構築するのか，従来どおり買収対象企業のサービスを期間限定で利用させてもらうのか，それとも別の専門業者に新たに外注するのか判断しなければならない。例えばシステムであれば，自前で提供する場合には新規構築・運用に要するコストを，買収対象企業や外注先に委託する場合にはフィーを支払うことになり，いずれにしても事業計画や買収価格に反映させる必要が生じる。

(2) ITDD

IT システムは，一般に，DD の対象としては優先順位が低く考えられがちである。しかし，統合後には，単なるシステム統合に限らず，システムの大規模更新や業務改善の必要性，カーブ・アウトが困難なために IT 資産を他社に依存する可能性などがあるため，シナジー効果を上回る膨大なコストやリスクが発生するおそれなどがある。場合によっては，IT システム自体がディール・ブレーカーとなりかねないことに留意が必要である。

第5章 医薬品業界におけるM＆A

　ITDDでは，通常，次の8つの視点により，業界や買収対象企業の特徴，及び買い手の問題意識に応じて，ITシステムに関する課題を調査する。

---

①情報システム戦略・ガバナンス

・買収対象企業の経営層が情報システムに無関心なため，経営戦略と情報システム戦略との整合性がとれていない。

・IT予算の審議決定において，ガバナンスが効いていない。

・各グループ企業のシステムが部分最適になってしまっている。

②IT投資の効率性

・投資対効果を測定する仕組みがないため，効率的な情報投資ができていない。

・情報投資金額のほとんどが運用コストに消えてしまい，大胆なシステム投資が不可能となっている。

・自社資産又はリースの判断が適切でない。

③IT組織・人材

・IT要員を意識的計画的に採用・育成しておらず，現行システムに必要な人材が絶対的に不足している，あるいは専門分野に著しい偏りがある。

・IT要員が業務プロセスを理解していないため，使い勝手の悪いシステムとなっている。

④システム機能

・重要な業務プロセスでシステム化が遅れており，手作業で対応せざるをえない。例えば，グループ全体の収益管理ができない。

・機能間で情報が共有されておらず，部門の壁ができて経営の高度化・効率化に貢献していない。

⑤ドキュメンテーション

・システム仕様や運用ノウハウが属人的で適切に文書化されておらず，当該人員の離職とともに運用方法等が不明になったり，システム変更時に改めて調査したりする等，余分なコストが発生するおそれがある。

334

⑥ベンダー管理
・ベンダーの選定基準があいまいなため，あるいはベンダーからの強い要望
　によって，システムのコストや品質が分不相応なものとなっている。
⑦システム運用
・システムの管理運用が属人的で，トラブルへの対応が場当たり的になって
　いるため，システム障害が頻繁に発生してリカバリーに時間がかかり，安
　定稼働の信頼性が損なわれている。
⑧セキュリティ
・不正侵入による風評被害や個人情報の漏洩による法務リスクが発生するお
　それがある。

　ここで重要なことは，統合企業同士の情報システムの親和性に関わる問題
（システムの内容や情報投資の金額，費用対効果等）について理解するだけ
では十分でなく，業界・各社固有のシステム特性やシステム化された業務プ
ロセス，つまり物や金，情報の流れに関する共通点と相違点の理解が不可欠
ということである。IT システムは業務・オペレーションと一体であり，競
合するベスト・プラクティスと比較することにより明らかとなった改善投資
の必要性やスペックの削減余地を把握することが重要である。
　なお，製薬業に特有の ITDD における調査ポイントとして，以下のよう
なポイントを例示しておく。

・安全性・市販後試験データ及び GMP ログの管理体制
・MR のセールスフォース・マネジメント，薬事情報共有
・調剤薬局レセプト情報のマーケティング活用状況
・ジェネリック医薬品のライフサイクル・マネジメント
・コールドサプライチェーンの使用期限管理体制

(3) 人事 DD

　人事 DD には，一般的に次の 4 つの目的がある。

第5章　医薬品業界におけるM&A

①M&Aの意義自体を損ないかねないコンプライアンスや労使関係に関する問題点を把握する。

②年金退職金の積立不足や未払い残業代，雇用調整における割増退職金，両社給与水準の一本化等，M&A実施後に人件費が増加する要因を把握反映する。

③買収後の統合形態や統合スピードに影響を及ぼす可能性のある両社の価値観，組織風土上の違いを見極める。

④M&A実施の目的となるシナジー効果の実現可能性を人材面から検証する。

　我が国では人事DDに対する認知度が低い。しかし，実務的には人事DDの結果を踏まえてM&A手法自体が見直されることもある。

　また，M&A実施の目的は，買収を無事完了させることではなく，あくまで高い投資対効果を得ることである。適切な人材の不足や組織風土をめぐる対立は，シナジー実現を妨げる最大の要因であり，製薬業のような労働・知識集約的な産業において，人事DDを実施する意義は非常に大きいといえよう。

　調査項目は，前述の目的の①〜③に関連する「守り」の視点から実施するものと，目的④に関連する「攻め」の視点から実施するものの2つに分けられる。

【「守り」（リスク）の視点】

・労働争議・個別労働紛争・労働基準監督署勧告の有無・内容，労使関係の現状
　労使関係に問題を抱える企業を買収すると，買収後の労務管理に手を焼くだけでなく，買い手の職場環境にも悪影響をもたらす。

・労働時間管理の現状，未払い残業代の有無・金額
　未払い残業代は，時効まで最大2年間，さらに同額の付加金が追加されるケースもあり，驚くような金額的インパクトを持つことがある。In-Out案件では，上記2点について現地の労働法制に通じた専門家の力を借りることが望ましい。

6 その他の DD

・離職率・休職率の水準と傾向，及びその原因
　高すぎる離職率はその企業の職場環境に問題があることを，逆に低すぎる
　離職率は「窓際族」や「あがり」社員の滞留を意味する可能性がある。
・雇用調整費用の算定
　買収対象企業の再生や合理化を目的に M&A を実施する場合，希望退職制
　度を利用して余剰人員に割増退職金を支払い，自主的な退職を促す。
・退職給付債務の妥当性の検証
　数理計算における基礎率，中でも割引率について，数値と決定プロセスの
　把握が必要である。また，退職給付債務のうち遅延認識可能な部分につい
　て，把握する必要がある。
・出向社員の有無・合意内容，人事部門の機能・役割
　出向社員の有無やその合意内容，買い手が代替しなければならない人事部
　門の機能について把握する。

【「攻め」（シナジー）の視点】

・キーパーソンの見極め，退職可能性
　M&A は，従業員に大きな心理的不安を強いるため，影響力や人望のある
　人材を早期に見極め，リテンション・ボーナスを支給したり重要な役割を
　担当させたりすることによって引き留めを図る必要がある。
　例えば，製薬業における In-Out 案件の場合，海外の薬事法や新薬承認プ
　ロセスに通じた人材は貴重である。我が国ではキャリア形成や退職金等が
　長期勤続者に有利な構造になっているが，海外ではそれほど躊躇しない。
　経営幹部の中には，チェンジ・オブ・コントロール条項のついた巨額の退
　職金支給契約（ゴールデン・パラシュート）や，買収対象企業の親会社の
　株式に連動した報酬を支給されているケースがあり，注意を要する。
・従業員の年齢・スキル構成
　買収対象企業の従業員構成が特定の年齢層やスキルに偏っていると，買収
　後の事業運営に支障を来すおそれがある。できるだけ多くの引き留め対象
　者に残ってもらい，足りなければ採用・育成等の手を打たなければならな
　い。

第5章　医薬品業界におけるM&A

> ・給与水準及びインセンティブ構造
> M&A 企業間の同職種の間で，給与水準やインセンティブの構成比率・変動率に大きな開きがあれば，公平感を維持するために調整を行い，買収価格に反映させる必要がある。また，インセンティブが従業員の行動に及ぼす影響やインセンティブを紐づけている指標の適切さ等を確認する。

　製薬業特有の課題としては，ビジネスモデルがブロックバスター創出型からバイオ技術の導入やアンメットメディカルニーズへの対応へと移行するのに伴い，MR や開発機能に求められる人材像の転換に留意する必要がある。また，外国企業を買収する際には，人事 DD を実施して海外の人材のモチベーション構造を理解すべきである。

7 ポストM&A・フェーズ

ポストM&A・フェーズでは，M&A取引実施後において組織・情報システム・人事等の統合に係る計画・立案及び統合効果の検証，評価が行われる。また，M&A取引の会計処理が行われる。

(1) PMI（ポスト・マージャー・インテグレーション）

PMIとは，さしたる混乱のない統合初日（Day One）を迎え，統合によるシナジー効果を短期間で最大限発揮できるように，各種計画を立案・実行することである。

買収価格は，シナジー効果を通常はプレミアムという形で上積みしており，これらの効果を計画どおりに実現できなければ，買い手はM&Aに要した投資を回収できず，経営者がその責任を追及されるリスクがある。よって，統合による効果を短期かつ最大限に発揮できるようPMIを計画・実行することは極めて重要である。

PMIにおいて特に留意すべき事項は以下のとおりである。

① 統合のレベル

まず，統合のレベルについては，統合度を高めれば，買収対象企業との接触が増え，求める変化の度合いも大きくなる。

ただし，統合度を高めるあまり，買収対象企業の強みを消してしまったり，社員がやる気を失い社外に流出したりするようなことになればそれは逆効果である。一方で，友好的な買収を演出するあまり買収対象企業の裁量を認めすぎてしまうと，統制が効かなくなるおそれがある。とりわけ我が国の企業が外国企業を買収するIn-Out案件ではそのさじ加減が難しい。

大事なことは，リスクとリターンを見極めつつ，シナジー効果を実現する最適な統合レベルを判断することである。

第5章　医薬品業界におけるM&A

② 重点課題の選択

次に，製薬業における PMI の重点課題は，前述した M&A 戦略のタイプによって異なり，その概要は図表 5-18 のようになる。

戦略タイプが「相互補完」，「地理的拡大」の場合は，ブランドの一本化に伴って，医療機関や医師，患者との関係，治験データや適応外使用，品質管理に対する考え方，技術用語，価格設定方法，販売・接客方法，目標体系から財務会計システムに至るまで全面的な統合や擦り合わせが必要となり，さらには巨大プロジェクトの管理やサブ・プロジェクト間の連携，新たな組織風土の創造が必要となる。また，併せて重複拠点の統廃合や人員削減による合理化が進められる場合もあり，社員に対する繊細なケアが欠かせない。

他方，戦略タイプが「異業種参入」の場合，キーパーソンの引き留めやバリューアップに必要な経営資源の提供，知的財産や財務情報の一体的管理，情報インターフェースの工夫などで解決できることも多い。

図表 5-18　製薬業における M&A 戦略のタイプと PMI における重点課題

M&A 戦略のタイプ	PMI における重点課題
相互補完	巨大プロジェクトの管理・内部連携，新たな企業文化の創造
地理的拡大	薬事当局や研究・治験機関との関係，MR の価値観擦り合わせ，業績指標・インセンティブ
異業種参入	キーパーソンの引き留め，ガバナンスの強化，リソースの提供，技術シナジーの計画的追求，市場プレゼンス及び業界知識の獲得

③ スピード感

スピード感については，一般的にバリューアップやシナジー効果を確実に実現するために，できるだけ速やかに準備を開始し，統合方針・計画を立案するのが原則である。DD を実施する傍ら入手した情報を並行して統合計画の立案に用いたり，後の統合委員会に情報を継承・共有したりするといった工夫が求められる。

7　ポスト M&A・フェーズ

　頻繁に M&A を検討している企業では，普段から M&A 専門部隊を設置して，標準テンプレートを使い，買い手の業務プロセスや価値観を迅速に移植する，いわゆる「100 日プラン」などを常備しているところもある。

　ただし，強引に統合を急ぐと買収対象企業との間に感情的な軋轢を生む可能性があることにも留意すべきであり，PMI の課題の性質を入念に見極めながら最適な統合スピードを決定することが必要である。

④ プロジェクト推進体制の構築

　PMI を進めるにあたり，まずは意思決定の場として，経営統合委員会を設置する。さらに，委員会の下部組織として，機能分野ごとに分かれる分科会（例えば，MR，物流，R&D 等）を設置し，具体的な議論は分科会で行っていく。また，分科会横断的な課題に対処するため，及び，委員会の支援事務局として，IMO（Integration Management Office）を設置することも多い。

　このようなプロジェクト推進体制の構築にあたり，まず重視すべきは，買い手及び買収対象企業出身の経営者やキーパーソン自身が参画することである。PMI においては実務レベルにおいて両社の利害が衝突することが頻繁に発生するため，統合を促す場が対立を招く場になってしまうことが多い。そういった際には，両社の経営者やキーパーソンが議論に積極的に参加するとともに，進捗の停滞を防止するために，自社にとってつらい意思決定を自身が行うことも必要となる。また，M&A 戦略に従って冷静に議論を整理できる外部専門家の選任も一案である。

⑤ 合意形成・コミュニケーション

　PMI では，どうしても組織変更にさらされる社員が出てくる。その場合，組織変更の目的が理解されていないと，近い将来，拠点の統廃合や人員削減が起こるのではないかというネガティブな憶測やうわさが広まり，従業員の士気に大きな影響を与える。したがって，組織変更の目的となるシナジー効

第5章　医薬品業界におけるM＆A

果について統合委員会で明確な合意を形成し，合意内容や初期の成果，社員
に期待される振る舞いや価値観等を浸透させる必要がある。
　コミュニケーションにおいて重要なことは次の2点である。

---

①M&Aの目的や統合会社社員に期待される価値観と，経営者の発言や一挙
　手一投足が矛盾していないこと
②組織の末端までメッセージが確実に届くようにするための公式なコミュニ
　ケーションルートを設けること
　　　例えば，IR資料やメール等の文書化された資料だけでなく，非公式な
　　コミュニケーションルート（社員レベルの懇親会開催等）も活用できるよ
　　う，前もってコミュニケーション計画を入念に立案しておくことが重要で
　　ある。

　M&A後の社員の心理的な変化には一定のパターンがあるので，経験値を
活かして事前にコミュニケーション・プランを立てておくことが望ましい。

⑥ 進捗状況のモニタリング

　各分科会は相互に関連しており，ある分野の作業が他分野の作業の前提条
件となっていることもあるので，統合委員会によるコーディネーションが不
可欠であるが，その前提として，各分科会が統合計画の進捗状況やシナジー
効果の実現度を絶えず検証し，確実にスケジュールを遵守することが求めら
れる。

⑦ インセンティブ構造

　出自の異なる社員間で，同等の職位に求められる職責や能力，報酬水準，
業績評価等に相違があると，両者の間で不公平感が拭えず不信感に発展する
こともある。また，業績目標・指標が異なると，両者が別々の方向を向いて
しまい，チームとして有機的な連携をすることができない。こうしたインセ
ンティブの整合性がとれていない場合，次の⑧項に関連してどんな手だてを

342

講じようと，成果があらわれない可能性が高い。

　したがって，人事制度をどの程度統合するか，目標や指標をどのように統一させるかは，M&A の成否にとって非常に重要な意味を持つ。逆に，独自の強みを処遇したり，報酬水準に格差を設けたりしたいのであれば，組織的にも緩やかな統合方法を選択すべきである。日本企業間の M&A では，仕事のやりがいやキャリアパスのような非金銭的な要因が重要であるが，In-Out 案件で海外企業を買収する際は，通常職位に見合ったリテンション・ボーナス等を支給して人材の引き留めを図ることが多い。

⑧ 組織風土及び人心の一体化

　そもそも組織風土とは，いったい何なのか。ここでは，事業や業務，労使関係等に関する従業員の価値観や仕事の進め方と定義する。例えば，我が国のビジネスマンが外国のビジネスマンと商談や打ち合わせを行う場合，その進め方に違和感を覚えることがあるのではないかと考える。M&A により同じ組織の仲間として協働する場合，このようなズレは不都合かつ非効率である。

　組織風土は従業員意識調査を実施すれば明らかになるが，大変な手間と時間がかかる。Schweiger によれば，両社出身の主だった社員が集まった場（例えば，統合委員会）で，図表 5-19 のようなアンケートに回答してもらうことにより，簡易に調査することができるという。

　具体的には，A 社出身者に自社認識と B 社に対する認識を，B 社出身者にも自社認識と A 社に対する認識を聞き，認識の裏づけとなる理由も説明してもらうのである。両社の回答を集計後，乖離が大きい項目については意見交換を行い，M&A 後の事業戦略にとって適切な風土はどちらか，風土を統合することは可能か，それにはどれくらいの時間がかかりそうか等を判断した上で，業務プロセスの標準化やコミュニケーション施策等を立案実施することが，効果的かつ効率的である。

第5章　医薬品業界におけるM＆A

図表5-19　組織風土調査票（例）

①	①	①寄	中間	②寄	②	②
集権的意思決定						分権的意思決定
迅速な意思決定						慎重な意思決定
短期的スパン						長期的スパン
個人志向						チーム志向
意見の対立						対立を回避
リスク選好						リスク回避
結果志向						プロセス志向
責任の所在が明確						責任があいまい
部門横断的協力						部門ごとの縦割り
社員間の信頼						ポリティカルな動き
官僚的						起業家的
開放的な意思疎通						閉鎖的な意思疎通
迅速な情報伝達						緩慢な情報伝達
フェイストゥフェイス						間接的な意思疎通
変化への抵抗						変化の受容・創造

出所：Schweiger, D.M., *M&A Integration*, 2002 より作成

　ただし，人心の一体化を図るには，両社社員が力を合わせ早い時期に具体的な成果を出すことが求められる。コマーシャルDDの段階で，早期に成果に結びつくテーマやリソースを洗い出しておくことが重要である。

（2）M&Aの会計処理上の留意事項

　ポストM&A・フェーズにおいて，M&Aの会計処理が行われることとなる。M&Aの会計処理については，本章「2　M&Aの概要及び会計処理」にて解説したとおりであるが，ここでは買い手自ら実施する場合を含めて実施者としてのM&Aの会計処理上の留意事項について触れることとする。

① 条件付取得対価

　取得原価の算定のステップにおいて，留意すべき事項は条件付取得対価である。すなわち，製薬業界における M&A の場合，株式譲渡契約書上，契約締結後の将来の特定の事象又は取引の結果に依存して追加的に取得対価が交付又は引き渡されるケース（いわゆるマイルストン・ペイメントが存在するケース）が少なくないため，このようなケースは条件付取得対価として，将来の交付又は引渡しが確実となった時点で，支払対価を取得原価として追加認識すると定められている（企業結合基準 27 項）。

　ゆえに，条件を満たした場合には，M&A 実施後に追加で取得対価（買収金額）が上乗せされることとなり，上乗せ分はすべてのれんの増加となることに留意が必要である。

② 取得原価配分（PPA）

　取得原価配分のステップにおいて，製薬業として留意すべき事項は，無形資産の識別，特に仕掛中の研究開発費の取扱い，及びその時価評価である。時価評価については次の③項において解説を行う。

（a）無形資産の識別
ｉ．無形資産の識別の概要

　まず，無形資産の識別について触れる。

　企業又は事業と独立して売買可能なものである「分離して譲渡可能な無形資産」は，当該無形資産の独立した価格を合理的に算定できなければならないとされている（企業結合適用指針 59 項）。

　分離して譲渡可能な無形資産であるか否かは，対象となる無形資産の実態に基づいて判断すべきであるが，我が国には現在のところ無形資産に係る包括的な会計基準が存在しないため，識別可能な無形資産についての例示が限定的である。このため以下では，我が国において実務の参考となる IFRS や米国会計基準のうち，米国会計基準に基づく識別要件について解説する。

ⅱ．米国会計基準における無形資産の識別要件

米国財務会計基準審議会（Financial Accounting Standards Board：FASB）ASC Topic 805-20-25-10 では，企業結合で取得した識別可能な無形資産をのれんとは区別して認識しなければならず，以下のいずれかに該当する場合，識別可能であるとされている。

①分離可能
　　企業の意図に関わらず分離できる，すなわち企業から分離又は分割が可能で，個別に関連する契約，識別可能資産，負債とともに，売却，移転，ライセンスの付与，賃貸，又は交換可能である場合。
②契約・法的権利
　　権利が企業，あるいは他の権利，義務から，移転又は分離できるか否かに関わらず，契約又は法的権利から生じる場合。

また，FASB ASC Topic 805-20-55-11 〜 45 では，企業結合により取得した識別可能な無形資産の例示を列挙している（図表5-20）。一般的に無形資産は，次に例示のとおり商標権，顧客関係など個別の無形資産として識別されることが多いが，製薬業の場合，製品やパイプライン単位で（当該製品等に係る）無形資産として識別されている。これは，製薬業におけるバリュードライバーは将来の収益源であるパイプラインとともにまさに現在販売しているブロックバスター製品であり，当該製品に係る特許権付き（あるいは未特許の）技術，商標（製品名）や顧客関係（販売網）などの無形資産は当該製品に付随し，経済的耐用年数も同一と考えられることによる。

（b）企業結合により受け入れた仕掛中の研究開発費

ⅰ．仕掛中の研究開発費の概要

企業結合により受け入れた研究開発の途中段階の成果について（仕掛中の研究開発費）も，当該無形資産が識別可能なものであれば，原則として識別して資産計上することが要求されている。そのため，製薬業界のM&Aにおいては，PPAの過程で資産計上すべき仕掛中の研究開発費を識別するこ

7　ポスト M&A・フェーズ

図表 5-20　米国基準における無形資産の例示と識別要件

識別可能な無形資産の例	識別要件
マーケティング関連の無形資産	
a. 商標，商品名，サービス商標，団体商標，証明商標	1
b. 商標上の飾り（独自の色，形，包装デザイン）	1
c. 新聞のマストヘッド	1
d. インターネットドメイン名	1
e. 競業避止契約	1
顧客関連の無形資産	
a. 顧客リスト	2
b. 受注残	1
c. 顧客との契約および契約に関連する顧客との関係	1
d. 契約外の顧客との関係	2
芸術関連の無形資産	
a. 演劇，オペラ，バレエ	1
b. 本，雑誌，新聞，その他著作物	1
c. 楽曲，歌詞，コマーシャルソング等の音楽作品	1
d. 写真，絵画	1
e. 映画，音楽ビデオ，テレビ番組を含む視聴覚作品	1
契約関連の無形資産	
a. ライセンス，ロイヤリティ，現状維持契約	1
b. 広告，建設，経営，サービス，サプライ契約	1
c. リース契約（被取得企業が賃貸人，賃借人であるかに関わらない）	1
d. 建設許可	1
e. フランチャイズ契約	1
f. 営業，放送許可	1
g. 抵当サービス権等のサービス契約	1
h. 雇用契約	1
i. 掘削，水利，空気，鉱業，材木切り出し，及び認可路線等の利用権	1
技術関連の無形資産	
a. 特許権を得た技術	1
b. コンピューターソフトウェア及びマスクワーク	1
c. 無特許の技術	2
d. タイトルプラントを含むデータベース	2
e. 秘密の製法，工程，調理法等のトレードシークレット	1

※識別要件　1：契約・法的要件を満たす無形資産／2：分離可能性要件を満たす無形資産
※上表例示は網羅的なものではないことに注意。
出所：FASB ASC Topic 805-20-55-11 ～ 45

第5章

347

第5章　医薬品業界におけるM&A

とは，最終的に算定されるのれんの額に大きな影響を与えるため，極めて重要な作業となる。ここでも，我が国において実務の参考となる米国会計基準に基づく識別要件について解説する。

ⅱ. 米国会計基準における「仕掛研究開発資産」の識別要件

　米国会計基準では FSAB ASC Topic 730 "Accounting for Research and Development Costs"（以下，ASC730）において，企業結合により取得した研究開発活動に使用される資産は，将来の代替使用の可能性の有無に関わらず ASC805 に従い公正価値で認識，測定するとされている。

　また，"AICPA Practice Aid Series - Assets Acquired in a Business Combination to Be Used in Research and Development Activities: A Focus on Software, Electronic Devices, and Pharmaceutical Industries"（以下，AICPA 実務指針）において，仕掛研究開発資産の識別要件についての詳細が記載されている。具体的には仕掛研究開発資産は以下の5つの性質を満たすものとされている。

①支配（Control）

　　支配とは，取得企業が，取得した仕掛研究開発資産からの便益の獲得が可能であり，第三者の当該資産の利用を規制することが可能であることをいう。支配の例として，取得した仕掛研究開発資産に対する権利を，分離又は分割，売却，移転，ライセンスの供与，賃貸，又は交換できること，法的に第三者に主張できる知的財産権を有していること等がある。

②経済的便益（Economic Benefit）

　　経済的便益とは，企業結合後の研究開発活動において取得した資産から得られる将来の経済的便益が期待できることをいう。

③実在性（Substance）

　　実在性を満たすには，企業結合以前に被取得企業が研究開発活動を相当程度行っていたこと，また当該研究開発活動が ASC730 に定義される研究開発の要件を満たし，何らかの価値を創造していることが要求される。

> AICPA 実務指針では研究開発活動のサイクルを,「概念化」,「応用研究」,「開発」,「試作」の 4 段階に分類し,「概念化」の段階を超えていれば実在性を満たすと結論づけている。
>
> ④未完成 (Incompleteness)
>
> 未完成とは,企業結合日現在において安全面や技術面等のリスクが存在する,若しくは規制当局の許認可が未取得である等の状況にあり,リスクの排除や許認可の取得に追加的な費用を要する状態をいう。
>
> ⑤計測可能性 (Measurability)
>
> 計測可能性とは,取得した仕掛研究開発資産の公正価値を合理的な信頼性をもって評価できることをいう。

ただし,AICPA 実務指針は,SFAS141R 及び FASB ASC Topic 820 "Fair Value Measurements and Disclosures"(以下,ASC820)の適用に伴う更新がされておらず,識別・測定についての指針に一部不一致が存在する。ASC820 の適用以降は,取得したすべての仕掛研究開発資産に ASC820 の公正価値測定の概念が適用される。そのため,公正価値は合理的な信頼性をもって評価されなければならないという SFAC No. 6 の 23 項の概念に基づく AICPA 実務指針の当該計測可能性の定義はもはや適切ではない。

医薬品業の PPA 実務では,被取得企業の持つパイプラインについて,すべての研究開発プロジェクトの詳細,ロードマップ,上市の確率や販売後の収益見通しなどのデータ分析やインタビューなどを通じて,識別が可能かどうかを判断している。先発薬企業にとってのパイプラインは Key value driver であることが多く,いったん識別されると多額の無形資産が計上されることになるが,一方でリスクの高い資産でもあり,研究開発の進捗によっては多額の減損リスクを抱えることになることから,識別作業は慎重に進めることが重要である。

③ 識別された無形資産の時価評価
(a) 評価手法の検討

識別可能と判断された無形資産の一般的な評価手法として、マーケットアプローチ、インカムアプローチ、コストアプローチが挙げられる。実務的には、この中から適切なアプローチを選択適用する必要があり、買収を取り巻く事実関係、資産の性質及びデータの有効性などを考慮の上、最終的に適用するアプローチ（1つ又は複数）を決定する（図表5-21）。

図表5-21　評価アプローチの検討手順

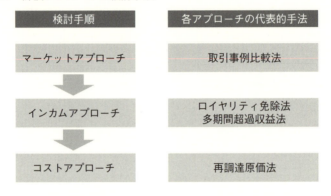

(b) マーケットアプローチ

マーケットアプローチでは、評価対象の資産と合理的に類似しているとみなせる資産に対して、市場の他の購入者が支払った金額に基づいて価値を測定する。合理的に同等な資産に対して支払われた価格に関するデータを収集し、同等資産と評価対象資産間の差異を埋め合わせるために、同等資産に対して調整を行い、当該無形資産の売却によって実現すると合理的に期待される見積価格を算定する。

ただし、実際に類似の取引価格が得られることはほとんどない。なぜなら、それらの資産は通常事業譲渡の一部として移転され、個別に取引されることは稀だからである。また、多くの無形資産は特定の企業に固有の資産で

あることが多く，企業間の比較は困難である。このような理由から，マーケットアプローチが無形資産の評価に適用されるケースは少ない。

（c）インカムアプローチ

インカムアプローチは，無形資産の収益力に焦点をあてた評価アプローチであり，無形資産の価値は，その資産の有用年数（いわゆる経済的耐用年数）にわたり享受することが可能な経済的便益の現在価値によって測定することができる，という前提に立っている。

以下はインカムアプローチの代表的な手法の概要である。

ｉ．ロイヤリティ免除法

ロイヤリティ免除法は，対象無形資産を所有していなければ，使用するために要したであろうロイヤリティの支払いを，当該無形資産を取得することにより回避しているとの考えに基づき，ロイヤリティ支払いの回避部分を無形資産の価値とする方法である。

具体的には，対象無形資産がその予測耐用年数の期間に生み出すと想定される予測収益に，適切なロイヤリティ料率を乗じて免除ロイヤリティを算出し，さらに税引後の免除ロイヤリティを現在価値に割り引くことにより無形資産の価値を算出する。

ⅱ．多期間超過収益法

多期間超過収益法は，無形資産の価値は，対象無形資産のみに帰属する正味キャッシュ・フローの現在価値に等しいという考えに基づいている。対象無形資産のみに帰属する正味キャッシュ・フローは，対象無形資産が活用されるプロジェクトのキャッシュ・フローから，そのキャッシュ・フローを実現するために必要なすべての有形，無形資産（これらを貢献資産という）が要求する期待収益を控除した超過分により算出する。当該正味キャッシュ・フローを適切な割引率で現在価値に割り引いたものが無形資産の価値となる。

第5章　医薬品業界におけるM＆A

(d) コストアプローチ

コストアプローチは，識別された無形資産と同等の資産の取得に要するコストをもって価値を測定するアプローチであり，再調達原価法が代表的な手法である。

コストアプローチは，投資家は無形資産に対してその再取得コスト又は再生産コスト以上のものは支払わないとの前提に基づいている。したがって，対象無形資産の価値は，同等の有用性を備えた類似の無形資産の再取得コストに，当該無形資産の陳腐化（物理的，技術的，機能的，経済的）に起因する価値の減損を調整して算出する。

無形資産の場合，対象無形資産に直接関係するコストの特定が困難な場合が多い。特に，対象無形資産の創出からかなりの期間が経っている場合には困難である。その他にコストアプローチには以下のような制約が挙げられる。

> (a) 資産の潜在的収益性が考慮されず，それが価値に及ぼす影響も考慮されない
> (b) 投資と価値との間に直接的相関関係がない
> (c) 重要でない品目の再生産コストの見積りができないことが多い

コストアプローチは，マーケットアプローチやインカムアプローチで価値を決定できない場合に使用される。内部開発ソフトウェアや労働力の評価にはコストアプローチが適用されることが多い。

④ のれんの会計処理
(a) のれんの会計処理の概要と留意事項

取得原価と，受け入れた資産及び引き受けた負債の純額との差額はのれん又は負ののれんとされ，のれんであれば20年以内のその効果の及ぶ期間にわたって合理的な方法により規則的な償却，負ののれんであれば発生事業年度の利益として処理することとされている（企業結合基準32，33項）。

352

7　ポストM&A・フェーズ

　ここで，のれんの構成要素は，一般に企業結合によるシナジー効果や将来予測，また労働力のような識別基準を満たさない無形資産等と考えられる。実務的には取得原価配分の結果算出されたのれんに対し，被取得企業の業種や個別の性質，企業結合取引の内容等を考慮に入れて，取得原価に対する割合やその構成要素を考察し，のれんの額の検証を行うとともに，取得原価配分の結果に全体として不整合がないかどうかの確認も行う必要があるといえる。

　我が国においては，前述のようにのれんは20年以内の償却が求められており，のれんも資産計上された仕掛中の研究開発費もともに償却資産となるため，両者を区分することは，貸借対照表上の勘定科目の違いこそあれ，その意義は米国基準や国際会計基準に比べると劣るといえる。ただし，のれんと資産計上された仕掛中の研究開発費では次のように償却年数や償却開始時期等が異なるため，その後の損益インパクトに重要な影響を与えることとなる。

・のれん：計上後，20年以内のその効果の及ぶ期間にわたって，定額法等により規則的に償却
・資産計上された仕掛中の研究開発費：上市するまでの間は償却されず，上市後，企業のその後の使用実態に基づき，有効期間にわたって償却

　これにより，買収時の一時的な損益の悪化は回避されるものの，将来当該開発が頓挫した場合は，多額の減損損失を計上しなければならず，企業はリスク資産を抱えることになる。また，すでに販売している製品に関連して計上された無形資産も，競合する後発品の発売や副作用などの問題で減損を迫られるリスクもあることに十分留意しておく必要がある。

　なお，これまで述べたことをイメージ化すると，図表5-22のとおりである。

第5章 医薬品業界におけるM&A

図表 5-22 条件付取得対価, 仕掛中の研究開発費, のれんのイメージ

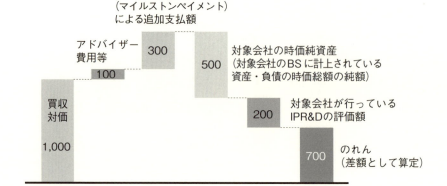

(b) 外貨建のれんの換算

　海外の企業等を買収対象とした, いわゆる In-Out の M&A を行った場合, 原則としてのれんは外貨建で発生することになると考えられる。我が国の会計基準に基づき連結財務諸表を作成するにあたり, 在外子会社株式の取得等により生じたのれんは, 在外子会社等の財務諸表項目が外貨通貨で表示されている場合には当該外国通貨で把握し, 決算日の為替相場で換算される。当該外国通貨で把握されたのれんの当期償却額については, 当該在外子会社等の他の費用と同様に, 原則として在外子会社の会計期間に基づく期中平均相場により換算されるため, 為替相場の変動により各期の損益に影響が及ぶ可能性があることに留意が必要である。

⑤ その他の事項「連結財務諸表作成における在外子会社の会計処理に関する当面の取扱い（実務対応報告第 18 号）」

　In-Out 案件の場合, 日本本社が直接ターゲット企業を買収するケースと, 例えば在外子会社（海外現地法人等）を通してターゲット企業を買収するケースが想定される。在外子会社等を通してターゲット企業を買収する場合,

当該在外子会社が例えば米国基準に基づき会計処理を行っている場合には，当該 M&A についても一義的に米国基準に基づき処理されることとなる。

　日本本社が連結財務諸表を我が国の会計基準に基づいて作成する場合，本来であれば，親会社と子会社の会計処理は統一することが必要である。ただし，すべての項目について調整を加えることは実務的には極めて困難かつ煩雑であり，この点に関し「連結財務諸表作成における在外子会社等の会計処理に関する当面の取扱い（実務対応報告第 18 号）」が公表されている。その概要は次のとおりである。

・連結財務諸表を作成する場合，同一環境下で行われた同一の性質の取引等について，親会社及び子会社が採用する会計方針は，原則として統一しなければならない。

・しかし，在外子会社の財務諸表が IFRS 又は米国基準に準拠して作成されている場合には，当面の間，それらを連結決算手続上利用することができるものとする。

・ただし，その場合であっても，①のれんの償却，②退職給付会計における数理計算上の差異の費用処理，③研究開発費の支出時費用処理，④投資不動産の時価評価及び固定資産の再評価，⑤資本性金融商品の公正価値の事後的な変動をその他の包括利益に表示する選択をしている場合の組替調整の 5 項目については，重要性が乏しい場合を除き，当該在外子会社の会計処理を修正しなければならない。なお，当該 5 項目以外についても，明らかに合理的でないと認められる場合には，連結決算手続上で修正を行う必要がある。

　つまり，在外子会社の財務諸表が我が国の基準以外の一般に公正妥当と認められる会計基準に基づいて作成されている場合，本来的には当該財務諸表を我が国の基準に基づいて作成した場合の処理に修正した上で親会社の連結財務諸表に組み込むことを原則としつつ，在外子会社の財務諸表が IFRS 又は米国基準に準拠して作成されている場合は，特に他に大きな影響がなければ，上記 5 項目について修正を加えれば，当該財務諸表をそのまま親会社

第5章　医薬品業界におけるM＆A

の連結決算に用いることが認められているのである。

　なお，上記5項目のうち，製薬業界において特に重要と考えられる項目は①及び③であり，次のような修正が求められている。

・のれんの償却

　　在外子会社におけるのれんは，連結決算手続上，その計上後20年以内の効果の及ぶ期間にわたって，定額法その他の合理的な方法により規則的に償却し，当該金額を当期の費用とするよう修正する。

・研究開発費の支出時費用処理

　　在外子会社において，研究開発費基準の対象となる研究開発費に該当する支出を資産に計上している場合には，連結決算手続上，当該金額を支出時の費用とするよう修正する。

第6章

医薬品業界特有の税務
―移転価格税制―

1. 移転価格税制の概要
2. 国境を越えた
   無形資産のライセンス
3. 国境を越えた無形資産の譲渡
4. その他の取引
5. 課税当局の考え方
6. BEPS2.0 のグローバル課税と
   医薬品ビジネスにもたらす影響

1 移転価格税制の概要

(1) はじめに

　本章では，製薬企業グループ内のクロスボーダー取引に対する移転価格税制の適用関係について述べる。一般的に移転価格（Transfer Price）とは，特殊関連企業間における資産の売買，役務提供等に係る取引価格を意味し，移転価格税制とは，移転価格を通じた所得の海外移転を防止し国際的な所得の適正配分を図るために設けられた，法人が「特殊の関係」にある外国法人（以下，国外関連者）との取引に係る課税の特例をいうものである。

　近年，企業活動の国際化に伴い，特殊関連企業間においては取引価格を通じて所得の海外移転が可能であることから，移転価格税制は，国際取引を行う多国籍企業グループにとって，ますます重要性を増している。特に製薬業界は，その中核的な機能となる研究開発活動，各国における厳格な規制等の要因により，結果として得られる高い利益率と相まって，移転価格リスクが高い業界とされている。業界に特有な取引形態や事業形態が多く，それらを移転価格の観点から事前に検討しておくことが，製薬業界における移転価格リスクを管理するためには不可欠である。

　以下に，移転価格を考える上での重要な業界の特徴，クロスボーダーで行われる事業活動における移転価格の考え方，またM&Aの結果として発生する取引における移転価格について記載する。

(2) 基本的な考え方

　移転価格税制とは，特殊関連企業間の取引を通じた所得の不適切な国外移転を防止する税制であり，多くの国において，移転価格税制は特殊関連企業間の有形資産，無形資産，役務提供，資金の貸付等の取引を独立企業間価格にて行うことを求めている。

1 移転価格税制の概要

　我が国における移転価格税制は，国外関連者との間の取引を通じた所得の不適切な国外移転を防止する税制であり，特殊の関係とは，親子関係等，兄弟関係等，実質支配関係にあるもの，持株会社と実質支配関係の連鎖関係にあるものをいう（措法66の4①，措令39の12①～④）。

　移転価格税制は，法人がその国外関連者との取引において採用した価格が独立企業間価格と比較して高い又は低い結果，我が国において本来発生すべき所得が国外に移転している場合に，実際の取引価格に基づく所得と独立企業間価格に基づく所得の差に対して課税を行うものである。すなわち，国外関連者に所得が移転している場合に独立企業間価格を基準として国外関連者間の所得配分を適正な状態に引き直すのである。

(3) 独立企業間価格

① 独立企業間価格の算定方法

　独立企業間価格とは，国外関連者との取引を，その取引と取引条件その他の事情が同一又は類似の状況のもとで支配従属関係のない独立した企業間で行ったとした場合に成立する価格を指す。独立企業間価格は，当事者が果たす機能，負担するリスク，使用する無形資産に応じて適正な所得を実現する価格である。

　独立企業間価格の算定方法とは，棚卸資産の販売又は購入取引とそれ以外の取引との2種類に分けて，図表6-1のように定められている（措法66の4②）

　以前の我が国の移転価格税制では，独立企業間価格算定の基本的な方法として基本三法を定めており，これを用いることができない場合に限り，その他の方法を用いることができるとする「基本三法優先適用」の考え方を採用していたが，2011（平成23）年度税制改正によりこの考え方は廃止され，優先順位を設けずにすべての独立企業間価格算定方法の中から最も適した方法を選択する最適方法のルールの考え方に変更されている。

　製薬業界の特徴の1つとして，リスク負担を伴う，価値の高い無形資産が

第6章　医薬品業界特有の税務―移転価格税制―

創出される点が挙げられ，製薬業界における独立企業間価格は，これらが経済的に反映された価格でなければならない。

図表 6-1　独立企業間価格の算定方法

	棚卸資産の売買取引	棚卸資産の売買取引以外の取引
①	基本三法 1．独立価格比準法 2．再販売価格基準法 3．原価基準法	基本三法と同等の方法 1．独立価格比準法と同等の方法 2．再販売価格基準法と同等の方法 3．原価基準法と同等の方法
②	基本三法に準ずる方法 1．独立価格比準法に準ずる方法 2．再販売価格基準法に準ずる方法 3．原価基準法に準ずる方法	基本三法に準ずる方法と同等の方法 1．独立価格比準法に準ずる方法と同等の方法 2．再販売価格基準法に準ずる方法と同等の方法 3．原価基準法に準ずる方法と同等の方法
③	その他政令で定める方法 1．比較利益分割法 2．寄与度利益分割法 3．残余利益分割法 4．取引単位営業利益法 5．ディスカウント・キャッシュ・フロー法 6．1 から 5 までの方法に準ずる方法	その他政令で定める方法と同等の方法 1．比較利益分割法と同等の方法 2．寄与度利益分割法と同等の方法 3．残余利益分割法と同等の方法 4．取引単位営業利益法と同等の方法 5．ディスカウント・キャッシュ・フロー法と同等の方法 6．左欄の 6 の方法と同等の方法

② 基本三法

　棚卸資産の販売又は購入取引の算定方法である，基本三法について触れる。前述のように，基本三法には（a）独立価格比準法，（b）再販売価格基準法，（c）原価基準法の 3 つの方法がある。

（a）独立価格比準法（Comparable Uncontrolled Price Method：CUP 法）

　CUP 法とは，特殊の関係にない売り手と買い手が，国外関連取引と同種の棚卸資産等について，取引段階，取引数量及びその他の条件が同様の状況

のもとで取引した場合のその取引の対価の額に相当する金額をもって独立企業間価格とする方法である。この際，取引条件に差異がある場合には，その差異により生じる対価の差が調整できるときには，その調整を行った後の対価も含む。比較可能な取引の要件を示すと，次のようになる。

・特殊の関係にない売り手と買い手との取引であること
・国外関連取引に係る棚卸資産と同種の棚卸資産の取引であること
・国外関連取引と取引段階，取引数量等で同様の状況下で行われた取引であること

CUP法は国外関連者との取引と比較可能な取引（比較対象取引）における価格を独立企業間価格とする方法であり，比較対象取引には内部取引と外部取引が考えられる。このように，CUP法には内部CUP法及び外部CUP法があるが，通常，内部取引であれば，外部取引よりも差異の調整に必要となる情報が入手可能であることから，内部CUP法が外部CUP法よりも適用できる可能性が高い。

CUP法は，同種の取引がある場合，又は差異が存在してもそれらを調整できる場合には，独立企業間価格を算定する上で最も信頼性が高い方法である。しかしながら，CUP法を適用するには，製品，契約条件及び地理的な市場等で非常に高い類似性が求められる点に留意が必要である。

(b) 再販売価格基準法（Resale Price Method：RP法）

RP法とは，比較対象取引における再販売者の総利益率を基準として，独立企業間価格を決定する方法である。

これを算式で示すと，次のようになる。

独立企業間価格＝再販売価格（国外関連取引における買い手が第三者に販売した価格）－比較対象取引での総利益率に基づく総利益の額

RP法は，CUP法程度には棚卸資産の厳格な同種性は要求されない。RP

第6章　医薬品業界特有の税務—移転価格税制—

法では機能の類似性がより重視されるからである。

（c）原価基準法（Cost Plus Method：CP法）

CP法とは，比較対象取引における原価に対するマークアップ率（販売価格の上乗せ率）を基準として独立企業間価格を決定する方法である。

これを算式で示すと，次のようになる。

独立企業間価格＝国外関連取引に係る棚卸資産の購入・製造等の原価の額＋比較対象取引でのマークアップ率に基づく利益の額

CP法についても，CUP法ほどには棚卸資産の厳格な同種性は要求されない。RP法と同様にCP法においても機能の類似性がより重視されるからである。

③ その他の方法

その他の方法には，基本三法に準ずる方法と，政令で定める方法があるが，基本三法に準ずる方法を含めた独立企業間価格算定方法の中から最適な方法が適用される。

（a）基本三法に準ずる方法

準ずる方法については，租税特別措置法第66条の4では具体的に定められてはいないものの，移転価格事務運営要領事例1によれば，基本三法と合理的な類似の算定方法であれば認められること，比較可能性の要件は緩和できないものの，比較対象取引の選定の範囲を広げることはできることが解説されている。

（b）政令で定める方法

政令で定める方法については，利益分割法，及び取引単位営業利益法，ディスカウント・キャッシュ・フロー法が規定されている（措令39の12⑧）。

362

ⅰ. 利益分割法（Profit Split Method：PS 法）

　PS 法とは，法人又は国外関連者による棚卸資産の購入，製造及び販売その他の行為に係る所得が，これらの行為のために両者が支出した費用の額，使用した固定資産の価額その他これらの者が当該所得の発生に寄与した程度を推測するに足りる要因に応じて当該法人及び当該国外関連者に帰属するものとして計算した金額をもって独立企業間価格とするものである（措令 39 の 12 ⑧ -1）。

　利益分割法について租税特別措置法施行令第 39 条の 12 第 8 項第 1 号において比較利益分割法，寄与度利益分割法，及び残余利益分割法の 3 種類が示されている。

1）比較利益分割法（Comparable Profit Split Method：CPS 法）

　CPS 法とは，国外関連取引と類似の状況で行われた非関連者間取引における非関連者間の分割対象利益に相当する利益の配分割合を用いて，関連者間取引における利益分割比率を合理的に算定する方法である（措令 39 の 12 ⑧ -1 イ）。

2）寄与度利益分割法

　寄与度利益分割法とは，比較対象取引が見出せない場合のアプローチ方法であり，取引から生じた営業利益の合計額を各当事者が支出した費用の額，使用した営業資産の価額その他合理的と認められる利益に寄与した指標に基づき分割し，その結果として求められた国外関連者それぞれの利益を基礎として独立企業間価格を算定する方法である（措令 39 の 12 ⑧ -1 ロ）。なお，この方法は我が国独特の移転価格算定方法であり，適用にあたっては，信頼性の高い寄与度の指標を用いることが必要となり，また相手国における移転価格税制にも留意する必要がある。

3）残余利益分割法（Residual Profit Split Method：RPS 法）

　RPS 法とは，法人と国外関連者が重要な無形資産を有する場合，分割対象利益のうち，重要な無形資産を有しない非関連者間取引において通常得られる利益に相当する金額を当該法人及び国外関連者それぞれの活動に応じて

配分し，当該配分した金額の残額を，当該法人又は国外関連者が有する重要な無形資産の価値に応じて，合理的に配分することにより，独立企業間価格を算定する方法である（措令39の12⑧-1ハ）。

これは，国外関連取引に影響する重要な無形資産が存在する場合に，当該取引からもたらされる営業利益には，経常的な活動から生じる利益（通常の利益）とそれ以外の要素（無形資産）から生じる利益があるとの前提に立ち，2段階で営業利益の合計額を分割する方法である。すなわち，各関連者の営業利益を合算し，第1段階ではまず通常の活動から生じる利益を各関連者に配分し，第2段階ではその残りの利益（残余利益）について，各関連者が保有する無形資産の相対的価値に応じて，配分を行うものである。

ⅱ．取引単位営業利益法（Transactional Net Margin Method：TNMM）

TNMMとは，関連者間取引において売り手又は買い手の得る営業利益率と非関連者間取引における売り手又は買い手の営業利益率を比較する方法である。この際，比較対象取引との間に，機能その他の差異がある場合にはその差異により生じる利益水準の差異につき必要な調整を加えることが求められている（措令39の12⑧-2〜5）。TNMMは，取引価格そのもの又は売上総利益率を検証する基本三法と異なり，営業利益率を基準として検証を行う。価格は製品の差異により大きな影響を受ける傾向があり，売上総利益率は機能の差異による影響を大きく受ける傾向があるが，営業利益率は，そのような差異による影響を受けにくいと考えられ，また，関連者間の会計処理方法における相違による影響も比較的受けにくいため，結果的に最も信頼性の高い方法となる場合がある。

ⅲ．ディスカウント・キャッシュ・フロー法（DCF法）

DCF法とは，2019（令和元）年度税制改正によって認められた独立企業間価格の算定方法であり，販売又は購入のときに予測される金額を合理的と認められる割引率を用いて，棚卸資産の販売又は購入のときの現在価値として割り引いた金額の合計額をもって国外関連取引の対価の額とする方法である（措令39の12⑧-6）。

1　移転価格税制の概要

　なお，移転価格事務運営要領4-3において，DCF法は利益の額として販売又は購入のときに予測される金額のような不確実な要素を用いて独立企業間価格を算定する方法であるため，最も適切な方法の候補がDCF法を含めて複数ある場合には，DCF法以外の候補である算定方法の中から最も適切な方法を選定するとされている。

④ 棚卸資産の売買取引以外の取引

　前述のように，棚卸資産の売買取引以外の取引については，次のような方法により独立企業間価格を算定する。

---

①基本三法と同等の方法
②その他の方法
（a）基本三法に準ずる方法と同等の方法
（b）政令で定める方法と同等の方法

　ここでいう「同等の方法」とは，有形資産の貸借取引，金銭の貸借取引，役務提供取引，無形資産の使用許諾又は譲渡の取引等，棚卸資産の売買以外の取引において，それぞれの取引の形態に応じて租税特別措置法第66条の4第2項第1号に掲げる方法（基本三法及びその他の方法）に準じて独立企業間価格を算定する方法をいうと定められている（措法通66の4（8）-1）

（a）基本三法と同等の方法

　基本三法と同等の方法を用いる場合には，基本三法のそれぞれの方法における適用要件と同様の要件を満たすことが求められる。例えば，無形資産の使用許諾等の取扱いについては，CUP法と同等の方法を利用する場合には，比較対象取引に係る無形資産が国外関連取引に係る無形資産と同種であり，かつ，比較対象取引に係る使用許諾，譲渡の時期，使用許諾の期間等の使用許諾又は譲渡の条件が国外関連取引と同様であることを要する。また，原価基準法と同等の方法を適用する場合には，比較対象取引に係る無形資産が国

365

第6章 医薬品業界特有の税務―移転価格税制―

外関連取引に係る無形資産と同種又は類似であり，かつ，上記の無形資産の使用許諾又は譲渡の条件と同様であることを要するとされており（措法通66の4（8）-7），その適用にあたっては，比較対象取引に対し，高い比較可能性を要する。

（b）その他の方法

棚卸資産の売買取引以外の取引に対して適用するその他の方法には，基本三法に準ずる方法と同等の方法，政令で定める方法と同等の方法が定められており，基本三法と同等の方法を含めた中から最適な方法を用いることとされている。

2 国境を越えた 無形資産のライセンス

（1）検討課題

　製薬企業は，新薬パイプラインの維持のため，自ら研究開発活動を実施するだけでなく，バイオベンチャー企業や他の製薬企業とライセンス契約を締結し，活発に他社の化合物の導入（ライセンスイン）を行うことで新薬パイプラインの充実を図っている。ライセンス契約では，他社が発見した化合物を研究段階又は早期開発段階で導入する場合もあれば，上市後に他社の医薬品の限定された市場に関する販売権を取得するような場合もある。

　同様に，国外での医薬品の上市のために製薬企業が国外関連者との間でライセンス契約を締結するケースがある。その際には，化合物に関わる無形資産の契約当事者間の保有割合，及びその評価を移転価格上どのように反映していくかが重要となる。

（2）価格設定の例

① ロイヤリティとマイルストン・ペイメント

　ライセンス契約を締結した際に発生する対価の支払方法については，主に，何らかの事象の発生に伴って支払いを設定するマイルストン・ペイメント，また対象化合物の上市後に対価の支払いが行われるロイヤリティがあり，これらの組み合わせに基づき対価の支払いが行われる。

　昨今，オプション支払いや買戻条項を有する契約を目にすることが多い。オプション支払いは，マイルストン・ペイメントと同様の効果を有する。一方買戻条項については，ライセンシーが充実した研究開発パイプラインを有する大手製薬企業であった場合にライセンスされた化合物が優先的に開発されないかもしれないというライセンサーの懸念に対処するものであると考えられる。

第6章　医薬品業界特有の税務―移転価格税制―

② プロフィット・シェアリング

　ライセンス契約を締結した上で，ライセンサーとライセンシーとの間で共同開発が行われ，上市後には共同販促を行うという形態をとることとして，化合物のその後の開発を行う場合がある。この場合，ライセンサーが共同開発開始時点でどの程度の無形資産を開発済みであるか，あるいは，その後の上市までの研究開発における両者のリスク負担の割合や上市後の販促活動の貢献割合等に応じて，上市後に対象化合物が創出する利益を契約当事者間で分割（プロフィット・シェアリング）することで対価の支払いが行われる場合がある。

(3) ライセンス取引の移転価格算定

　ここでは，国外関連者との間のライセンス取引に対する独立企業間価格算定について記述する。

　無形資産の取引であるライセンス取引については，棚卸資産以外の取引であるため，前述のようにその独立企業間価格の算定にあたっては，基本三法と同等の方法（措法 66 の 4 ② 2）とその他の方法である基本三法に準ずる方法と同等の方法又はその他政令で定める方法と同等の方法の中から最適な方法を検討することとなる。

　製薬企業におけるライセンス取引の移転価格算定方法については，具体的には次のような方法が考えられる。

---

① （内部）CUP 法と同等の方法
②比較利益分割法（CPS 法）と同等の方法
③残余利益分割法（RPS 法）と同等の方法
④取引単位営業利益法（TNMM）と同等の方法

　関連者間でライセンス取引を行う場合，その取引価格（＝ライセンス料）が移転価格税制の観点から適切であるかどうかを，いずれかの移転価格算定方法に基づき検証することが必要となる。

368

① 内部 CUP 法と同等の方法

　製薬企業には，次のような特徴があることから，一般的に無形資産の取引にあたっては適用できることが稀である CUP 法と同等の方法についても，適用できる可能性がある。

> ・第三者との間で多数のライセンス取引を行っている
> ・（研究開発）プロジェクトを評価するために将来の財務予測データを作成している。
> ・こうした情報に基づき，第三者との間で取引価格の交渉を行っている。

　このような多数の第三者とのライセンス取引を有する大手製薬企業の場合には，対象化合物の特性，また費用及びリスクの負担といった前提条件とライセンス条件の関連について計量経済分析を行うことができる条件が整う場合がある。したがって，このような場合には内部 CUP 法と同等の方法の範囲内で，当該分析を行うことにより，国外関連者との間のライセンス取引における適切な移転価格を算定することも可能であると考えられる。

　また，国外関連者とのライセンス取引の対象化合物が，そもそも同様のライセンス取引により第三者から取得されたものであるならば，同じ化合物に関する第三者取引（非関連者との取引）を比較対象とした，より単純な内部 CUP 法と同等の方法を適用して独立企業間価格を算出することができ，これが最も信頼性の高い移転価格の算定方法である可能性が高い。この内部 CUP 法と同等の方法は M&A 取引関連で適用されることが多く，被買収企業が買収企業に対してライセンスアウトする化合物が元々外部からライセンスインされたものである場合や，ライセンスアウトする化合物に共同開発パートナーが存在するため，買収に際して同パートナーから化合物の権利を買い取る場合等が例として挙げられる。

　一般的に個々の製品の独自性が非常に強い医薬品の性質上，医薬品のライセンス取引に外部 CUP 法と同等の方法を適用することは困難である。これは CUP 法の適用に必要となる差異の調整を行うための投下された費用や将

第6章　医薬品業界特有の税務—移転価格税制—

来予測のデータを公開情報から入手することが通常不可能であるためである。

② 比較利益分割法（CPS法）

なお，上記と同様のことはCPS法と同等の方法についてもいえ，自社の第三者取引を利用して計量経済分析を行うことにより，CPS法と同等の方法を適用することができる可能性がある。

なお，外部の非関連者間取引に関して公開情報から得られるデータのみではCPS法を適用するためには不十分であると考えられる。

③ 残余利益分割法（RPS法）

その他の方法の1つであるRPS法は，対象となる関連者間取引から得られる合算利益の配分を2段階に分けて行う。第1段階では，各関連者それぞれの経常的な活動に対してその稼得すべき利益（通常の利益）が配分される。こうして算出された通常の利益の合計を合算利益から差し引くことにより，価値のある無形資産から創出される利益（残余利益）を算出する。第2段階では，前段階で算出された残余利益を，各関連者の無形資産に対する相対的な貢献割合（時間価値及びリスク調整後）に応じて関連者間で分割する。

前述のとおり，RPS法は，関連者間で価値のある無形資産及び（又は）重大なリスクが共有されている場合に適用される。国外関連者とのライセンス取引においては，ライセンス契約を締結することで研究開発活動及びそのリスクが分担されることにより，研究開発の成果である無形資産が共有されることとなる。RPS法とはこのような取引状況に適用するために構築されているといってもよく，このような取引の分析手法としては，RPS法と同等の方法が最も適切な算定方法である場合がある。前述のような内部CUP法やCPS法と同等の方法を適用するために十分な数の第三者取引を有さない企業にとっては，RPS法が唯一適切な移転価格算定方法となることが多

370

いと考えられる。

しかしながら，RPS法分析は非常に複雑となる場合があり，適用にあたっては，一定の前提条件を置くことがその運用を容易とすることがある。

④ 取引単位営業利益法（TNMM）

その他の方法の1つであるTNMMは，関連者間取引の一方の当事者の財務結果を機能及びリスクの類似性がある第三者の財務結果と比較することで，分析対象である法人の得るべき独立企業間価格に基づく適正な利益を算定する方法である。よって，TNMMを適用する場合，対象となる関連者間取引の当事者の一方を検証対象として選定する。

すなわち，関連者間取引の一方の当事者が価値のある無形資産を保有していない場合に，その当事者を分析対象としてTNMMが適用される。その適用にあたっては，例えば，無形資産を保有しない販売子会社が獲得すべき一定の利益を子会社所在地国の比較対象企業を分析することにより算定し，無形資産を集中保有している本社に残りの利益を配分することとなる。

ただし，医薬品のライセンス取引においては，関連者間で価値のある無形資産及び重大なリスクが共有されることが多く，そのような場合には，その一方の当事者に比較可能な第三者を特定し，TNMMを適用することは困難である場合が多い。

（4）費用分担契約（コスト・シェアリング）

費用分担契約に基づく取引も，無形資産の取引に関する移転価格税制上の論点の1つである。

費用分担契約とは，契約の当事者がそれぞれの行う事業において生じると予測される収益の増加，費用の減少その他の便益（以下，予測便益）を得ることを目的として，無形資産又は有形資産の開発，生産又は取得及び役務の開発，提供又は受領を共同で行うことを約し，これらの共同活動への貢献を分担して行うことを定める契約をいう（事務運営要領3-15）。

第6章　医薬品業界特有の税務―移転価格税制―

　例えば，新製品の製造技術の開発にあたり，契約の当事者のそれぞれが製造技術の持分を取得するとともに，それぞれの持分に基づいて製造する新製品の販売によって生じる収益を得ることを目的として，製造技術を共同で開発することを約し，開発計画の策定，進捗管理，開発業務の遂行又はノウハウ等の無形資産の提供その他の共同開発への貢献を分担して行うことを定める契約が費用分担契約に該当する。費用分担契約の当事者である法人及び国外関連者といった「参加者」は，無形資産の所有権を所有することになるため，これらの無形資産の使用に対するロイヤリティを支払う必要はない。

　参加者が費用分担契約に基づき共同活動を行う場合において，共同活動により参加者それぞれの事業において生じる予測便益に応じて，共同活動への貢献を分担して行うことは国外関連取引に該当する。

　そして，費用分担契約が次に掲げる事項のすべてを満たすときは，費用分担契約は独立企業原則に即したものとして取り扱われる（事務運営要領3-16(1)）。

---

①参加者の予測便益の額の合計額のうちに占める参加者それぞれの予測便益の額の割合（以下「予測便益割合」という。）が適正に見積もられていること
②参加者それぞれの共同活動への貢献の価値の額（以下「貢献価値額」という。）が，貢献が独立の事業者の間で通常の取引の条件に従って行われるとした場合に貢献につき支払われるべき対価の額として最も適切な方法により算定される金額と一致していること
③参加者の貢献価値額の合計額のうちに占める参加者それぞれの貢献価値額の割合（以下「貢献価値割合」という。）が予測便益割合に一致していること

　ただし，法人の貢献価値割合が法人の予測便益割合と比較して過大であると認められる場合には，法人が費用分担契約に基づき国外関連者との間で行った国外関連取引につき，租税特別措置法第66条の4第1項の規定の適用があることに留意する（事務運営要領3-16(2)）。

372

2　国境を越えた無形資産のライセンス

　製薬企業の事業活動は，新規化合物の発見から，上市後も長期間にわたり特許に保護された独占的販売が行われ，便益の発生が長期間に及ぶ。このような点を考慮すると，将来の長期間にわたって発生する便益の予測額の割合に応じて過去の長期間にわたる研究開発費用を分担し，便益の割合に変更が生じた場合，費用分担を過去に遡って変更するといった費用分担契約を適切に運用することは，上記の製薬業界の性質上，実務上困難である場合が多く，実際に費用分担契約が実行されている例は稀である。

第6章

3 国境を越えた無形資産の譲渡

（1）製薬業界における M&A

　製薬業界においては巨額の研究開発投資が必要となり，その負担のための大型合併や，自社のパイプライン又は研究開発プラットフォームの充実ための買収，さらに近年の各国における医療費抑制と相まって重要性の増すジェネリック医薬品の取込み及び新興市場への事業拡大のための買収など，様々な目的の M&A 活動が活発に行われている。

　M&A 後は，研究開発体制の整理統合や投資という観点から，パイプラインの取捨選択や優先順位づけが行われ，例えば合併前のそれぞれの企業における得意な領域や開発活動に応じて，国を越えて研究開発拠点を振り分ける等，国際的な開発活動の分業が行われることが珍しくない。こうした整理統合の過程において，化合物について国境を越えた関連者間で譲渡又はライセンスされるケースがあり，この取引価格についても移転価格税制の対象となる。

（2）買収後の化合物の取引

① 検討すべき事項

　自社パイプライン補充のために，大手製薬企業が有望な化合物を保有する国外のバイオベンチャー企業を買収するケースが珍しくない。そのような買収後（株式買収を想定）に，バイオベンチャー企業が開発中であった化合物を国内本社が買い取るケースを例にとって，以下に記述する。

　一般的に，被買収企業であるバイオベンチャー企業が研究開発活動のみを行う場合，そのバイオベンチャー企業の価値は，大部分がその企業が有する開発中のものを含む化合物の価値によって構成されると考えられる。買収時点の化合物の価値は，買収時のデューデリジェンス等においてバリュエーシ

ョン手法により評価されていることが実務的には多い。

国内本社による化合物の買取価格の算定にあたっては，買収時点での評価に加え，買収以降にバイオベンチャー企業がコストを負担し，リスクをとって買取りの対象である化合物の研究開発を実施した場合には，そういった買収後から買取りまでの期間の研究開発活動が創出した価値についても考慮しなければならない。

② 移転価格の算定

（a）買収時の価値評価（バリュエーション）を利用した CUP 法

大手製薬企業によるバイオベンチャー企業の買収は第三者同士の取引であり，その価格は独立企業間価格である。したがって，買収直後に国内本社による化合物の買取りが行われる場合，買収価格の基礎となる買収時点での化合物の価値評価を基準にした CUP 法に基づき買取価格を設定することが考えられる。

しかしながら，バリュエーション手法に基づく価格設定は，慎重に行わなければならない。これらの手法が，必ずしも移転価格税制のもとでの独立企業間価格の算定方法に基づくとは限らないためである。

（b）自社の第三者との取引を使用した内部 CUP 法

前述のとおり，製薬業界では第三者との間で積極的にライセンス取引が行われており，これらを比較対象として内部 CUP 法を適用することができる。

（c）残余利益分割法

前述のとおり，RPS 法は無形資産が共有されている場合に適用される方法であり，種々の前提条件が整えば最も適切な方法の１つであるといえる。

（d）DCF 法による評価

DCF 法は収益資産の価値を評価する方法の１つであり，その特徴として

図表 6-2　譲渡取引後の利益の変遷

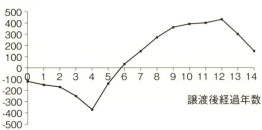

　将来の財務予測データと割引率により算定結果が大きく左右される。1つの化合物に関するライフサイクルが，開発時点から上市後特許期限まで20年以上である製薬業において，特に初期開発段階にある化合物に対してDCF法を適用する際には，割引率の変動が評価額に与える影響が非常に大きい。

　開発途中の化合物の譲渡取引を例にとると，図表6-2にみられるとおり，取引実施後，長期間にわたって研究開発投資が行われ，その後長期間にわたって収益が発生する。

　この図表6-2の将来予測データに対して8％，10％，12％の割引率を適用すると，図表6-3のとおり，譲渡取引実施時点の現在価値は，それぞれ150百万米ドル，5百万米ドル，△107百万米ドルと非常に大きな変化をみせる。

　したがって，将来予測の妥当性，通常市場にて第三者間で使用されると考えられる割引率使用，算定における前提の根拠等については，慎重に分析することが望まれ，これらを文書化し，具備しておくことが推奨される。

③ 譲渡価格の設定時の留意点

　前述のとおり，買収直後に化合物の譲渡を行う場合には，買収時点の評価を算定基礎として化合物の譲渡価格を設定することができる。しかし，買収後に引き続き被買収企業の費用・リスク負担のもと，研究開発が進められた後に譲渡を行う場合には，買収時点の評価に基づく価格設定は不適切であ

図表 6-3　割引率の現在価値に与える影響

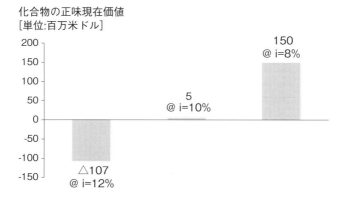

る。そのような場合に，特にその価格について一括払いの形態をとることとした場合，以下の論点が発生する。

　比較可能な第三者取引が存在しない場合にはCUP法と同等の方法が適用できないため，RPS法やDCF法を適用することが考えられる。しかし，RPS法を適用する場合でも，DCF法に基づく場合においても，将来予測に基づいた現在価値を算出することとなる。この現在価値の算出の際に適用される割引率に関する議論は前述のとおりである。加えて，課税当局による移転価格調査は，譲渡取引を行った後一定期間が経過した後に実施され，その際にはより精緻な予測，又は一部実績の数値情報が入手できることがある。このような場合には，課税当局が実績の情報を重視することも考えられることから，一括払いではなく，ロイヤリティのような実績に基づく支払対価の設定が現実的である場合がある。

4 その他の取引

（1）委託研究開発取引

① TNMM の適用

　製薬企業は，国外関連者又は CRO（開発業務受託機関）等へ，自らが実施する研究開発活動の一部を契約に基づき委託することがしばしばある。委託契約の内容には，委託期間，委託内容及び委託の形態が明記される。委託の形態については，直接に契約者間で委託業務が完結する場合や，一次受託者としての関連者がさらに二次受託者としての CRO に委託する場合等が挙げられる。

　委託研究開発取引の移転価格の算定にあたっては，リスク負担が限定的で，重要な無形資産を保有せず，サービスのみが提供されているのであれば，受託者を分析対象として TNMM を適用し，そのコストに対するマークアップを対価として算定することが一般的である。

② パススルー費用のマークアップの有無

　委託研究開発取引については，いわゆるパススルー費用の取扱いについても論点となる。パススルー費用とは，一次受託者である国外関連者が二次受託者である CRO に業務を再委託する場合，費用負担額が CRO から一次受託者（例えば国外関連者）に請求され，一次受託者より最終的な費用負担者（例えば製薬企業本社）に請求される費用のことをいう。

　この費用は，直接的には一次受託者である国外関連者が CRO へ支払うが，最終的には委託者である製薬企業本社が負担する。その際に，委託者が受託側の国外関連者に支払うパススルー費用に対してマークアップを付与すべきか否かという点が論点となる。通常，委託者が受託者に支払う対価を設定する際には，受託者側で発生するコストをカバーした上で，提供するサービス

の付加価値の程度を考慮したマークアップが付与される。しかし，パススルー取引を行う場合，実際に業務を行うのは第三者のCROであり，受託者側がパススルーされる業務に特段の付加価値を付与していない場合には，その費用はマークアップの対象とは扱われないことが多い。

　パススルー費用に対してマークアップを付与すべきか否かは，TNMMのもとでの比較対象分析に基づき，最終的に決定されるべきである。

（2）販売促進・マーケティング活動

① 販売促進・マーケティング活動と超過収益

　一般的によくみられる移転価格税制上の無形資産の1つとして，マーケティング活動から創出される無形資産が挙げられる。これには，例えば過去の広告宣伝の成功により創出されるブランド等が挙げられる。

　製薬業界の場合，一般的に，製品（医療用医薬品）の選択をするのは最終消費者である患者ではなく，医薬品を処方する医師や薬剤師である。一部の場合を除き，その販売活動はMR（医薬情報担当者）による医師等を対象としたディテーリング活動（医薬品に関する情報の提供等），学会やシンポジウムでの活動が中心となる。

　このような活動が，無形資産を創出する活動であるかという点に関して，販売活動が行われる国の課税当局は，その市場で行われるマーケティング及びディテーリング活動が超過収益に貢献するという見解を持つ可能性がある。しかしながら，典型的な例として，MRが日々の活動を通じて医師との信頼関係を構築し，自社製品の製品価値を高めるための活動を行ったとしても，医薬品の販売価格が，特許期間が満了した時点で急激に下落する。この点を踏まえると，医薬品業界におけるマーケティング及びディテーリング活動は多大な超過収益をもたらす価値があるであろう無形資産を創出する活動とはいい難い。特に，これら活動に投下される多額の資本と，その特許期間満了後の利益及び価格に対するインパクトのなさからもこの点は明らかである。

第6章　医薬品業界特有の税務—移転価格税制—

したがって，マーケティング及びディテーリング活動は，特許等の価値のある無形資産から得られる便益を増加させるための活動と考えることが適切であろう。これは，製薬業界においても認知されている見解である。

②　各製品への費用配賦

製品ごとの損益を管理するためには，マーケティング及びディテーリング活動の費用を各製品又は製品群に配賦する必要がある。その際，直接配賦が可能である費用もあれば，何らかの配賦基準に基づく配賦計算が必要となる費用もあるであろう。この配賦計算を行う場合には，適切な配賦が行われることが移転価格の算定上重要となる。例えば，ディテーリング活動を行うMRに係る費用について，MRが1コール（医療機関への訪問）あたり，複数の製品の説明を医師に対して行う場合，何らかの配賦基準に基づき，その費用を対象となる複数の製品に配賦しなければならない。

また，より複雑なケースとして，ある製品のために雇用されたMRが1コールあたりに説明する2番目，3番目の製品がない場合，これらのMRにより「必要以上に」ある製品に対してディテーリングが行われる可能性があり，この費用をすべてその製品に配賦することが果たして適切であるかについても検討がなされるべきであろう。

③　販売促進・マーケティング活動に関する移転価格の分析

国外関連者取引の当事者の一方が，価値のある無形資産の創出には貢献しておらず，また非経常的なリスクを負担せず，マーケティング及びディテーリング活動を実施するのみである場合，関連者の一方のみが重要な資産を有するため，その移転価格を算定する際には，無形資産を有さない一方の当事者の適正利益をTNMMに基づき算定することが一般的である。

ただし，国外関連者取引の当事者の一方が，第三者の販売委託機関（Contract Sales Organization：CSO）と委託契約を締結している場合や，第三者と共同販促契約（コ・プロモーション契約）を有している場合，これらと国

380

外関連者取引との比較可能性を検討する必要がある。その際には，提供する機能，負担するリスク，保有する無形資産の類似性について詳細な検討が必要であるが，これらの活動は，財務的負担，取引期間，専門性等の差異により比較可能性が低い場合が多いと考えられる。

（3）製造活動

製薬業界における製造活動は，有効成分の製造工程である原薬製造と，有効成分とその他の原材料を混合することにより最終的な製品形状とする製剤の工程に大別される。製薬企業はこれらの製造活動に使用する工場や設備等の資産に対しても投資を行う。原薬製造の工程で使用される資産は，厳格な環境規制等に従った設備であり，また製剤工程における資産に比較して，汎用性が低い。一方，製剤工程における資産は，様々な形状の製品に対して使用することができる。

これら製造は，政府規制に基づいた製造及び品質管理の基準（GMP）を遵守して実施されるが，特に原薬製造は，一般的に，製剤より高度な専門性が必要であるとされている。

しかしながら，原薬製造を含めて製造活動は外部委託されることが珍しくなく，他者が行うことができない特殊な製造技術を要する一部の場合を除き，一般的に超過収益の創出につながる活動ではないと考えられる。したがって，製薬企業が国外関連者に製造委託を行う場合，関連者の一方にのみに重要な資産があると考えられ，その移転価格の算定はTNMMに基づくことが一般的である。

（4）第三者への事業売却から派生する，関連者間での対価の分配

近年，製薬業界では，ターゲットとする疾病領域に関して，選択と集中化が進んでおり，それに伴いノンコア事業の第三者への売却が進んでいる。

第三者への事業売却の場合，当該売却価格は売却当事者と第三者との交渉により決定される独立企業間価格のため，移転価格の観点から問題になるこ

第6章　医薬品業界特有の税務―移転価格税制―

とはないが，当事者の国外関連者も関与する事業を第三者へ売却する場合には，当事者から関連する国外関連者に対して，第三者から得る売却対価の一部を独立企業原則に基づく補償・配分として支払うことが必要となる場合がある。以下に3つの事例を挙げて，解説する。

【ケース1】売却当事者と国外関連者との間で共同開発した製品に係る製造及び販売権を第三者に売却する場合

　売却資産の構築に寄与した貢献度（例：負担した研究開発費用の割合等）で按分することが考えられる。

【ケース2】製品の開発は売却当事者で，国外関連者が販売しているような場合

　関連者間契約次第では，当該国外関連者に逸失利益相当の支払いの義務が発生することが考えられる。

【ケース3】売却当事者と国外関連者Aとの間で共同開発し，それを国外関連者Bが販売しているような場合

　1と2のミックスとなり，売却金額から，初めに販売会社へ逸失利益相当を支払い，残りの対価を，売却当事者と国外関連者Aにて，売却資産の構築に寄与した貢献度で按分するということが考えられる。

　上記のとおり，売却資産の性質により，被買収グループ内での対価の按分は異なり，当事者と国外関連者との間での対価の按分に係る検討はケースバイケースとなる。その際の検討プロセスの例を以下に掲載するので，対価の按分の際は参考にされたい。

---

①第三者との無形資産売却取引の内容の確認
②売却対象の無形資産に係る潜在的収益を有する国外関連者の特定
③当事者と国外関連者との間での機能・リスク分担，契約内容の確認
④当事者と国外関連者が合理的に利用できる他の選択肢の確認
⑤国外関連者に対する配分金額の計算

4 その他の取引

　商業活動のグローバル化を背景に，多国籍企業による企業や事業の買収は増加を続けている。一方で，買収件数が増えるということは，法人又は事業の一部が買収される，つまり被買収側の当事者となるケースも比例して増加することとなる。通常，企業の買収後の再編によって無形資産保有体制を最適化する際に，関連者間での譲渡や使用許諾の論点が出てくるが，このように，被買収側となった場合においても，買収対価を関連者間でどう配分するかということが議論となる。当該関連者間での対価を算定する際には，譲渡対象資産に対する貢献度等を考慮した，移転価格税制上の配慮が必要となることに留意されたい。

(5) 特許満了後の移転価格算定方法

　製薬企業にとって新薬の開発とその化合物に関する特許は，特許期間中の重要な収益の源泉である。その場合，移転価格算定方法の検討においても，特許を含む重要な無形資産への貢献が加味される。しかし，その法的保護が失効する特許満了以降は，同等の成分を有する後発医薬品の参入が可能となり，超過収益の創出に対する貢献要素の前提に変化を及ぼすことが考えられる。この点が，経理担当者として特許満了後の移転価格算定方法の検討にあたって，最も注意すべき点となる。

　その際に，担当者としてまず確認すべきポイントは，大きく分けると以下の3ステップとなる。

【ステップ1】特許期間中と比べた際の，特許満了後における取引の正確な描写を行う（商流の変更，内部比準取引の有無の確認も含む）。
【ステップ2】親会社と国外関連者の特許期間中の超過収益に対する貢献が，特許満了後においても同様に他社製品との差別化に寄与しているか否かの確認。
【ステップ3】特許満了後，他社製品との差別化に寄与する両者の新たな貢献（活動）の有無の確認。

第6章　医薬品業界特有の税務—移転価格税制—

　まずステップ1では，特許期間中と特許満了後で，商流の変更があるか否かの確認が必要となります（例えば，今まで国外関連者から購入していた原薬と同等の成分を持つ原薬等の，第三者からの購入が可能になっていないか等の確認）。

　次に，ステップ2では，特許期間中の親会社と国外関連者の超過収益に対する貢献が，特許満了後においても同様に他社製品との差別化に寄与しているか否かの確認が必要となる。これは，例えば，親会社は化合物の開発をしており，子会社は医薬品のブランドマーケティングを行っており，特許期間中の超過収益に対する貢献割合が7：3であった場合，特許満了後も同様の貢献度割合が継続されるか否かを分析することになる。

　ステップ3では，特許満了後，新たに親会社と国外関連者が超過収益の創出に寄与する活動が発生しているか否かの確認が必要となる。この分析においては，特許満了後の製品の需要面と供給面での分析が必要となり，製品の特色や患者の特色，さらには，後発品の有無，既服用患者の後発品へのシフトや価格競争等を総合的に勘案し，適切な移転価格算定方法を検討することが望まれる。

384

5 課税当局の考え方

　製薬企業における無形資産は，高い利益率の源泉となる高付加価値の資産であり，この無形資産の価値をいかに算定するかが，製薬業界の移転価格を考える上の最重要課題である。しかし，この無形資産に対する見解は，各国の課税当局により異なる場合がある。

　課税当局によっては，費用負担よりも実際の機能を重視する傾向にある場合もみられる。また，研究開発活動の中でも創薬活動を重視する場合もあれば，研究開発活動のみならず市場におけるマーケティング活動も，超過収益を創出する価値のある無形資産を構築するという見解を持つ場合もある。

　また，我が国を含めた各国の課税当局の移転価格算定方法に対する見解は，時間の経過とともに変遷していく点にも注意が必要である。各国の課税当局の動向を把握しつつ，移転価格リスクを管理することが製薬企業にとって重要な課題である。

　これまでに述べたとおり，製薬業界の移転価格を検討する際には，様々な検討すべき事項が存在する。また，移転価格の設定が，国外関連者の所在する各国の課税所得に及ぼす影響が多大となる場合が多い。それぞれの国外関連者取引の実施に際しては，取引を開始する以前に十分な検討を行っておく必要がある。また，無形資産を創出する活動や，重大なリスクの負担によって，将来発生する収益が左右されるため，将来の移転価格を見据えた上での事業活動の実行が不可欠である。

6 BEPS2.0 のグローバル課税と医薬品ビジネスにもたらす影響

（1）背景と経緯

　2015 年 10 月，経済開発協力機構（OECD）は，税源浸食と利益移転（Base Erosion and Profit Shifting：BEPS）行動計画に関する最終報告書[1]を公表した。グローバルの医薬品業においても，従前から法定税率が 12.5％と低いアイルランドや地方税の格差があるスイスに拠点を構え，無形資産の経済的な価値を集中するタックスプランニングが実行されていた。BEPS において拠点の実体性が税制上の要件とされたことから，例えば米国の製薬業においてはアイルランドの研究センターに千人単位で研究者を雇用若しくは企業内転勤させるという対応が図られた。日本の医薬品業においては，そこまでの顕著な研究開発拠点のシフトはみられなかったものの，グループ内の取引ルールを文書化し，国別の売上・利益・税額を税務当局に提出することが求められ，その情報は世界中の税務当局に共有されることになった。

　一方，このような BEPS の導入後も，グローバルなデジタル企業の実効税率は上がらず，デジタルビジネスに対して，各国においてもデジタル税が検討されることになった。また，このような税率の低下はむしろ企業だけの問題ではなく，一部の国が投資を呼び込むために，過度な税率の引き下げや優遇税制を導入しているのではないか，との批判も高まった。このような経済のデジタル化への対応を第 1 の柱，税金の引き下げ競争に歯止めをかける目的を第 2 の柱とする BEPS2.0 として，OECD においてグローバルな課税のあり方に関する検討が始まった。

　OECD は第 1 の柱のうち，利益 A に関する多数国間条約案を公表し，

---

[1] https://www.oecd.org/tax/beps/addressing-the-tax-challenges-of-the-digital-economy-action-1-2015-final-report-9789264241046-en.htm

2024 年半ばに署名式を催すスケジュールを提示し，利益 B については移転価格ガイドラインを改訂した。2024 年 2 月には，移転価格税制簡素化のための「利益 B ガイダンス」を公表した。このガイダンスの内容は，移転価格ガイドラインの附属書として追加された。我が国においては，2023（令和5）年度税制改正において第 2 の柱の骨子となる国際最低課税の導入が織り込まれ，2024 年 4 月 1 日以降の事業開始年度から適用されている。

このように検討が進められる中でも，経済のデジタル化はさらなる進展をみせており，グローバルな税制上の対応は避けられないものと考えられる。日本の製薬業においても，この期間を準備期間と捉えて，単なる課税にとどまらないグローバル課税の事業モデルに与える影響を理解し対応することが求められている。

(2) BEPS1.0 と BEPS2.0

2015 年 10 月の OECD による BEPS 行動計画の最終報告では，①物理的な拠点や人的サービスの提供に基づいた課税，②グループ内の取引を独立した企業間の取引とみなす原則による利益配分，③グループ企業を個別企業単位に捉え，④過度な租税回避に関する濫用防止規定など，従来の国際課税の枠組みの中での対応が図られた。

一方，経済のデジタル化や BEPS において残された課題について，従来の枠組みを超えて①新たな課税根拠を定義し，②定式的アプローチを採用し，③企業グループ全体で捉え，④最低レベルの課税を課す，ことが検討されている。まさにグローバル課税の枠組みについて次世代の変革を伴う，BEPS2.0 と呼ぶにふさわしい内容となっている。

BEPS2.0 は 2 つの柱から構成されている。

第6章 医薬品業界特有の税務―移転価格税制―

- 第1の柱：経済のデジタル化に伴う課税上の課題に対する，各国間の課税権の配分について，新たな課税根拠と利益配分ルールに関する統合的アプローチ
- 第2の柱：BEPSにおいて残された課題である軽課税国への利益移転に対抗するためのGloBEの提案

(3) 第1の柱

第1の柱は利益Aと利益B，そしてその課税に際して多国間の整合と事前確認を図ることにより，納税者にとっての税の確実性を高める枠組みから構成されている。

① 利益A（Amount A）

利益Aの概要は図表6-4のとおりである。

図表6-4　BEPS2.0　第1の柱　利益Aの概要

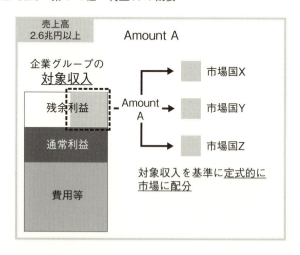

第1の柱はいわゆる「デジタル課税」といわれることから，多くの医薬品

業の関係者にとっては，「自らはデジタルビジネスに携わっていないことから，デジタル課税は関係ない」とみなされていると推察される。

　当初はいわゆるデジタルビジネスを対象範囲として検討が開始されていたが，デジタルビジネスを多く抱える米国の意向も踏まえ，グローバルに事業を展開する一定の規模（売上高が約2兆6千億円）と収益性（売上高税引前利益率10%）を持つ全世界の約100社が対象とされ，天然資源の採掘業，規制対象の金融機関，防衛に関する事業並びに主に国内で事業を行う場合のみが対象外とされた。

　利益A対象となる業種を絞り込む過程において，医薬品業は多くの国において広告宣伝や顧客情報へのアクセスが規制されており，医師の指導による薬が処方され，薬価は国レベルで決められていることから，金融機関と同様に規制業種として利益Aの対象から除外すべきではないかとの議論がされた。しかし，医薬品業は，研究段階における特許を含む無形資産，並びに臨床段階における許認可を含む無形資産の経済的な価値を，研究開発拠点や許認可を取得した国や地域によらずに軽課税国に集約することでグループ全体の実効税率の最適化を図るタックスプランニングを施しやすい業種とみなされてきた歴史があり，除外の対象となる業種には認められなかった。日本においても，医薬品業を含む5～10社がその対象と考えられている。

　利益Aにおいては，企業グループの売上高税引前利益率10%を超える利益のうち25%を，最終顧客や最終消費者のいる市場国に新たな課税権として配分することになる。企業グループのデジタル化やモビリティ化が高まることにより，企業グループが市場国に拠点を持たずに事業を展開できるようになった一方で，顧客情報やブランドなど最終顧客や最終消費者のいる国で創られる無形資産の価値が相対的に高まったと考えられるため，市場国に新たな課税権を配分することになった。

　日本の医薬品業においても，グローバルな医薬品業ほどではないものの，他の業種と比較すると無形資産の価値とそこからの収益を一部の国に集約する傾向はみられることから，利益Aが適用された場合に，市場国への利益

の配分は発生しうると考えられる。

② 利益B（Amount B）

企業グループでは，市場国に拠点を設け，最終顧客や最終消費者に販売活動を行う事業モデルも引き続き存在する。利益Aによる新たな課税権を定めると同時に，基礎的な販売活動に配分する利益についても，従来のグループ内取引における利益配分を定める移転価格の算定方法について，利益Bとしてより定式化を図ることになる（図表6-5）。

図表6-5　BEPS2.0　第1の柱　利益Bの概要

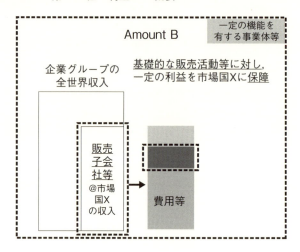

利益Bについては，グローバルレベルの規模と収益性の高い企業のみを対象とする利益Aとは異なり，グループ内の販売会社を通じて販売をしている広範囲な企業グループを対象とされており，日本の多くの医薬品業における各国において展開している基礎的な販売活動についても適用対象となることが想定されている。日本の医薬品業において，各国の販売会社が基礎的な販売活動に該当し，その収益性が，利益Bに定められた収益性よりも低い場合，販売会社への利益配分が求められる。

(4) 第2の柱

第2の柱では，連結での収入が1,000億円を超える企業が対象となり，日本においては1,000社程の企業グループが対象になると推測されている。

第2の柱は，国別で国際最低税率を下回る場合に，親会社に国際最低課税を課す所得合算ルール（IIR）と，IIRにより課税されなかった場合に支払いについて損金算入を認めない軽課税支払ルール（UTPR）からなるGloBEルール，及び租税条約の特典否認に関する課税対象ルール（STTR）の2つの要素から構成されている。

第2の柱のGloBEルールでは，国別の実効税率が国際最低税率15％を下回る場合に，国際最低税率まで課税される（図表6-6）。

図表6-6　BEPS2.0　第2の柱の概要

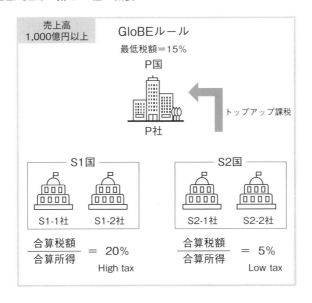

第6章　医薬品業界特有の税務―移転価格税制―

① 国際最低課税額の算定

国際最低課税額を算定するために，まず財務会計上の純利益に一定の調整を加えて，GloBE 所得を算定する。

GloBE 所得＝財務会計上の純利益（損失）

　　　　±連結決算の会計基準との永久差異の調整

　　　　±対象税金や永久差異項目等の調整（図表 6-7）

　　　　±減損会計等納税者の選択による調整（図表 6-8）

図表 6-7　対象税金や永久差異項目等の調整（GloBE 所得又は損失に含めるべきではない金額の調整）

・一定の税金費用
・配当金
・株式損益（評価損益・売却損益等）
・再評価法による損益
・適格再編相当に伴う資産及び負債の処分損益
・会計と税務で機能通貨が異なる場合の為替差損益
・政策上認められない費用（賄賂・罰金等）
・過去度誤謬及び会計原則の変更
・未払年金費用

図表 6-8　減損会計等納税者の選択による調整

・株式報酬に関する選択
・公正価値会計・減損会計に関する選択
・不動産の売却損益に関する通算の選択
・関係会社間取引の相殺消去に関する選択

次に，財務会計上の税金費用に一定の調整を加えて，調整後対象税金を算定する。

調整後対象税金＝財務会計上の税金費用

　　　　　　±対象税金に対する加算・減算調整（図表 6-9）

　　　　　　±合計繰延税金調整額（図表 6-10）

　　　　　　±資本直入等に計上される対象税金の調整

392

6 BEPS2.0 のグローバル課税と医薬品ビジネスにもたらす影響

図表 6-9　対象税金に対する加算・減算調整

【加算】
・財務諸表において費用として税引前利益に含まれる対象税金の額
・GloBE 欠損繰延税金資産の使用額
・過年度において減算調整として取り扱われた不確実な税務ポジションに関連する税額
　として，対象事業年度において支払われた対象税額の額
・当期税金費用の減額として計上された適格還付付き税額控除に関連する控除又は還付
　を受けた額
【減算】
・GloBE 所得（損失）の計算において除外される所得に関する当期税金費用
・当期税額費用の減額として計上されていない非適格還付付き税額控除に関する控除又
　は還付
・適格還付付き税額控除を除く，当期税金費用の調整として取り扱われない構成事業体
　に還付される対象税金
・不確実な税務ポジションに関連する当期税金費用
・対象事業年度終了後 3 年以内に支払われる見込みのない当期税金費用

図表 6-10　合計繰延税金調整額

【除外対象項目】
・GloBE 所得（損失）の計算上除外された項目に関する繰延税金費用
・発生税金費用の否認及び未請求発生費用に関する繰延税金費用
・繰延税金資産に関する評価性引当若しくは会計認識調整により生じた調整額
・国内において適用される税率の改正によって再計算された繰延税金費用
・税額控除の発生及び使用により生じた繰延税金費用
【調整項目】
・発生税金費用の否認及び未請求発生費用に関して対象事業年度において支払われるこ
　とになった税額の加算
・当該事業年度に支払った，過年度に計上していた再認識繰延税金負債の加算
・当期の税務上の欠損に対する繰延税金資産が会計上の認識基準を満たさなかったこと
　により認識されなかった場合において，もし認識された場合には合計繰延税金調整額
　を減算したであろう額の減額

※財務諸表上の繰延税金費用につき，適用税率を最低税率 15% として再計算

　一般的に，財務会計上の税金費用と税務申告上の税額には永久差異と一時
差異があるとされているが，永久差異については，GloBE 所得の算定過程
において，一時差異は対象税額の算定過程において繰延税金資産・負債アプ
ローチによって調整される。合計繰延税金調整額については，財務会計上の
繰延税金費用をもとに，5 年以内に解消されない一定の長期性を除いた繰延

第6章

393

第6章 医薬品業界特有の税務―移転価格税制―

税金負債に関する補正若しくは除外の選択や適用税率を15%に修正することなど，複雑な調整計算が求められている。

このように算定されたGloBE所得と調整後対象税額を国別に集計し，国別の実効税率を計算することにより，国際最低課税額を算定する（図表6-11）。

図表6-11　トップアップ税額の算定フロー

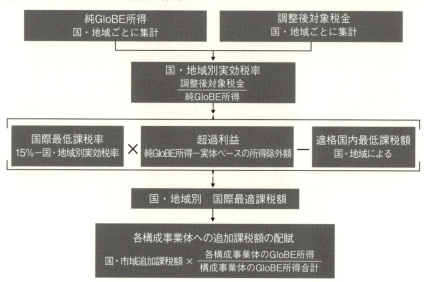

各国の法定税率が15%を上回っている場合においても，医薬品業では，その研究開発活動などについて優遇税制を適用していることにより，GloBEルールの計算による実効税率が15%を下回ることも十分に想定される。GloBE所得から実体ベースの所得を除外した超過利益に国際最低課税率をかけて，国際最低課税額を算出することが定められている。実体ベースの所得除外額とは，給与費用の5%と有形固定資産残高の5%とされている（適用初年度は移行措置によりそれぞれ9.6%と7.8%となる）。

② 課税までの流れ

GloBE モデルルールでは，各国が GloBE ルールと同様の課税範囲と計算方法により適格国内最低課税を課すことが認められた。適格国内最低課税が課された国では，GloBE ルールの国際最低課税は課されないことになる。

企業グループの最終親会社は会計期間の終了後15か月（初年度は18か月）以内に GloBE 情報申告を提出しなければならない。GloBE 情報申告において，国際最低課税が生じている場合，IIR ルールにより原則は最終親会社に納税義務が生じるが，最終親会社の所在する国において IIR が導入されていない場合若しくは持分比率が80％に満たない場合等において，納税負担のルールが定められている。IIR において配分されない国際最低課税額は，補完的な UTPR ルールの適用により，企業グループ内の事業体によって損金算入を否認することを通じて課税される。

③ BEPS2.0 による影響

グローバル医薬品業では，従来法定税率の低いアイルランド（法定税率12.5％）や地方税の格差があるスイスに拠点を構え，無形資産の経済的な価値を集中するタックスプランニングが実行されていた。BEPS1.0 においても拠点において実質的な事業活動を行うことが税制上の要件とされたことから，例えばアイルランドの研究センターに千人単位で研究者を雇用若しくは企業内転勤させるという対応がみられた。BEPS2.0 においてより定式的な実体ベースの所得除外が導入されたことから，より人員のモビリティが高まることが想定される。

日本の医薬品業においても，欧米のグローバル企業ほどではないが，従来から一部の企業においてはアイルランドやスイスに利益が集中する傾向はあった。BEPS2.0 の導入後に，日本の医薬品業においても結果として国際最低課税が発生するリスクがあると推測されている。日本の医薬品業においては，日本に中心となる研究拠点を保有する傾向があったが，GloBE 所得と実体ベースの所得とのバランスを考慮したグローバルな研究開発体制の検討

第6章　医薬品業界特有の税務—移転価格税制—

も経営上の重要な論点となるかもしれない。

④　セーフハーバー

　このように国際最低課税を計算するためには，100以上のデータ項目について収集しなければならず，特に調整後対象税金については複雑な調整を実施しなければならない。企業グループの事務負担を減らすために，セーフハーバーといわれる適用除外基準が設けられている。

　2022年12月にOECDから公表されたセーフハーバールール[2]及び運用指針によると，移行期間の国別報告書（CbCR）セーフハーバー，簡易計算に基づく恒久セーフハーバー及び適格自国内最低課税に基づくセーフハーバーが設けられている。

　移行期間のCbCRセーフハーバーでは，①デミニマステスト，②簡易実効税率テスト，③通常利益テストのいずれかのテストを満たすと国際最低課税の適用除外を満たすことができる。それぞれのテストは適格CbCRの指標に基づく必要がある。

　デミニマステストでは，当年度のCbCRの国別の収入金額が1,000万ユーロ未満かつCbCRの税引前利益が100万ユーロ未満の場合，適用除外要件を満たす。簡易実効税率テストでは，CbCRの税引前利益を分母に，税に関する不確実性のポジションによる引当を除いた当期税金費用及び繰延税金費用を分子に実効税率を計算し，実効税率が1年目15%，2年目は16%，3年目は17%以上の場合，適用除外要件を満たす。通常利益テストでは，GloBEルールによる実体ベースの所得が，CbCRの税引前利益を上回る場合に適用除外基準を満たす。

　移行期間のCbCRセーフハーバーは適用初年度から3年間のみ認められ，当該年度においていずれのテストも満たさなかった国については，翌年から

---

2 https://www.oecd.org/tax/beps/safe-harbours-and-penalty-relief-global-anti-base-erosion-rules-pillar-two.pdf

移行期間の CbCR セーフハーバーを適用できない。

　移行期間の CbCR セーフハーバーを満たせなかった国若しくは適用初年度から 3 年間を経過して以降は，簡易計算に基づく恒久的セーフハーバーについて，①通常収益テスト，②デミニマステスト，③実効税率テストにより判定する。簡易計算に基づく恒久的セーフハーバーにおける具体的な簡易計算の方法は，今後運用方針において示される予定である。

　国際会計基準審議会（International Accounting Standards Board：IASB）から 2023 年 5 月に改訂 IAS 第 12 号「法人所得税」が公表された。改訂 IAS 第 12 号では，第 2 の柱モデルルールに伴い発生する繰延税金資産・負債を認識しないとする一時的な例外規定が定められている。また，企業においては，BEPS2.0 第 2 の柱に関する財務開示について，適用される会計基準における動向を確認し，対応を図ることが求められる。

第7章

サステナビリティ含む非財務情報開示

1. サステナビリティ情報開示の重要性
2. 医薬品業で重視される
   サステナビリティのテーマ
3. サステナビリティ経営の推進，
   開示の充実，規制対応に向けて

1 サステナビリティ情報開示の重要性

（1）サステナビリティへの注目が高まる背景

近年では，会計の世界が扱う財務情報と同様にサステナビリティ情報の重要性が指摘されている。サステナビリティのテーマは幅が広いが，ここでは医薬品企業の財務・経理部門に属する読者を想定し，最低限知っておくべきサステナビリティに関するテーマの解説を行う。

近年あらゆる業界で，企業のサステナビリティへの取組みやその情報開示に関して，投資家等ステークホルダーの注目度が高まっている。その理由は様々であるが，企業価値評価における無形資産の重要性が高まっていることが主因の1つであると考えられる。図表7-1は時価総額に占める無形資産の割合について，米国市場（S&P500）と日本市場（日経225）を比較したものである。米国市場と比べて日本市場では，時価総額に占める無形資産の割合はまだ相対的に高くないものの，年々無形資産の重要性が増してきていることが読み取れる。

図表 7-1　時価総額に占める無形資産の割合の比較

※時価総額（market cap）から純有形資産（net tangible asset value）を引いたものを純無形資産（net intangible asset value）としている。その純無形資産を時価総額で割ることでそのインデックスに占める無形資産を割り出している。
出所：内閣官房「人的資本可視化指針」（2022年8月30日）付録①をもとに作成

すなわち，企業の競争優位の源泉は，設備や不動産等の有形資産から，人的資本や知的財産資本の量や質，ビジネスモデル，将来の競争力に対する期待等の無形資産に変化してきているといえるだろう。

(2) サステナビリティ情報開示に向けた動き

現行の会計基準では，無形資産については一部財務諸表に計上することを求めているものの（適用する会計基準により差異あり），時価総額と有形固定資産の差額のすべてを無形資産として財務諸表に反映することは求めていない。そのため，上記のように時価総額に占める無形資産の割合が大きくなっている近年の状況においては，財務諸表の情報だけで企業価値の評価を行うことは難しくなってきていると考える投資家等が増えてきている。このような状況に鑑み，一部の投資家等の間では財務諸表に反映されている価値に加えて，サステナビリティ情報を考慮することで，企業価値評価を行おうという動きがみられている（図表7-2）。

図表7-2　企業価値評価の観点からのサステナビリティ情報の開示の必要性

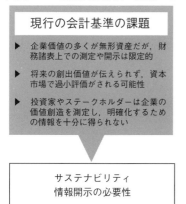
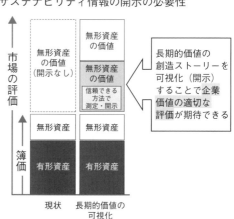

第7章　サステナビリティ含む非財務情報開示

　加えて，気候変動問題などの環境問題や人権問題などの社会問題の解決に向けた社会的な関心の高まりを受け，責任ある投資家としての役割を果たすべく，企業や産業界に対して関与を強める動きも一部の投資家においてみられている。

　このように，もはやサステナビリティ開示は，一昔前のように一部署レベルが行う CSR 活動の延長線上の問題ではなく，経営戦略の一環として幅広い領域において全社的に取り組むべき問題となっている。なお，サステナビリティ情報と財務情報とは結合性（コネクティビティ）が重視され，有価証券報告書や統合報告書等について，作成者側も利用者側もその点を踏まえて作成・評価することが求められていることに鑑みると，サステナビリティ情報に関する取組みと開示において，財務・経理部門が IR やサステナビリティ担当部門等関連部門と連携の上，果たすべき役割が増していることはいうまでもない。

　これら一連の動向に鑑み，日経225企業等大手企業を中心に，サステナビリティ報告書等を発行する動きや，その情報に対する信頼性を担保する観点から第三者保証を受審するケースも増えている。

　図表7-3は，2020年1月及び2021年1月時点で日経225の構成銘柄となっている企業が発行したサステナビリティ報告書等について，第三者保証を受けているかについての調査の結果であるが，2021年については，日経225企業の99%がサステナビリティ報告書等を発行しサステナビリティ情報を開示していて，うち61%が第三者保証を受審しているという結果（図表7-3）であり，上記のような動きは今後も拡大することが見込まれている。

402

1 サステナビリティ情報開示の重要性

図表7-3 日経225企業におけるサステナビリティ報告書等発行状況と第三者保証の受審状況（2020年1月及び2021年1月時点）

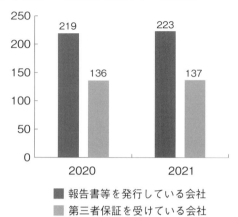

出所：一般社団法人サステナビリティ情報審査協会ウェブサイト「日経225企業におけるサステナビリティ報告書等の発行状況と第三者保証（検証）の受審状況，及びESG指数の選定銘柄（企業）との関連性について（2021年10月）」（2022年11月2日アクセス）をもとに加工

2 医薬品業で重視される サステナビリティのテーマ

　サステナビリティをめぐる議論は今まさに発展途上にあり，サステナビリティ情報の範囲については，環境だけでなく社会に関するものにも広がってきていて，さらなる拡大も想定される。また，重視すべきサステナビリティのテーマは，事業内容や経営理念，パーパスなどを踏まえると業種や企業によって異なる。したがって，各企業がサステナビリティ関連活動や情報開示に取り組む際には，自社が重視すべきサステナビリティのテーマは何であるのか，そして，どの指標をモニタリングと開示の対象にすべきかを個々に検討する必要がある。

　このように，重視すべきサステナビリティのテーマは各企業によって異なるものという性格を踏まえつつ，以下においては，読者の参考に資するべく，研究開発型の医薬品企業を想定して業種として特徴的な面を説明する。

　まず，環境の観点は他の業種同様に医薬品企業においても重要である。確かに，医薬品企業の温室効果ガス排出量はエネルギー，運輸，素材・建設，農業・食料・林業製品などの業種と比較して大きくはない。しかし，一般にサステナビリティの問題を考える際に，多くのステークホルダーが気候変動のテーマを重視している点を考慮すると，医薬品企業も無視できるテーマではない。事実，国内外の医薬品企業がサプライチェーン全体での温室効果ガス削減を目指して国際連携を行うという取組みも始まっている。また，気候変動との関連性があると考えられる喘息（ぜんそく）や糖尿病など慢性疾患の発症率が上昇している点に鑑みると，このような疾患の治療薬を開発している企業においては，気候変動のテーマは真摯（しんし）に取り組むべきテーマの1つであるといえる。

　では，環境以外の観点から医薬品企業が取り組むべきサステナビリティのテーマとしてはどのようなものが挙げられるだろうか。疾病の管理と治療に

2 医薬品業で重視されるサステナビリティのテーマ

貢献するという医薬品企業の事業の特性上，本業そのものが社会の観点との関連性が高いことは多くの企業であてはまるといえる。前述のとおり，各企業の実情に応じて判断することが基本であるものの，米国サステナビリティ会計基準審議会[1]が開発した業種別指標（バイオテクノロジー・医薬品）を参考に検討している企業は多い。

当該指標に加え，グローバル・レポーティング・イニシアチブ（GRI）[2]などが開発した指標を参考に，医薬品企業がサステナビリティの観点から考慮すべき視点として，図表7-4の4点が挙げられる。

図表7-4　医薬品企業がサステナビリティの観点から考慮すべき視点

価値の種類	4つの視点	内容
社会的価値	責任あるイノベーション	研究開発により，継続的なアンメットメディカルニーズの疾患に対応
	アクセスとアフォーダビリティ	生命を救う医薬品が幅広く入手可能かつ合理的な値段になるように徹底することで公衆衛生を向上
	信頼性と品質	医薬品の安全性と有効性の確保
環境的価値	気候変動による健康影響	温室効果ガス削減，水と廃棄物の管理により環境負荷を軽減

出所：EY「バイオ医薬品企業がサステナビリティを重視して長期的成長を遂げる方法」（https://www.ey.com/ja_jp/life-sciences/how-biopharmas-can-create-long-term-growth-focusing-on-sustainability）をもとに筆者整理

1　米国サステナビリティ会計基準審議会（SASB）は国際統合報告評議会（IIRC）と合併してバリュー・レポーティング財団（VRF）となった後，IFRS財団傘下の国際サステナビリティ基準審議会（ISSB）に統合されている。上述のSASBが作成した業種別の指標は，ISSBが作成したIFRSサステナビリティ開示基準に取り込まれている。

2　グローバル・レポーティング・イニシアチブ（GRI）は，米国の非営利団体組織であるCERES（Coalition for Environmentally Responsible Economies）と国連環境計画との合同事業として1997年に設立された。持続可能性報告書に掲載する情報を，財務報告書並みのレベルに高めることを目的としている。

第7章　サステナビリティ含む非財務情報開示

　これら4つの視点には，図表7-5のとおりそれぞれ関連する詳細な指標が数多くある。例えば，責任あるイノベーション関連指標としては，「ファストトラック指定などを受けた数」「上市した，又は後期臨床試験中の根治療法の数」「上市している，又は後期段階のパイプラインを確保している希少疾患の数」などが考えられる。また，アクセスとアフォーダビリティに関連する指標としては，「医薬品アクセスインデックス（ATMインデックス）のスコア」などが考えられる。これらの視点を参考に，企業は自社のビジネスモデルや経営戦略に応じて優先すべき指標を選定していくことが求められる。

図表7-5　サステナビリティ関連指標の例

4つの視点	関連する詳細な指標の例
責任あるイノベーション	・ファストトラック指定を受けた数 ・上市した，又は後期臨床試験中の根治療法の数 ・企業が医薬品を上市している，又は後期段階のパイプラインを確保している希少疾患の数
アクセスとアフォーダビリティ	・医薬品アクセスインデックス（ATMインデックス）のスコア
信頼性と品質	・米国食品医薬品局（FDA）等の規制当局が品質保証査察の一環として公表した強制措置指示及び自主的措置指示の件数 ・FDA等の規制当局から送付された医薬品プロモーションのコンプライアンス違反に対する警告書の数 ・FDA等の規制当局の有害事象報告システムに報告された重篤な症例数
気候変動による健康影響	・温室効果ガス（GHG）排出量等とそれによるもたらされる障害調整生存年（DALYs）への影響

406

3 サステナビリティ経営の推進，開示の充実，規制対応に向けて

医薬品企業はサステナビリティ経営の推進，投資家等ステークホルダーとのコミュニケーションに向けた情報開示の充実，関連規制への対応を実現するために，以下のような対応を進めることが考えられる。

（1）優先順位づけとサステナビリティ経営に向けた取組みの推進

前節で挙げた「責任あるイノベーション」「アクセスとアフォーダビリティ」「信頼性と品質」「気候変動による健康影響」という医薬品企業が考慮すべき4つの視点を参考に，経営者のリーダーシップのもと，財務・経理部門，研究開発部門，営業部門，ガバナンス部門，取締役会，IR部門，サステナビリティ部門，人事部門などの幅広い関係者が連携を行い，自社のビジネスモデルや経営戦略に合わせて指標の優先順位を決め，取組みを進めることが重要である。

（2）情報開示とステークホルダーコミュニケーション

取り組むべき目標や指標に対する進捗状況を測定するために，枠組みの構築とモニタリングを行うとともに，情報開示やステークホルダーとのコミュニケーションの準備を行うことが重要である。特に医薬品企業は，本業そのものが社会的価値に直結する業種であるため，サステナビリティ戦略と経営戦略の関連性がわかるようストーリー性を持った情報開示とステークホルダーとの対話に取り組むことが求められる。

例えば，「責任あるイノベーション」の観点は，新薬開発を行う医薬品企業においては特に重要なテーマであるが，新薬開発に向けたイノベーションが，企業価値向上にどのように結びついていくのかを中期経営計画と整合する形で説明するといった情報開示・コミュニケーションを行っている事例がみられる。また，「アクセスとアフォーダビリティ」の観点からは，医薬品

アクセスを高めるための取組みの経営上の位置づけ（社会的責任の観点からの最低限の取組みなのか、それだけでなく本業への影響もある戦略的な取組みなのか）を説明するなどの情報開示・コミュニケーションを行っている事例がみられる。

（3）国内外の各種規制の把握

　国内外の各種開示規制等の動向に注視し、規制対応の準備を進めることが重要である。例えば、日本においては、金融庁から内閣府令第11号「企業内容等の開示に関する内閣府令及び特定有価証券の内容等の開示に関する内閣府令の一部を改正する内閣府令」が2023年1月31日に公表され、有価証券報告書等において、サステナビリティ全般に関する開示事項や人的資本、多様性に関する開示事項が新設又は拡充されている。本改正は、公布日（2023年1月31日）から施行され、2023年3月31日以降に終了する事業年度に係る有価証券報告書等から適用されており、2023年3月期の決算はサステナビリティ開示初年度として多くの日本企業で対応が行われた。今後も関連規制や開示は拡充されていくものと考えられるため、その動向を引き続き注視することが必要である。

（4）情報開示及び規制対応に向けた内部統制の整備・運用

　情報開示及び規制対応に向けた具体的な準備としては、現状行っている開示内容との差異分析、関連部門との連携と対応部門の特定、開示スケジュールの検討、社内ガイダンスの作成、関連部門や国内外子会社からの正確な情報収集体制や開示プロセスの構築など内部統制の整備・運用が挙げられる。また、関連する内部監査体制の構築も必要となる。なお、日本企業においては、有価証券報告書作成の役割分担として、財務諸表パート（「経理の状況」）については財務・経理部門が責任を持ち、それ以外のパートについてはIR、人事部門、サステナビリティ部門等（財務・経理部門以外の部門）が責任を持つという役割分担がなされているケースが多いため、関連部門間

の役割分担や連携が不十分な場合には，必要な開示が漏れるリスク，財務情報とサステナビリティ情報の結合性（コネクティビティ）を担保できないリスク等が生じることに留意が必要である。

(5) サステナビリティ関連データのデータガバナンス

上記内部統制の1つを構成する要素として，データガバナンスが挙げられる。必要なサステナビリティ関連データを「特定」し，当該データを「収集」し，「活用」できるようにするといった一連のデータガバナンス体制の構築は，サステナビリティ経営の推進，ステークホルダーとのコミュニケーションとそのための情報開示，規制対応のいずれの観点からも重要である。財務データの領域ではすでに上記データガバナンスが進んだ企業が多く出てきているが，サステナビリティ関連データについては，現状これらを十分に行えている企業はまだ少なく，特にデータの「収集」については，エクセルやE-mailを使ったマニュアル頼みの収集となってしまっている企業が多いといえる。しかし，財務情報と同様に，サステナビリティ情報を経営に活かすとともに，ステークホルダーとのコミュニケーションや規制対応のために正確かつ詳細な情報を適時に開示するためには，財務情報と同等レベルのデータガバナンス体制の構築が必要になると考えられる。そのため，経営者のリーダーシップのもと，システム投資の必要性を含め，社内外のステークホルダーと議論を進めることが重要である[3]。

(6) 第三者保証受審の検討

サステナビリティ情報に対する第三者保証の受審も見据え，財務・経理部門はもちろん，サステナビリティ部門・IR部門・内部監査部門・会計監査

---

[3] 経済産業省　サステナビリティ関連データの効率的な収集及び戦略的活用に関する報告書（中間整理）（20230718_1.pdf（meti.go.jp）2023年12月17日アクセス）の26頁27項を参考に筆者が整理した。

第7章　サステナビリティ含む非財務情報開示

人・ガバナンス責任者などとの連携を開始することが重要である。

（7）財務経理部門の役割

　従来，サステナビリティ情報については CSR 部門，サステナビリティ部門，環境衛生部門，人事部門が独自に管理していることが多いが，これらの部門の組織体制はまだ充実しておらず，内部統制の構築に関するノウハウも持っていないケースが少なくない。この点，財務経理部門は財務情報に関して構築された内部統制を長年整備・運用してきた経験を有している。そのため，トップマネジメントをサポートし，サステナビリティ部門と協力して，サステナビリティ経営の推進，ステークホルダーとのコミュニケーションとそのための情報開示，規制対応を進めるための一翼を担うことが期待される。

第8章 医薬品業界におけるリスクとKAM

1. 不正への対応
2. 医薬品業界における
   監査上の主要な検討事項（KAM）

1 不正への対応

（1）医薬品業界における不正

① 不正とは

不正とは，他人を欺くために仕組まれた作為又は不作為であって，結果として，損失を被る被害者が発生し，かつ（又は）不正実行犯が利得を得るものを指す（IIA, AICPA & ACFE「企業不正リスク管理のための実務ガイド」2007年より）。

米国の公認不正検査士協会（Association of Certified Fraud Examiners：ACFE）では，職業上の不正として，「資産の不正流用」，「汚職」，「不正な報告」の3つを定義している。図表8-1は，医薬品業界における主な不正スキームをこれら3つに大別してまとめたものである。

② 製薬企業における近年の不正

企業における不正は，不正な財務報告や，資産の不正流用などの財務データに直接影響を及ぼすものだけではない。

2014年には，大手外資系製薬企業が製造販売する医薬品の医師主導臨床研究において，当該製薬企業の社員が関与し（利益相反），臨床データを改ざんして研究者に論文を書かせ，プロモーション資材として使用した（虚偽・誇大広告）として，社員が当時の薬事法（現薬機法）違反の罪に問われた。最高裁判決では無罪判決となったものの，同じく2014年には大手日系製薬企業による医師主導臨床試験における試験データの改ざんや，利益相反，虚偽・誇大広告が疑われた問題もあり，業界に与えた影響は非常に大きかった。日本製薬工業協会（以下，製薬協）による「企業活動と医療機関等の関係の透明性ガイドライン」の導入や，厚労省による「医療用医薬品の広告活動監視モニター事業」の開始，「医療用医薬品の販売情報提供活動に関

1 不正への対応

図表 8-1　医薬品業界における主な不正スキーム

資産の不正流用

現預金に関する不正

- ・架空の取引先への支払いを装った，従業員や第三者への不正な支払い
- ・取引先からのキックバック
- ・製品説明会や講演会における経費水増し
- ・架空の医薬情報活動に伴う飲食を用いた経費精算又は多重精算
- ・私的な理由で発生した経費精算
- ・不良債権の再区分やラッピング（ある顧客からの回収を別の顧客からの回収に偽装することによる隠ぺい

棚卸資産やその他資産に関する不正

- ・サンプル品や製品の窃盗，横流し
- ・破損や使用期限間近で返品された製品の窃盗

汚職

利益相反

- ・産学連携で行われる研究における深刻な利益相反
- ・利益相反関係にある医療従事者への役割依頼，謝礼金の支払い
- ・製薬企業主催の講演会参加時の過剰なタクシーチケットや宿泊の提供

贈収賄

- ・寄附金や教育・研究への助成金に偽装した，医療関係者個人に対する金銭や物品の提供
- ・医療関係者への公正競争規約で定められた上限を超える過剰な飲食提供
- ・公的医療機関や政府の医療関係者を含む，公務員に対する贈賄
- ・医療関係者に金銭的利益をもたらすための製品や薬品のサンプルの過剰な提供
- ・承認された適応症以外の不適切な使用目的での市場シェア獲得や販売数増加を目的とした，医療関係者への資金提供やプロモーション活動

財務諸表不正

不適切なタイミングでの収益認識

- ・出荷等の要件を満たす以前での収益認識
- ・翌期収益の前倒し計上
- ・契約書の日付の改ざん
- ・押し込み販売
- ・価額決定前や，金額が決定できない収益の認識

413

第8章 医薬品業界におけるリスクとKAM

収益の不適切な評価
・輸送や出荷に要した費用の不適切な会計処理 ・リベートやアローアンスに関する不適切な会計処理 ・返品に関する不適切な会計処理や見積り
不適切な会計上の見積り
・極めて重要な会計上の見積りに関する開示の省略や不適切な開示 ・偶発債務の評価における不適切な見積りの適用
期末棚卸資産の過大計上
・実査における水増し ・輸送中を装った架空棚卸資産の計上 ・未完成での棚卸資産の不適切な資産計上 ・陳腐化した，あるいは過剰な棚卸資産に関する評価損の不計上
不適切なタイミングでの費用認識の過大計上
・当期費用の翌期以降への繰延べ
不適切な会計上の見積り
・極めて重要な会計上の見積りに関する開示の省略や不適切な開示 ・偶発債務の評価における不適切な見積りの適用

するガイドライン」（以下，販売情報提供ガイドライン）適用など，コンプライアンスの厳格化が2014年以降，一気に進んだといえる。

　2021年には薬機法も改正され，虚偽又は誇大広告等で不正な利得を得た際の制裁として，違反を行っていた期間中における対象商品の売上額×4.5%を課徴金として納付命令が下されるといった課徴金制度も導入された。

　また，製品の原材料や添加物など品質に関する虚偽表示や，顧客データなどの個人情報の不正利用など，財務データに直接影響を及ぼさない不正行為も一般的である。2020年以降，製薬企業の中でも後発医薬品を製造する複数のジェネリックメーカーにおいて本来含まれるべきではない成分が混入してしまったり，国が承認していない手順で薬を製造していたなどの事件が相次いだ。

　粉飾決算や資産横領と異なり，これらの不正が企業に与える影響額を算出

することは極めて困難であるが，業務停止命令による製造停止や厚労省から製品承認の取り消しなど，経営に与えるインパクトは計り知れない。また，データの流出に関しては，インターネットが普及した現在において，いったん流出したデータを完全に回収することは不可能に近い。

　したがって，このような財務データに直接影響を及ぼさない不正行為も，企業にとって大きな脅威であるといえる。

　研究開発（特に治験），副作用等に関して多くのデータを保有する製薬企業にとっては，データの流出のみならず，データの隠ぺいや改ざんというさらに深刻な不正が考えられる。これらのデータは人命に関わるものもあり，不正行為によって健康被害を引き起こし，薬害訴訟へとつながるおそれもあるため，財務データに直接影響を及ぼさない不正行為であっても製薬企業に及ぼす影響は非常に大きい。また，オーストラリアや米国だけでなく最近では日本の地方病院までもがサイバー攻撃を受け，電子カルテ等のデータが失われるなどサイバーテロの脅威，被害は深刻化している。年々巧妙化するサイバー攻撃への理解，対策はどの製薬企業においても喫緊の課題といえるであろう。

　経済状況の悪化により赤字経営に陥った企業が粉飾決算を行うように，不正は企業を取り巻く環境が大きく作用する。次に，医薬品業界を取り巻く現状を考慮し，どのような不正リスクが高まっているのかについて述べる。

(2) 医薬品業界を取り巻く現状と不正の動向予測

① 医療費抑制政策としての薬価引き下げ

　医療用医薬品については「薬価」と呼ばれる公定価格が設定されており，医療機関等が医薬品卸売企業から購入する価格であると同時に，診療報酬の請求単価となっている。

　しかし，実際の取引において，医療機関等は医薬品卸企業に対して値引き要請を行い，より低い価格で医薬品を購入するところとなっている。近年，医療費削減の観点からも薬価の引き下げは続いており，医療機関等からの医

第8章　医薬品業界におけるリスクとKAM

薬品卸企業に対する値引き要請は依然として強い。加えて，製薬企業からの購入価格である「仕切価格」の引き下げ幅は抑えられがちであり，医薬品の売買によって医薬品卸売企業が得る利益は縮小傾向にある。

　このため医薬品卸企業は，製薬企業から受け取る仕入割戻し（リベート）や報奨金（アローアンス）によって，流通マージンを確保している状況ともいわれている。

　このような状況下において，医薬品卸企業において起こりうる不正として，次のものが考えられる。

- リベートの獲得を目的とした，医療機関等への売上の水増しや，架空売上の計上
- リベートの獲得を目的とした，翌期に返品を受け付けることを約束した上での医療機関への押し込み販売
- アローアンスの獲得を目的とした，架空の販売促進費用の計上
- アローアンスの獲得を目的とした，販売促進活動の成果に対する虚偽の報告

　上記の不正の一部は，製薬企業側におけるモニタリング活動を通じて発見することも可能であるが，近年，主に外資系製薬企業において上記を含む不正防止やコンプライアンスへの取組みの一環として，契約に含まれる監査権を行使した第三者取引先監査を実施するケースが増えてきている。医薬品卸企業だけではなく，製造委託先や提携先（いわゆるコ・プロモーションの相手先）に対して実施することも多く，取引継続を検討する際の1つの指標として実施することも見受けられる。

② 寄附金や奨学寄附金等を介した資金又は労務提供

　奨学寄附金とは，製薬企業が大学の医学部や研究機関で実施される学術研究に対し，教育や研究を目的として提供されるものである。資金の具体的な使い道を定めず，無償提供するものであるが，近年，その意図や使途が不透明であるとの指摘もあり，その製薬企業が提供する額は年々減少し，大手で

416

1 不正への対応

は廃止する動きもみられる。実際，奨学寄附金が処方拡大に対する見返りと認定される贈収賄事件も起きていることから，多くの製薬企業では奨学寄附金をはじめとした寄附金提供時の手続きや承認プロセスを強化している一方で，取引誘因と寄附金の関係は今後も業界として検討していく課題の1つである。なお，寄附金等が払えないため，別の手段による取引誘因として製薬企業のMR（医薬情報担当者）へ便益，労務その他の役務提供を依頼又は提供することが考えられる。過大な労務提供については公正競争規約上，禁止されている点にも注意が必要である。

このような状況下において，寄附金等を介して起こりうる不正として，次のものが考えられる。

> ・製薬企業側の利益が約束されているような場合や，既存の取引へ影響を与えるような不適切な寄附金（奨学寄附金を含む）の提供
> ・組織的又は継続的とみられる過大な労務の提供

③ MRによる医療関係者や医療機関との交流

薬価引き下げ，さらに景気の後退により市場規模そのものの拡大が見込めない現状において，自社製品のシェア拡大は製薬企業における重要な企業戦略の1つである。

製薬企業の営業活動はMRにより行われており，MRは医療機関に出向いて，自社製品を中心とした医薬品の有効性や安全性に関する情報を提供すると同時に副作用情報を収集している。

過去には過熱したプロモーション活動による医療関係者への不適切な接待行為や景品提供といった節度を超えた販売競争が行われていたが，公正競争規約や製薬協が発行するコード・オブ・プラクティス等，様々な規制や業界の自主規制により，医療関係者や医療機関との交流は現在規制の対象となっている。製薬協のコード・オブ・プラクティス内の「医療用医薬品プロモーションコード」においては，MRが「法的規制や自主規範を遵守し，MRとして良識ある行動をとる」ことが求められている。

417

第8章　医薬品業界におけるリスクとKAM

　また，MRの大きな業務の1つである医療関係者への情報提供においても，厚労省は販売情報提供ガイドラインを公表し，不適切な情報提供活動に歯止めをかけるため，MRの責務だけでなく，製薬企業としての責務についても定めている。MRには業務記録の作成や保管が求められ，独自資料の作成は禁止されている一方で，これら規制をかいくぐるような行為が行われているケースも一部社内のモニタリング活動を通じて見受けられることがあるのが事実である。

　このようなMRによる不正として，次のものが考えられる。

・承認されているプロモーション用資材以外による情報提供活動
・他社製品の誹謗，中傷による不正な情報提供活動
・承認された適応症以外の未承認情報（オフラベル）や承認申請中の医薬品についての情報提供
・製品説明会又は医療関係者への飲食提供時の人数水増し，領収書改ざん等による過剰又は規約の上限金額を超えた不適切な飲食提供
・架空の飲食提供や，弁当費の水増しによる情報提供活動費の着服
・医療関係者への資金提供を目的とした，プロモーションを目的とした講演会や医療情報収集のためのアドバイザリーボード等での不適切な演者選定，謝礼金の支払い

---

④ 活発化するM&Aと海外進出

　近年，医薬品業界では生き残りをかけた方策として国内外でのM&Aが活発化し，業界再編が進んできた。その背景には，新薬開発という多額の投資コストが必要な製薬企業が規模を拡大し「研究開発費の絶対額」を増やす戦略がある。また世界的にもパイプライン（有望な新薬の種）が枯渇していることから，M&Aによりパイプラインそのものの数を増やすことも企業戦略の1つとなっている。さらに国内市場の飽和状態を受け，海外市場への進出によるグローバル化とともに海外企業とのM&Aも実現している。

　こうした国外での事業活動の増加に伴い，海外の法規制を遵守する必要性

が高まる中，注意を払うべきものとして米国の海外腐敗行為防止法（FCPA）及び英国の贈収賄禁止法（UK Bribery Act）が挙げられる。

1977年に制定されたFCPAは当初，米国企業による海外公務員への贈賄に適用されていた。しかし，米国企業のみが規制を受けることは，米国が国際競争上で不利になるという指摘を受け，その後，米国以外の企業も処罰の対象に含めるように改正された。

その後，米国による各国に対する規制強化の働きかけもあり，経済協力開発機構（OECD）の「国際商取引における外国公務員に対する贈賄の防止に関する条約」や，我が国の不正競争防止法第18条「外国公務員等に対する不正の利益の供与等の禁止」など，賄賂防止に関する規制が世界的に広まった。

UK Bribery Actは2011年に施行され，英国内で企業活動を行う企業に贈賄を禁止することを定めている。FCPAは海外公務員や政府関係者への贈賄のみを対象としているが，UK Bribery Actは一般企業に対しても区別なく適用される点が異なるだけでなく，企業だけでなく私人に対する不適切な利益供与等も贈収賄としてみなされる可能性があることに注意が必要である。

FCPAでは米国以外の企業による贈賄も規制対象になることに加え，米国内で違反行為の一部でも行った者は責任を問われることが規定されているため，実際に米国に行かなくとも，賄賂の送金が米国の銀行を通して支払われた場合，FCPA違反となる行為が米国内で行われたとされる。UK Bribery Actについては，現地に子会社が設立されている，又は事業活動を行っている場合は対象となり，現地で贈収賄の行為が行われた場合は適用される可能性がある。

新薬開発における許認可制度など，政府機関や公務員との接触が欠かせない製薬企業にとって汚職リスクは高く，FCPAへの慎重な対応が欠かせない。特に新興国においては一般的に汚職リスクが高いため，新興国に絡んだ海外進出やM&Aには特段の注意が必要である。また，中国においても商業賄賂が厳しい取り締まり対象となっており，海外の企業も例外ではないことを

第8章　医薬品業界におけるリスクとKAM

付け加えたい。

　以下，我が国の企業が各種贈収賄違反に問われる可能性が高い行為，状況を挙げる。

・海外でのビジネス展開において利用したエージェントが海外公務員に対して不適切な支払いを行う
・海外子会社において使用している取引先に対するデューデリジェンスが不十分なため，自社製品を巻き込んだ不適切行為が自社の知らないところで行われる
・M&Aにより買収した海外企業が過去に贈収賄違反となるような行為をしていた，又は贈収賄に対するコンプライアンス体制が不十分である

　以上，医薬品業界を取り巻く現状から不正リスクが高まると考えられる領域について述べた。企業は，こうした不正への対策として，自社コンプライアンス体制，モニタリング活動及び内部統制がこれらの不正リスクに十分対応しているかどうかを再確認し，必要に応じて強化を図るべきである。

　しかしながら，企業自身による不正対策には限界があり，組織において不正を完全になくすことは困難だといわれている。

　次に，不正対策を推し進める手段として，外部専門家の活用を含めた，より積極的な不正への対応策について述べる。

（3）不正対策における問題点と対応策

① 不正対策における内部統制の限界

　一般に不正が起きる背景として，不正に頼らざるをえなくなる「動機・プレッシャー」と，不正を秘密裏に実行できるための「機会」が挙げられる。さらに，悪いことだと思いつつも不正を実行するために自らの行為を納得させる「正当化」が加わることにより，不正が実行されるリスクは高くなる。

　例えば，多額の債務という経済的「プレッシャー」を負った集金担当者が，単独で客先に訪問し，現金を受け取るという「機会」を得たとする。さ

らに，業務時間の増加に比べて給与の低さに不満を持っていたことから「これは残業代の代わりだ」と自らの行為を「正当化」することで，現金の横領が行われるといった具合である。

しかし，通常の組織であれば，請求書を発行する者，実際に回収を行う者，受け取った現金について記帳を行う者，さらに現金を銀行口座に入金する者が介在するため，このような横領はすぐに発覚することになる。

つまり請求書の発行から，現金の受領，記帳を経て入金されるという業務プロセスに複数の人間が関与して職務分掌をすることで，相互に牽制機能が働き不正の抑止や早期発見へとつながる。こうした一連のプロセスが内部統制であり，特に不正の「機会」を減少させる点で有効なものである。

加えて，組織のトップが倫理的な行動を率先垂範するとともに，不正は許さないという明確なメッセージを発信することも重要である。組織において多大な影響力を有する経営者の倫理観や行動様式は，組織内の構成員の倫理観や行動様式に大きな影響を与える（経営者の倫理観が低ければ，組織全体の倫理観も低下してしまう）。リーダーの姿勢をはじめとする企業の組織風土は個人の倫理観や統制活動の運用に大きく影響を与えるため，不正に対する「正当化」を容認しない健全な統制環境の構築には欠かせない要素となっている。

しかしながら，内部統制による不正対策は万能ではない。先の例でも業務プロセスにおいて職務を分担している者が共謀すれば，横領は秘密裏に実行することが可能となる。また，一定の権限を有するマネジメント層によって統制上の逸脱行為が行われた場合も，内部統制による不正対策は著しくその効力を失うことになる。

不正は他者を欺くための「意図された」行為であり，限られたリソースとコストを活用する内部統制では，費用対効果の観点からも不正防止において限界がある。ゆえに，内部統制の網の目をくぐって巧妙に実行される不正については，その早急な発見と迅速な事後対応が必要となる。

第8章　医薬品業界におけるリスクとKAM

② 不正の早期発見の重要性

不正はいったん行われると繰り返される性質を持つといわれている。さらに不正の発見が遅れるほど損失は大きくなり，調査に費やすコストも大きくなる。よって，不正が起きた場合に備え，できるだけ早期に不正を発見できるような手段を持つことが必要である。

ACFEの調査によれば，不正の発見手段として最も有効な手段は「通報」であり，実に不正の42％が「通報」によって発見されているという（図表8-2）。

図表8-2　職業上の不正の発見手段

不正の発見手段		不正の通報者	
通報	42%	従業員	55%
内部監査	16%	顧客	18%
マネジメントレビュー	12%	匿名	16%
書類精査	6%	納入業者	10%
偶然	5%	その他	5%
勘定照合	5%	株主／オーナー	3%
取引／データの自動モニタリング	4%	競合他社	3%
外部監査	4%		
監視／モニタリング	3%		
当局の指摘	2%		
自白	1%		
その他	1%		

出所：ACFE, 2022 Report to the Nations, p.22

つまり，複数の人間による共謀や，マネジメント層が関与する不正のように職務分掌や承認プロセスによる内部統制が機能しない場合，通報により早期

に不正を発見することが，損失を最小限に食い止める重要なポイントになる。

　ゆえに，内部通報制度の存在及び不正対策における重要性を研修や定期的なアナウンスを通じて全従業員へ周知徹底させ，ひとりひとりの意識向上を行うことで実効力のあるものにすることが必要不可欠である。複数言語に対応可能な通報窓口の設置や，電話ホットラインに加え電子メールやウェブを通じたオンラインでの通報窓口といった複数の通報チャネルの設置も効果的である。しかしながら，特に日系企業の従業員にとって組織の不正を告発することは心理的プレッシャーが大きく，せっかく設置した通報制度がうまく機能していない事例も見受けられる。

③ 外部専門家を活用した不正リスク診断の有用性

　こうした問題を解決し，さらに不正対策を推し進める手段として，外部専門家による各種不正・コンプライアンスリスク対応手続が挙げられる。

　一例として，従業員に対する匿名のコンプライアンスサーベイを実施することで組織風土の実情，中でも従業員の誠実性に対する意識や統制活動の運用状況を把握し，それぞれの子会社や分析単位別に必要な改善を行っていく方法や，多面的なデータアナリティクスを活用した異常点の検知，定期的なモニタリングなどがある。

　企業自身がサーベイを実施せず，第三者である専門家が実施することにより匿名性が担保され，従業員の心理的プレッシャーを和らげることが可能となる。また，海外子会社を有する企業については，各国の現地語でサーベイを実施することで，より正確な実情把握が望まれる。

　昨今の会計監査においてもデータアナリティクスは幅広く活用されており，それは不正リスクモニタリングにおいても同様である。企業においては比較的容易に導入可能な過去の一定期間のデータを収集して分析する方式をとることが多く，粉飾決算や架空経費に対するモニタリングの一環として活用されている。実務上の問題点はいくつか存在するが，複数の情報を総合的に判断しながら異常値を検出することが可能な専門家が，正しいリスクシナ

第8章　医薬品業界におけるリスクとKAM

リオのもとでデータアナリティクスを実施すれば，より高度なモニタリングが実施可能となる。いかに幅広く，不正リスクモニタリングを企業内で効果的，効率的に行うことができるかが重要であり，そこにデータアナリティクスは欠かせないものである。

このようなコンプライアンスや不正リスク対応を定期的に実施することにより，組織に潜在する不正リスクの継続的な評価が可能となる。そして，不正リスクの高い領域について不正発見の観点から内部監査を実行することで，不正の早期発見へとつながる。

またサーベイ調査の結果から，経営者が考える不正リスクと現場が考える不正リスクの乖離を知ることは，内部統制の最適化を図る上で有用である。例えば，経営者が「不正リスクが高い」と考えて統制を強めていた業務プロセスを，従業員は「不正リスクが低い」と考えていることが判明したとする。この場合，当該の業務プロセスは統制が過剰な可能性がある。逆に，経営者が「不正リスクが低い」と考えていた業務プロセスを，従業員は「不正リスクが高い」と考えている場合，その業務プロセスは統制が脆弱な可能性がある。

したがって，過剰な統制を緩和させ，そのコストとリソースを脆弱な統制に配分することで費用対効果を高めつつ，内部統制の改善を効率的に実施することが可能となる。

④ 不正調査における留意点

当然のこととして，実際に不正が発見された場合には，不正調査が必要となる。事実関係を解明し，不正の原因となった問題点を突き止め，再発防止のための是正措置をとるためには，客観性と独立性を持った早急な調査が求められる。すなわち，不正調査には外部専門家の活用が望ましいといえる。

例えば，組織内の人間による調査は，社内をよく知る者だけに効率性，迅速性において有効な反面，多くの予備知識により先入観を持ち，視野が狭くなる傾向がある。

また，不正調査の初期段階では不正の全貌が明らかになっておらず，不正の関与者が特定されていない場合も多い。そうした状況で内部者のみで調査を開始した場合，調査担当者の中に不正を犯した者が含まれてしまう可能性があり，結果として，証拠隠滅や調査への妨害が行われることになる。

さらに，現代において不正を裏づける証拠の多くはEメール履歴等の電子データであり，証拠の収集・分析には専門の機器と知識が必要となる。このことを熟知しない者が証拠の収集・分析を行った場合，証拠能力そのものが失われてしまう可能性が高く，調査における致命的な失敗を招くことが多い。

しかし，何よりも大切なことは，ステークホルダーへの対応である。企業が早いタイミングで適切な専門家を関与させ，客観性と独立性を確保した上で，事実の解明に努める姿勢を明確に示すことが重要である。

現在，企業の不正調査，主に大規模な会計不正においては，弁護士や公認会計士といった専門知識を有する者で構成された外部調査委員会が設置され，そこに不正調査の専門家が調査委員会のメンバーの一員，また調査の実動部隊として参加するケースが多い。

具体的には，外部調査委員会が不正調査の専門家による調査結果を受けて，「外部調査報告書」の形でステークホルダーに対し，適宜，事実関係を発表するのが一般的である。

以上，企業における不正対策の流れをまとめると，まずは自社の内部統制を充実させ，不正を抑止，防止，さらに発見することが重要である。

次に，内部統制をもってしても発生する巧妙な不正については，外部専門家の支援を受けながら，高リスクエリアについてデータ分析をはじめとした効果的なモニタリング業務などを定期的に実施し，より積極的に発見及びプロセスの改善を試みることが必要となる。

そして，不幸にも不正が発見されたならば，外部専門家のサポートを利用した客観性と独立性を持った調査により，早急に事実関係や類似不正の有無を確認していくことが欠かせない。

2 医薬品業界における 監査上の主要な検討事項（KAM）

（1）監査上の主要な検討事項（KAM）とは

　KAM とは，財務諸表の監査において，監査人が職業的専門家として特に重要であると判断した事項をいう。2018 年 7 月 5 日付で企業会計審議会より「監査基準の改訂に関する意見書」が公表され，金商法に基づいて開示を行っている企業を対象に，2021 年 3 月期の監査報告に KAM を記載することとなった。監査の信頼性を確保するための取組みの 1 つとして，監査意見を簡潔明瞭に記載する枠組みは基本的に維持しつつ，監査プロセスの透明性を向上させることを目的としており，以下のような効果が期待されている。

> ・監査プロセスに関する情報が，監査の品質を評価する新たな検討材料として提供されることで，監査の信頼性向上に資すること
> ・財務諸表利用者の監査や財務諸表に対する理解が深まり，経営者との対話が促進されること
> ・監査人と監査役等の間のコミュニケーションや，監査人と経営者の間の議論のさらなる充実を通じ，コーポレートガバナンスの強化や監査の過程で識別した様々なリスクに関する認識が共有され，効果的な監査の実施につながること

（2）KAM の内容

　KAM の内容としては，各製薬企業の財務諸表の監査に固有の情報を記載することとなる。以下の項目等を考慮して，特に注意を払った事項から決定される。

2　医薬品業界における監査上の主要な検討事項（KAM）

- ・特別な検討を必要とするリスクが識別された事項，又は重要な虚偽表示リスクが高いと評価された事項
- ・見積りの不確実性が高いと識別された事項を含め，経営者の重要な判断を伴う事項に対する監査人の判断の程度
- ・当年度において発生した重要な事象又は取引が監査に与える影響

① 連結財務諸表における KAM

　2023 年度において，製薬企業の連結財務諸表における KAM の記載項目を分類すると，図表8-3 のようになる。

図表 8-3　製薬企業の連結財務諸表における KAM の記載項目

その他 17
のれん 15
2023年度
計67個
対象：50社
2024年6月30日現在
固定資産評価 14
収益認識 9
継続企業の前提 8
繰延税金資産 4

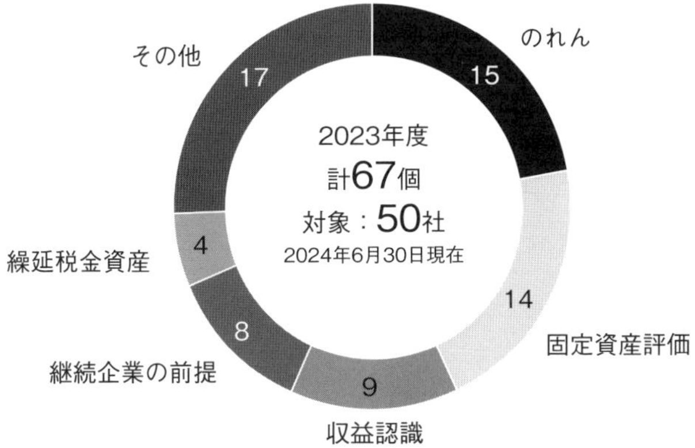

出所：各社有価証券報告書をもとに作成

　他業種と比べて，のれんの評価についての記載が多い点に特徴がある。これは，グローバルに展開する企業が多いことや，創薬ベンチャーへの投資が多く，M&A が活発な製薬企業の特徴を示しているものと考えられる。
　また，固定資産の評価については，仕掛研究開発や特許権，販売権など，知的財産についての記載が多いことも特徴の1つとして挙げられる。
　収益認識については，主にロイヤリティ収入の収益認識の記載が多かっ

427

た。創薬ベンチャーなどについては，損失が計上される傾向が多いため，継続企業の前提が KAM に選ばれる傾向が多い。その他の項目としてはリベートプログラムに関する返金負債の見積りなど，製薬企業特有の論点が記載されている。

② 個別財務諸表における KAM

2023 年度において，製薬企業の個別財務諸表における KAM の記載項目を分類すると，図表 8-4 のようになる。

図表 8-4　製薬企業の個別財務諸表における KAM の記載項目

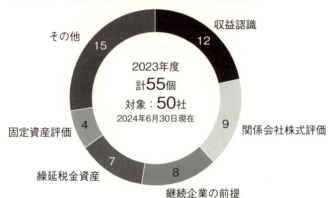

出所：各社有価証券報告書をもとに作成

のれんの評価の代わりに，関係会社投融資についての記載が多い点に特徴がある。これは，連結財務諸表における KAM と同様の傾向といえる。

■参考文献一覧

EY新日本有限責任監査法人編『何が変わる？　収益認識の実務　影響と対応（第2版）』中央経済社，2020年

EY新日本有限責任監査法人編『実践　不正リスク対応ハンドブック』中央経済社，2022年

医薬教育研究会編『知っておきたい医薬品業界のルール　第2版』じほう，2010年

経済産業省「サステナビリティ関連データの効率的な収集及び戦略的活用に関する報告書（中間整理）」2023年7月18日

厚生労働省「厚生科学審議会　医薬品販売制度改正検討部会　第2回資料」2004年

厚生労働省「医療用医薬品の流通改善に関する懇談会　第7回資料」2006年6月23日

厚生労働省「医政局経済課　適切な仕切価・割戻し等の設定について」2018年10月3日

厚生労働省「令和3年度ロードマップ検証検討事業　概要版」2021年

厚生労働省「令和4年度診療報酬改定説明会　資料」2022年3月4日

厚生労働省「流通改善の課題と進捗状況等」2022年6月29日

厚生労働省「令和5年版　厚生労働白書　資料編」2023年

鮫島正洋『特許戦略ハンドブック』中央経済社，2003年

『週刊経営財務』No.2898「シリーズ業種別会計の基礎その2　医薬品業　第3回（医薬品卸売業の会計処理の特徴）」，2008年

じほう編『薬事ハンドブック2024』じほう，2024年

新日本アーンスト アンド ヤング税理士法人『クロスボーダー M&Aの税務戦略』中央経済社，2009年

新日本監査法人　医薬品業研究会，新日本アーンスト アンド ヤング税理士法人，アーンスト アンド ヤング・トランザクション・アドバイザリー・サービス株式会社編『医薬品ビジネスの会計ガイドブック』中央経済社，2010年

土肥一史『知的財産法入門　第11版』中央経済社，2009年

内閣官房「人的資本可視化指針」2022年8月30日

日経バイオテク編『日経バイオ年鑑2023』日経BP，2022年

日本製薬工業協会「DATA　BOOK2022」

Association of Certified Fraud Examiners, *REPORT TO THE NATIONS 2022*

FASB ASC Topic 805-20-55-11 〜 45

Schweiger, D.M., *M&A Integration: A Framework for Executives & Managers*, 2002

■参考ウェブサイト一覧

EY Japan「新たな収益認識基準が業種別会計に与える影響　第4回　医薬品業」, https://www.ey.com/ja_jp/technical/library/info-sensor/2017/info-sensor-2017-06-03

EY Japan「バイオ医薬品企業がサステナビリティを重視して長期的成長を遂げる方法」, https://www.ey.com/ja_jp/insights/life-sciences/how-biopharmas-can-create-long-term-growth-focusing-on-sustainability

EY Japan「返品調整引当金・長期割賦販売等に係る延払基準の廃止と経過措置〜会計処理との関係〜」, https://www.ey.com/ja_jp/technical/corporate-accounting/ota-tatsuya-point-of-view/ota-tatsuya-point-of-view-2018-03-01

EY Japan「ポイントと返品権付販売の会計処理と実務上の論点〜収益認識基準案の公表に伴い, 新たな論点が浮上〜」, https://www.ey.com/ja_jp/technical/corporate-accounting/ota-tatsuya-point-of-view/ota-tatsuya-point-of-view-2017-09-01

EY Japan「ライフサイエンス　第3回　新薬を中心とした医療用医薬品製造販売業の概要と会計処理の特徴」, https://www.ey.com/ja_jp/technical/corporate-accounting/industries/life-sciences/industries-life-sciences-2024-03-08-03

EY Japan「ライフサイエンス　第8回：医薬品卸売業の概要と会計処理の特徴」, https://www.ey.com/ja_jp/technical/corporate-accounting/industries/life-sciences/industries-life-sciences-2024-03-08-03

EY Japan「わかりやすい解説シリーズ『収益認識』第2回：本人・代理人の判断」, https://www.ey.com/ja_jp/technical/corporate-accounting/commentary/revenue-recognition/commentary-revenue-recognition-2021-10-20

一般社団法人サステナビリティ情報審査協会「日経225企業におけるサステナビリティ報告書等の発行状況と第三者保証（検証）の受審状況, 及びESG指数の選定銘柄（企業）との関連性について（2021年10月）」, https://www.jsus.org/

経済産業省「特別試験研究費税額控除制度について」, https://www.meti.go.jp/policy/tech_promotion/tax/tax_guideline.html

厚生労働省「後発医薬品（ジェネリック医薬品）及びバイオ後続品（バイオシミラー）の使用促進について」, https://www.mhlw.go.jp/stf/seisakunitsuite/bunya/kenkou_iryou/iryou/kouhatu-iyaku/index.html

国税庁「収益等の計上に関する改正通達(法人税基本通達第2章第1節部分)の構成及び新旧対応表」, https://www.nta.go.jp/publication/pamph/hojin/kaisei_gaiyo2018/pdf/003.pdf

国税庁「収益認識基準による場合の取扱いの例」, https://www.nta.go.jp/publication/pamph/hojin/kaisei_gaiyo2018/pdf/0605_B.pdf

国税庁「『収益認識に関する会計基準』への対応について」, https://www.nta.go.jp/publication/pamph/hojin/kaisei_gaiyo2018/02.htm

国立研究開発法人医薬基盤・健康・栄養研究所「希少疾病用医薬品，希少疾病用医療機器及び希少疾病用再生医療等製品に係る特別試験研究費認定申請の手引き」, https://www.nibiohn.go.jp/nibio/part/promote/files/orphan_tax.pdf

日本医薬品卸売業連合会, https://jpwa.or.jp/jpwa/

日本製薬工業協会「くすりの情報Q&A」, https://www.jpma.or.jp/about_medicine/guide/med_qa/index.html

日本製薬工業協会「治験のルール」, https://www.jpma.or.jp/about_medicine/shinyaku/tiken/base/chiken/01.html

Organisation for Economic Co-operation and Development (OECD), "Base erosion and profit shifting (BEPS)," https://www.oecd.org/en/topics/base-erosion-and-profit-shifting-beps.html

【執筆者一覧】

〈EY 新日本有限責任監査法人〉

編集者

小山晃平　　今野光晴　　冨田哲也　　西川太一

執筆者

第１章，第２章，第３章，第５章

木住野成則　　高柳詩織　　竹村直紀　　辻　港人　　恒田　範　　寺田将之
富樫弘明　　西川太一　　古田晴信　　松原匠作　　三浦善明

第４章

前田徹次

第７章

鶴田雄介

第８章

石橋佐和子　　富樫弘明

〈EY ストラテジー・アンド・コンサルティング株式会社〉

（ストラテジー・アンド・トランザクション）

第２章，第５章執筆者

石塚　卓　　今西知麿　　岩本昌悟　　加藤　毅　　大岡考亨　　島　克仁
竹鼻　陽　　田所聡史　　横山有己

〈EY 税理士法人〉

第６章執筆者

金成龍秀　　大堀秀樹　　高垣勝彦　　野上　渉

（五十音順）

EY | Building a better working world

EYは，クライアント，EYのメンバー，社会，そして地球のために新たな価値を創出するとともに，資本市場における信頼を確立していくことで，より良い社会の構築を目指しています。

データ，AI，および先進テクノロジーの活用により，EYのチームはクライアントが確信を持って未来を形づくるための支援を行い，現在，そして未来における喫緊の課題への解決策を導き出します。

EYのチームの活動領域は，アシュアランス，コンサルティング，税務，ストラテジー，トランザクションの全領域にわたります。蓄積した業界の知見やグローバルに連携したさまざまな分野にわたるネットワーク，多様なエコシステムパートナーに支えられ，150以上の国と地域でサービスを提供しています。

All in to shape the future with confidence.

EYとは，アーンスト・アンド・ヤング・グローバル・リミテッドのグローバルネットワークであり，単体，もしくは複数のメンバーファームを指し，各メンバーファームは法的に独立した組織です。アーンスト・アンド・ヤング・グローバル・リミテッドは，英国の保証有限責任会社であり，顧客サービスは提供していません。EYによる個人情報の取得・利用の方法や，データ保護に関する法令により個人情報の主体が有する権利については，ey.com/privacyをご確認ください。EYのメンバーファームは，現地の法令により禁止されている場合，法務サービスを提供することはありません。EYについて詳しくは，ey.comをご覧ください。

EY 新日本有限責任監査法人について

EY 新日本有限責任監査法人は，EY の日本におけるメンバーファームであり，監査および保証業務を中心に，アドバイザリーサービスなどを提供しています。
詳しくは ey.com/ja_jp/about-us/ey-shinnihon-llc をご覧ください。

EY ストラテジー・アンド・トランザクションについて

EY ストラテジー・アンド・トランザクションは，クライアントと共に，そのエコシステムの再認識，事業ポートフォリオの再構築，より良い未来に向けた変革の実施を支援し，この複雑な時代を乗り切る舵取りを支えます。グローバルレベルのネットワークと規模を有する EY ストラテジー・アンド・トランザクションは，クライアントの企業戦略，キャピタル戦略，トランザクション戦略，ターンアラウンド戦略の推進から実行までサポートし，あらゆるマーケット環境における迅速な価値創出，クロスボーダーのキャピタルフローを支え，マーケットに新たな商品とイノベーションをもたらす活動を支援します。EY ストラテジー・アンド・トランザクションは，クライアントが長期的価値をはぐくみ，より良い社会を構築することに貢献します。詳しくは，ey.com/ja_jp/strategy-transactions をご覧ください。

EY 税理士法人について

EY 税理士法人は，EY メンバーファームです。税務コンプライアンス，クロスボーダー取引，M&A，組織再編や移転価格などにおける豊富な実績を持つ税務の専門家集団です。グローバルネットワークを駆使して，各国税務機関や規則改正の最新動向を把握し，変化する企業のビジネスニーズに合わせて税務の最適化と税務リスクの低減を支援することで，より良い社会の構築に貢献します。詳しくは、ey.com/ja_jp/about-us/ey-tax をご覧ください。

本書は一般的な参考情報の提供のみを目的に作成されており，会計，税務およびその他の専門的なアドバイスを行うものではありません。EY 新日本有限責任監査法人および他の EY メンバーファームは，皆様が本書を利用したことにより被ったいかなる損害についても，一切の責任を負いません。具体的なアドバイスが必要な場合は，個別に専門家にご相談ください。
ey.com/ja_jp

2025年2月20日 初版発行 略称：医薬品会計

医薬品業界の会計実務ガイド

編　　者	EY新日本有限責任監査法人 EYストラテジー・アンド・ コンサルティング株式会社 EY税理士法人
発 行 者	中 島 豊 彦

発行所　同 文 舘 出 版 株 式 会 社
東京都千代田区神田神保町1-41　　〒101-0051
営業（03）3294-1801　　編集（03）3294-1803
振替 00100-8-42935　　https://www.dobunkan.co.jp

© 2025 Ernst & Young ShinNihon LLC. All Rights Reserved.
Printed in Japan

製版：朝日メディアインターナショナル
印刷・製本：三美印刷
装丁：オセロ

ISBN978-4-495-21056-4

JCOPY〈出版者著作権管理機構 委託出版物〉
本書の無断複製は著作権法上での例外を除き禁じられています。複
製される場合は，そのつど事前に，出版者著作権管理機構（電話 03-
5244-5088，FAX 03-5244-5089，e-mail: info@jcopy.or.jp）の許諾を得
てください。